生命樹

Health is the greatest gift, contentment the greatest wealth.
～Gautama Buddha

健康是最大的利益，知足是最好的財富。 ——佛陀

心靈自救手冊

將心理治療帶出治療室！
臨床心理學家告訴你如何自我療癒

蘇菲．莫特 Dr. Sophie Mort ———— 著
黃庭敏 ———— 譯

A Manual for Being Human.

導致人們痛苦的不是他們自己的錯誤、不足和疾病，
而是自身之外世界所施加的力量和影響。

——大衛・斯梅爾（David Smail，英國臨床心理學家）

這本書是為那些對人類、對心理學和對治療好奇的人而寫的，也是為那些無法獲得治療的人，以及需要長期支付治療費用的人而寫的。

我是為那些正在尋找答案的人而寫，他們想搞懂自己的感覺。對於那些想要更全面地了解自己的人，以及對於那些正受到傷害又無路可走的人來說，本書可以讓他們釐清自己的經驗。我是為每天在 Instagram 上與我交談的數千人而寫的，這些勇敢的人跨越電子裝置，與我分享他們的失落感，他們就像在汪洋大海上沒有任何浮木的支撐，無法解釋自己的經歷。

各界讚譽

一個人的想法、情緒、行為與他所在的環境，彼此存在交互影響的關係。這本書用不同的角度切入，調整你對情緒的看法，有些觀念你看起來會覺得很神奇「作者怎麼會這樣想！」，但當你慢慢進入脈絡之後，你會發現，自己的情緒也慢慢被鬆開了。

——心理學家海苔熊

好不容易！終於有一本書把人生從小到老的心理健康帶出治療室的專業範疇，用大眾能懂的方式解說。蘇蘇博士溫暖、令人放心和坦率的風格會使你了解自己、你的行為和你的人際關係，且無需支付高昂的治療費用。

——凱倫．葛妮博士（Dr. Karen Gurney），著有《男女性趣大不同》（*Mind the Gap*，暫譯）

蘇蘇博士用我們可以吸收和學習的方式，來分析心理治療，她提供了很有效的意見，讓人們了解自己的心理健康……希望我能在幾年前就有這本書！

——波比．潔米（Poppy Jamie），著有《不完美也很快樂》（*Happy Not Perfect*，暫譯）

蘇蘇博士是世上值得信賴的治療師和最好的朋友，許多人仍然無法獲得治療和專業幫助的資源，而這是一本改變人生的關鍵書籍，應該納入每個人的心理健康百寶箱中。這本了不起的書也可以送給別人當做禮物，我迫不及待想把它送給我認識的每一個人！

——史嘉莉・柯提斯（Scarlett Curtis），《星期日泰晤士報》暢銷書作家，
著有《女權主義者也可以穿粉紅色》（*Feminists Don't Wear Pink*，暫譯）

對於任何好奇的人來說，這本真正美好、溫暖和明智的書，涵蓋了所有的問題，內容包含大量提示、實用技巧和加油打氣的話，可引導你度過所有的情況。

——艾瑪・甘儂（Emma Gannon），《星期日泰晤士報》商業暢銷書作家，
著有《不上班賺更多》（*The Multi-Hyphen Method*）

絕對精彩。本書如同幫助我們應付人生的技巧寶庫，我會在我的治療室和家中各放幾本，不要錯過本書。

——茱莉・史密斯博士（Dr. Julie Smith，臨床心理學家）

蘇蘇博士透過她的書，不僅設法幫助我們更了解自己，還分享了我們可以採用的治療工具，使生活更輕鬆些。本書真知灼見，但又給人溫馨的切身感受，這本書我會保留下去。

——露西・謝爾頓（Lucy Sheridan），著有《人比人，怎樣不氣死人》
（*The Comparison Cure*，暫譯）

目錄

推薦序

不用混蛋的方式對待自己

洪仲清　臨床心理師

「我們需要承認我們的情緒和想法，同時也體認到它們有時候可能是錯誤的。要知道，我們腦中的想法是故事，而不是真相。」

如果腐敗的食物，我們不會放進嘴裡，那為什麼讓人作嘔的言語，我們要放進自己心裡？

我常跟人討論一個在我們文化中很經典的情節，這代表了我們昔日如何「教育」孩子看待自然的情緒。

家長帶孩子出去玩，父母可能會問孩子：「好不好玩？開不開心？」孩子要是回答：「不好玩、不開心！」父母通常會生氣，然後「教導」孩子：「那以後都不要帶你出來玩了，出來玩也不開心，我們也很累耶，我們這樣還不是為了你……」訓斥孩子一番後，大人的情緒如果稍稍穩定了，也許會說：「要懂得感恩，要知道爸爸媽媽賺錢的辛苦，出來玩就是要開開心心的……」有時最後會有個大絕招：「跟你說這些是為你好，以後長大你就會感謝我！」

不少朋友聽到這幾個回合的互動，會很快產生共鳴。大人並不一定真心想要問孩子，他們最主要是想要迂迴地得到孩子的肯定，父母不完全有面對真相的勇氣。所以，他們教導孩子要懂得

「看臉色」，要學會說出父母想要聽的話，而不是孩子自己心裡真實的聲音……

父母自有一套道理，或者灌輸孩子一組思考方式，這些道理與思考方式帶著孩子遠離自己的生命經驗，意圖讓孩子變成大人期待的樣子。孩子為了生存，或者迫於被施加的情緒壓力，在心智還脆弱的時候就容易無意識地內化大人編出來的種種故事。

這是我們文化中塑造孩子社會化的過程，讓孩子們變得聽話順從是幾千年來的共同目標。有時要否定自己的情緒，有時要告訴自己不應該有某種想法，有時要扭曲自己的苦痛，然後強裝笑顏以博取他人歡心……

我們奮力掙扎的，是想要成為別人期待的各種模樣，唯獨不是自己真正的樣子。我們努力聆聽的，是他人的評價，而不是自己心裡那被忽略已久的聲音。

我們長大之後誤以為，只要是出自內在的，就是完全真實的。但我們早已忘了很多生命的最初，當時有人為了滿足自己的需要，恣意剝奪我們的自我表達權利，扭曲了我們對內外在經驗的覺知，而在我們無力反抗的時候，在腦中建構了許多本不屬於我們的情緒與思考慣性。

尤其傳統教養以打罵教育為主，處罰孩子是最主要的手段，肢體與語言暴力被不合理的美化。這讓在我們文化中長大的某些朋友，遭遇不如人意的挫折，或者沒辦法滿足他人的期待時，就會嚴厲地自我苛責。

當我們最需要支持與鼓勵的時候，卻可能用對待仇人的方式來對待自己。

「感到沮喪、憤怒、憂傷時察覺自己的心念：花十分鐘專注呼吸、發覺想法的細微改變、掃視自己的身體。」

還好這個世界上依然找得到智者，願意以文字給予我們關懷，耐心地帶著我們聚焦感官經驗，從身體進入心靈，覺知並形成感受，檢視自我對話，並且帶著我們與情緒和諧共處。我們可以擺脫他人期待中的完美，走向屬於我們自己的完整。

我們開始懂得為自己的情緒負責，這包括我們懂得遠離傷害我們的人與環境，並且親近正能量。但負責並非自責，看見而不批判，冷靜行動而非衝動，不再削弱自己的力量，轉而問自己：「我在乎的是什麼？」「可以操之在己的是什麼？」「接下來我要做什麼？」

我們的選擇，開始從逃避恐懼，慢慢調整成擁抱愛。我們願意溫柔對待內在的傷痕與坑洞，辨識且照顧我們的需要，藉著閱讀療癒自己，並且從求助專業人員的過程中學會自癒。

心靈可以自救，但前提是我們願意相信自己。自我慈悲變成我們自我對話的主軸，我們修復了跟內在父母的關係，或者，我們漸漸成了自己慈愛的父母。

從愛自己出發，才能向外給出不占有的愛，因為愛自己是終身愛戀的開始。想要占有，常常基於害怕失去，但這經過一次又一次練習，可以成為過去。因為我們終將體會到，即便失去對方，我們依然妥妥地陪伴著自己。

兩個相互獨立的靈魂，才有最深刻的連結。

我們永遠活在某種關係裡，即使沒有對方參與。在一呼一吸之間，我們的心，成了我們最平靜的皈依。

推薦序

你知道自己的內在，發生了什麼事嗎？

柚子甜 心靈作家

有時候我覺得自己生對了時代，又覺得自己生錯了時代。

對的那一部分是，我們在網路上敲幾個鍵盤，一定都有唾手可得的心理學資訊，告訴我們現在到底怎麼了？為什麼會有這些難以收拾的情緒？生命中遭遇的挫折該怎麼面對？不必去問同樣在瞎子摸象的朋友，或是沒比我們懂更多的家中長輩，許多心理師、精神科醫師、心靈療癒者都努力把資訊普及化，讓我們成為不用在相關科系花費數十年求學，就能窺探內心世界奧祕的一代。

但另一方面，我又發現在這個年代，即使心理學已經被普遍接受，人人都能講上幾句原生家庭課題、童年創傷、情緒勒索等詞彙，但遇上困難時，提議要不要去找專業人士聊聊，又人人都面有難色地說「不用吧，又不是什麼嚴重的事」、「不要，我沒病」。

於是在這個太陽初升，卻又尚未足以讓心靈凍土復甦的交界時刻，類似《心靈自救手冊》這樣的作品，就是給生在這樣時代的你我，一個揣在胸口，溫暖身心的火爐。

翻閱這本書的過程，會發現作者出奇的仔細，很多我們可能經歷過，但並沒有辨識出來的問題，都在這本書找到答案。比如說，原來在某些場合我覺得被不舒服的對待，是遇到了「微歧視」；

原來我以為上網可以讓自己獲得快樂，實際上卻越來越煩躁，即是陷入「社群媒體焦慮」；原來我們的頭腦設計，會讓我們「過度預測威脅，還常常高估事件的影響，又低估我們應對和讓時間沖淡一切的能力」，而書中則分享覺察的方法，讓我們跟這樣的機制共處。

當然，要透過一本書提供精緻的個人化解答未免太難了，真的要獲得更深入的療癒，可以搭配更多專門類別的書籍或一對一心靈協助，但不減損閱讀這本書時的感動。作者溫和與充滿照料的文筆，會在閱讀時感受到自己的問題被定義、被了解，甚至提供人人皆適宜的初步自救方案，重點是，她讓你知道——你很正常。

除了自我修復的功用之外，這本書對各種議題的描繪，也讓我們手中多一張地圖，可以更加容易理解他人。例如我曾經遇過有些朋友非常害怕腦中重複出現的想法，而那些想法真的實現的話，都具有極大的毀滅性，例如侵犯他人的暴力行為等等。旁人知道了可能會出現兩極的反應：「你怎麼可以有這麼可怕的想法！」或是毫不在乎地打發道：「還好吧，不就是想想而已，又沒真的這麼做」，前者會讓他們更加堅定自己有病，後者則讓他們感到孤立無援，這麼嚴重的問題竟然不被理解，於是更加不敢張揚。

我曾經在聽到這些朋友敘述時，心裡也覺得疑惑，好像有點可怕，又好像不是什麼嚴重的問題，所以一時之間也不曉得如何回應。但是在這本書上，我看到原來這樣的問題稱為「侵入性思維」，而這並不可怕，書上就分享了幾個步驟引導我們與這樣的想法保持距離，而不是排斥它，並且用有趣的調子來把它唱出來，降低我們內在的抗拒——因為有時候一件事最大的殺傷力，不是來自於它本身，而是我們內在對它的極力抗拒，反過來加強了它的摧毀力量。

當我們開始對原本不了解的人性有了更多的涉獵和認識之後，類似的事如果發生在自己身上，就能夠被更好的處理與接納；而發生在身邊的人身上，也能夠迅速被辨識出來，不需要再猜測、壓抑、恐懼，也能讓對方盡快尋求最需要的資源。

對於探索內在有高度興趣的你我，這是一個對的時代，也是錯的時代。但願捧起這本書的我們，能成為一隻隻推手，將珍貴的心靈力量紮根於此，化解更多人對於心靈議題的誤解，將這個年代推向更好的那一哩路。

推薦序

獲得心理學知識，更溫柔對待彼此

心理師 Nana ▌ 哇賽心理學

你認為此時此刻，人們面臨最大的挑戰和苦苦掙扎的原因是什麼呢？或許很直覺的會聯想到「疾病肆虐」、「氣候變遷」、「資源耗竭」、「貧富差距」等。要是幾年前我自己來回答這個問題，答案可能也差不多，但在持續經營「哇賽心理學」的平台以後，我發現來詢問「為什麼我的心情那麼糟？為什麼我們的關係會變成這樣？遇到這種狀況我該如何繼續往前走？」的聲音在大眾心中比想像中的多，並不僅限於治療室。大家都想要搞懂自己的感覺、想要感到安全、想要與他人建立穩定的連結、想要擺脫停滯繼續向前，這不僅僅是個人議題，而是普世共感。

偏偏從小到大，少有人教我們去了解情緒、了解自己是什麼樣的人。少有人說我們可以去擁抱自己的全部，包括脆弱和不足。所以當生活壓力和苦難無可避免時，我們沒有能力去承受、缺乏有效的因應方法，常會大感威脅和吃不消。有時稍微逃避或轉移注意力，可以讓我們暫時把痛苦推延，但卻敵不過下一波排山倒海而來的苦惱，甚至再次陷入惡性循環，使我們感覺更糟。

或許人們普遍認為，心理師應該只關心治療室裡的事。但只要跟人有關，就有心理學在裡面；只要是人，就會經歷各種混雜的七情六慾。我常常在治療的初期，會發現個案並不知道所有的情緒經驗都值得被接觸和理解、不知道情緒會像海浪來來去去、也不知道可以主動和想法保持距離，但這些都是心理學最基礎普遍的知識。這時候我就會想，如果能夠讓大家早些獲得這些有用的資訊，是不是可以少經歷一些痛苦，是不是有機會更溫柔的對待彼此？如果能有機會先了解什麼是心理學，了解大腦機制與後天文化環境互動後形成的心理機制，或許就能更有彈性的去應對吧！當初我走出巨塔，走入社區推廣心理學，就是希望能透過分享讓有需要的人能多些理解、多些方法，去因應生活中各個層面的挑戰和建立更健康的關係，而這本書便是同樣的存在。

這本書從嬰兒期開始談及怎麼感到安全、得到安撫、受到保護和發展出依附類型，再到青少年時期的性與自我認同、成年的悲傷／分手與面對死亡。帶你逐步走過人生階段，了解自己怎麼變成當前的樣貌。除了自身以外，也將視野拉到所處的環境和社會脈絡，協助讀者了解內在偏見／微歧視、社群……等如何影響想法、情緒和行為反應，覺察外在世界如何塑造了我們的內在世界。最後，透過具體實用的練習清單，陪伴讀者逐步學會如何運用切換視角，以自己的內在世界反過來塑造對外在世界的經驗。

我很喜歡本書的編排設計，它在每個章節都包含一些**訣竅**，是可以在平日練習和安撫自己的技巧，**問題反思**的段落能增加自我覺察，**新規則**的段落幫你做好重點摘要。最特別的是還有作者蘇蘇博士**給你的信**，就像有人陪在身邊和自己對話一樣地令人安心。鼓勵大家可以在感到相對平靜時，開始嘗試練習書中的新策略，但千萬不要在情緒激動或陷入谷底時，才衝動地想練習。

最後也提醒，這本書是為了那些對心理學和治療感到好奇的人所寫的，但不能用來代替正式的治療和會談。它提供了一些見解和你可能需要的工具，讓你有機會更了解自己，讓你有機會從痛苦或停滯不前的狀態中恢復。如果有需要，還是要尋求進一步的專業評估和協助喔。

前言・人們苦掙扎的原因

嗨，我是蘇蘇博士（Dr. Soph）。

你可以叫我蘇蘇（Soph）或蘇菲（Sophie），我是臨床心理學家。

幾年前，我在倫敦一家醫院，替成人腦損傷的服務推廣團隊工作。有一天，在跟一名新患者會談後我開車離開，我體會到了一些事情。我發現在過去八年投入的所有服務中，我在所有新患者身上都看到了同樣的情況：那些處於極度痛苦中的人，他們在候補名單上等了很久（有時超過一年），卻從未得到基本的心理學知識，而且是心理學家認為是普遍而明顯的知識。

我意識到，在每位患者最初的幾次治療中，我都在消除他們受誣蔑的經歷，並給他們相同的基本資訊。

如果他們能夠更早地獲得這些資訊，那將減輕他們在等待治療時的焦慮和痛苦。

我想起那天早上在新聞中聽到的消息，愈來愈多的人在尋求協助，而心理健康服務機構不堪負荷，報導中擔憂英國和全球人們的精神健康每況愈下。

我還想到了我從朋友、家人、每天在 Instagram 上與我聯繫的人所聽到的問題：為什麼我的心情很糟糕？我怎麼會變成這樣？我該如何繼續往前行？我應該聽誰的話？當治療和其他形式的支援這麼昂貴時，我怎麼負擔得起幫助自己的治療費用？這些問題我自己也曾問過，所以這就是我要當心理學家的原因。

然後我突然明白了。

人們會苦苦掙扎是大有原因的。從小到大，沒有人教我們去了解自己。

在很小的時候，沒有人教我們去了解情緒，或我們是什麼樣的人。相反的，我們從小被教育成要害怕去了解自己，每當遇到任何痛苦時都會感到羞恥。沒有人教我們簡單而有效的因應策略，而是通常要我們裝做勇敢的樣子，大家告訴我們：「要乖」、「振作起來」或「沒什麼大不了」。

沒有人鼓勵我們去擁抱自己的全部，包括缺陷和弱點，而是被期望要創造一個隨時給外界看的個人品牌。我們隱藏自己的真實感受，甚至也對自己隱藏。這意味著我們完全沒有能力處理生活中的壓力，以及不懂活在這個充滿情感的軀體內有何意義。

在不知道如何了解自己時，情況就很可能對我們不利。當苦難不可避免地來臨時，我們缺乏有用的因應方法。我們假裝一切都很好，一直很忙碌，埋頭於工作中。我們用性、酒精、毒品或網飛（Netflix）當作娛樂活動，這些不過是暫時分散注意力罷了。分散注意力並不能解決問題或幫助我們前進，只會把不可避免的事情推延一會兒，直到下一波苦惱來襲。

然後，我們為自己的感覺而自責不已，這使我們感到更糟，並且惡性循環。

我認為我們是中了圈套，變得要苦苦掙扎。

好了，現在不一樣了！在我頓悟的那天，我把車停在路邊，從包包裡拿起筆來，寫了一份清單，列出了我與患者最初幾次會談中提到的所有事情。這本書就是這些筆記的成果，也是我每天聽到的問題的答案。

我將與你分享的資訊通常是保留在治療室門後、學術象牙塔裡和佈滿灰塵的舊教科書中。如果你曾經問過與我的案主、朋友、家人和我自己同樣的問題，那麼這本書將幫助你回答這些問題，並為你提供所需的資訊，讓你了解自己的本質，以及你怎麼會變成……嗯，你現在這個樣子。

你將在本書裡找到什麼

這是一本關於人類經驗的手冊，不是一本枯燥乏味的心理學綱要（別擔心，那些書我都替你讀過了）。本書充滿了多種傳統的心理學思想，包括我自己的理論和技巧，讓你可以立即運用。從我們最早的經歷開始討論，一直到成人生活。

例如，你是否想了解你的童年是如何影響到今天的你？童年如何影響你與自己和他人的關係？你是否想知道，為什麼有一些童年的經歷，你覺得自己應該已經釋懷，但似乎又不太能放下？如果是這樣，你將在本書中找到解釋。你是否想知道，你每天瀏覽的社群媒體、行銷和廣告內容如何影響你的情緒健康？你是否想知道自己的情緒到底是怎麼了、是什麼導致了這些情緒，以及在情緒給你威脅，讓你大感吃不消時，該如何處理情緒？我將提供有用的建議，告訴你如何與生活的各個層面建立更健康的關係。你想相信自己，以及相信自己有能力滿足於原本的你嗎？如果答案是肯定的，那麼你需要的一切資訊都在本書中。

本書將解釋環境是如何塑造你的。實際上，需要改變可能是社會，而不是你。本書將為你奠定基礎，讓你了解你一生的經歷和情緒，以及讓你踏上療癒之路的技巧，無論這個詞對你意味著什麼。

當人們來接受治療時，他們總是問我三個本質相同的問題，只是版本不同：我怎麼會這樣？

是什麼讓我停滯不前的？我該如何向前邁進？因此，為了幫助你回答這些問題，本書的架構正是按照這個順序編排的。

第一部：你是怎麼變成這樣的

本書的第一部將幫助你了解你是怎麼發展成現在的樣子，還將幫助你確認由你過去的經歷和當前的人生重大事件所引起的問題，而這些問題我們知道會困擾著你，一切就從你來到這個世界的那一刻開始。

第二部：讓你停滯不前的原因

本書第二部會幫助你辨識你目前在做的事情，即你平常的模式、不良習慣和負面的循環，因為這些因素可能使你陷於困境，並束縛自己的生活。

第三部：新的最佳錦囊妙計

本書的最後一部分提供了科學支持的方法，這些方法可以立即使用。你會發現書中貫穿著一些快速上手的訣竅，但是多數的技巧是在第三部。

本書不是快速的解決方法

本書不適合在危機時期使用，也不是用來代替與你當地心理健康服務機構的談話。本書也不是診斷工具，更不是用來診斷特定情況的書。本書傳達的是人類經驗的基礎，透過治療師的想法為你提供對自己的見解，並為你提供所需的工具，讓你了解自己，讓你從令人痛苦和停滯不前的原因中恢復過來。

本書不僅是要療癒自己，還要深入了解自己，讓你能從人生中獲得最大的收穫。這當中還涉及建立社群，並與他人聯合發聲，以便我們能夠挺身面對某些體制問題和人生重大事件，讓我們符合人情的能力不至於受到破壞。

本書使用方法

在這些內容中，你會發現引起你共鳴的理論，以及其他沒有引起共鳴的。

為了幫助你回想切身的經歷，我在每一章中都列出了一些問題，讓你在閱讀過程中回答。如果你跟我進行治療，這些就是我會問的問題。當我試圖理解為什麼我會有某種感覺或行為時，我也會問我自己這些問題，這些問題將給你機會，實際調查你的過往經驗。

替自己預備一支筆、螢光筆或其他工具，幫你標記出書中對你有意義的部分。如果你用筆記的方式在書上記錄重點，之後你就可以回頭察看對你有意義的部分。你愈是持續注意著某種觀點，就愈可能完全地明白。因此，筆記的過程中，不用擔心把書畫得很亂。也可以拿起筆記本來記錄，對於書中的問題，答案可能不會在一瞬間就出現，它們可能會慢慢浮現，而用筆記本是記錄想法的好方法。

我也在各章中穿插推薦了我喜歡的相關書籍，或許你會從中發現自己對某個主題渴望得到更多的資訊。

另外，在閱讀過程中要照顧好自己，慢慢來。這當中可能會引起你意想不到的情緒，因為這是在深入挖掘你的過去和現在。

如果某些主題或問題使你有不愉快的想法或沮喪的感受，我建議把書放下一會兒或更長時間，然後嘗試呼吸練習（請參閱第十二章）或第三部中的另一種自我緩解策略。只要你準備好了，就可以重新閱讀，因為書不會自己跑走，一直都會等著你來看。

警告，這本書有敏感內容

在某些章節中，我們將探討嚴重的問題，例如霸凌、偏見、死亡。在每一章的開頭，我會讓你知道要討論哪些敏感主題（如果有的話），然後你可以選擇閱讀的方式。

請記住，如果你正在為某事苦苦掙扎，如果事情變得愈來愈嚴重，請向人傾訴。請諮詢你的家庭醫生或當地的心理健康團隊，並知道有二十四小時的安心專線，所以你並不孤單。

敏感警語到此結束，你準備好開始了嗎？

讓我們開始吧。

蘇蘇博士
♥♥

第一部

你是怎麼變成這樣的

情緒、人際關係和負面的自我信念，這是讓人們接受治療的三個主要議題。可能有人因此而認為，我這本書應該一開始就告訴你什麼是情緒，如何把人際關係處理到最好，以及如何正面地看待自己。

但是，我們每個人在這些領域掙扎的情況迥然不同。例如，我們感受情緒的方式取決於我們的基因、早期生活經歷的穩定度、在年輕時學到的情緒知識和被安撫的方式，以及在生活中經歷了哪些壓力和緊張。

如果你想真正地了解自己是誰，以及為什麼你可能會掙扎，我們需要從頭開始。在學習如何處理這些深刻的人類經驗之前，我們將進行一趟人生之旅，討論影響我們的是什麼樣的人，以及會有哪些掙扎的情況，當中有兩個最大的影響因素，也就是成長的環境和經歷過的人生重大事件。

本書的第一部將帶你瀏覽這兩個影響因素。前四章涵蓋了環境中，人們已知會影響生理、大腦發育、情緒、信念和行為方面的情況，諸如早期的家庭環境、求學時期、周遭的媒體和行銷，以及體制的不平等；第五章特別著眼於使我們痛苦和脫離正軌的人生重大事件。

如果你想全面了解自己怎麼變成今天這樣，以及人生中的哪些時刻可能讓你感到難過、焦慮，或覺得自己不夠好，我建議你一次閱讀一章。

但是，重要的是要知道……

我們不是像一張白紙似地來到這個世上。

即使是在同一個屋簷下長大的兄弟姊妹也會不一樣。正如認知心理學家史蒂芬．平克

（Stephen Pinker）所說，這可能有點像在酸人，但這就是為什麼你的寵物不管你在相同的環境下花多少時間養育牠們，寵物也不會和你的孩子一樣因此就學會說話。

在我們出生之前，影響我們成為什麼樣的人的因素就已經開始悄悄啟動了。[1] 根據報導，DNA占了內在人格特質的二〇至六〇％，決定了我們的社交、情緒、精力、專注度和堅持的情況。但是，足月的嬰兒在出生時，大腦的大小是成人的三分之一，而大腦發育要到二十多歲才完成。就像建築師要調整藍圖，以適應建築物所在的地形，你和你的大腦也是後天發展成適應你的特定環境。

塑造你的不只是你的家庭，還有你所有的早期經歷；另外，學校、友誼、你吸收的媒體資訊、你成長所在的社會和文化，以及你經歷的人生重大事件，這些都發揮了一定的作用。

你可能已經變成害羞的人，當中可能有一百萬個原因，也許你注定是這樣的人，也許你被教導成害羞是「得體的」（對於你這個人來說，是合適的行為），也或許沒有人教你如何社交，所以你會感到害怕。同樣的，你可能只是偶爾會害羞，例如碰到一個夢幻般的人，這會使你的心跳加快、頭腦一片空白。

你也可能因為很多原因而脾氣急躁，可能是因為你的DNA關係；或者是因為你是在高壓力的環境下長大的，這使你隨時保持高度警戒的狀態（因為有易怒的照顧者或家裡發生驟變）；或者因為沒有人教你如何管理自己的情緒，這意味著情緒有時會過於激動。

同樣的，情緒可能與你的過去無關。也許現在的你有很多事情要做，已經達到了你可以應付的極限，突然間芝麻綠豆的小事也足以讓你大動肝火。

我無法告訴你你的哪些情況是天生的，但是我可以分享我所知道的，從人呱呱落地的那一刻起就會影響人的有哪些主要因素。

有鑑於此，我邀請你來看這本書，並輕鬆看待這些資訊。不要以為本書能解釋一切，也不要以為你所做的每件事背後都有耐人尋味的心理學意義。

你所做的有些事情確實與你的成長背景息息相關，也有些事情你只是喜歡做，或者是一時興起而做。

1・照顧者、手足和家庭環境

*警語：閱讀本章時要照顧好自己。如果你開始感到無法消受，就休息一下、深呼吸，等你覺得更平靜、泰然自若時，再回來看，沒有什麼好丟臉的。

人類不是適者生存，是因為獲得滋養才得以生存。

——路易斯・科佐利諾（Louis Cozolino，美國心理學家）

當你來到這個世上時，你大聲啼哭。這一點也不奇怪！你從溫暖、舒適、裝滿食物的子宮中出來，到了這個刺眼光亮、嘈雜和寒冷的世界。突然之間，你是脆弱的，處於完全陌生的環境中，你的一切安危都需要依靠別人。你會哭，首先是為了排出肺裡的黏液，其次是讓你的照顧者注意到你。

你需要有個人來保護你的性命，但是你需要他們不光是為了食物和棲身之所；你需要與他們有情感連結，來撫慰你因為這個未知世界而不斷引發的過度恐懼；你還需要他們來幫助你認識這個世界，並幫助你的神經系統發育——這是你對壓力做出反應的大腦構造。

你與你最早的照顧者形成的依附與牽絆，可以幫助你大腦發育和神經系統的成形，給了你最初對情緒的了解，並提供你現在用來理解與他人的人際關係藍圖。

由於最初的記憶往往可以追溯到三歲半，即使你不記得那段嬰兒時期，那時發生的任何事情現在仍然可能會影響你，影響你的情緒強烈程度、是否理解自己的情緒、如何理解他人和與人互動，以及你選擇和誰約會或當朋友（但是要到第十章，我們才會介紹這一部分）。

感到安全、得到安撫、被人看顧，並且受到保護

嬰兒的首要目標是緊跟在照顧者身旁。在本書中，我都使用「照顧者」一詞來代替父母，因為不是每個人都由他們的親生父母撫養長大的。照顧者包括負責任的成年人，並負責監護的責任。

好消息是，雖然嬰兒可能做不了什麼事情，但他們並非被動地接受周圍人的照顧，他們已經具備了引發別人照顧他們的能力。想想嬰兒做的那些面部表情和可愛的小動作，他們在操縱著你去陪伴他們，這樣的用意是良善的。

他們學會盡快地適應周圍的環境，大聲哭泣，並回應照顧者的反應。他們會依情況去調整，以確保無論發生什麼情況，他們都不會被人拋棄，而剩下的就看照顧者怎麼做了。

加州大學洛杉磯分校醫學院精神病學臨床丹尼爾．席格（Daniel Siegel）教授說，嬰兒和兒童需要安全、被看到、被安撫和受到保護。

感到安全

嬰兒和兒童需要在安全的地方成長，而且照顧者不能是險惡的人。

在安全的環境中成長，你最初的經驗告訴你，這個世界可以是安全的地方，人也可以是安全的。這樣也告訴你正在發育的大腦，不需要對威脅保持高度警覺。

若在危險、暴力或忽視中成長，你的大腦為了幫助你生存，會對此調適。這可能會使你處於

焦慮和過度警覺的狀態（對將來可能出現的任何潛在威脅都過於警覺）；可能使你持續分泌腎上腺素，以便你準備好逃離危險，對抗不安的情況；或者可能使你麻木，這樣即使你無法逃離威脅，也可以忍受威脅。

得到安撫

即使在安全的環境中，所有新奇的經歷對嬰兒來說也是可怕的。他們第一次經歷光、飢餓、痛苦、寒冷或大聲吵雜時會覺得有威脅，因為這些是未知的經驗。當他們對情況一感覺到危險時，會哭泣，反應強烈。如果大人來安撫他們，他們最後會放鬆下來，這就是共同調節（co-regulation），這種奇妙的能力利用他人平靜的神經系統，來安撫我們自己，這也是為什麼要擁抱我們所關心的人，即使是成人，安撫也能對我們的情緒狀態帶來實際的影響。

下次出現同樣的經歷時，他們就不會感到那麼害怕了，因為他們已經知道，自己不會有危險，重要的是，如果再次出現潛在的危險，其他人將會陪伴在他們身邊。

> “人類的發展過程需要被關注，就像植物需要陽光一樣。”

被人看顧

嬰兒和兒童需要大人看到他們的痛苦，大人不僅可以安撫他們，還可以幫助他們理解痛苦。

你可以把這個過程想像成是照顧者在當母鳥的角色。你知道鳥兒如何捕獲小蟲，把小蟲嚼碎，並用預先消化和容易控制的方式，把食物反芻到小鳥的嘴裡嗎？這就是照顧者對我們整個童年時期的情緒和經歷所要做的事情，他們解釋我們內心和周圍發生的事情，替我們理解我們的內在世界。

透過這種方式，我們了解導致痛苦的原因、某些細微感覺的含義，以及將來可以安撫或滿足我們需求的方法，例如：

「噢，你哭了，一定是因為你覺得很冷吧。沒事的，有媽咪在這裡。我有毯子，我給你抱抱，讓你溫暖一點。」

嬰兒這就學會了：這種感覺是「冷的」，毯子和其他人可以讓你溫暖。你可能會感到恐懼，但你不會有危險。如果你哭了，有人會幫助你。下次發生這種情況時，你不必那麼害怕。

「你的膝蓋擦傷了，現在很痛，但是會好的。我們來塗上藥膏，做點舒服的事，讓你感覺好一點。」

孩子就會學到：這種感覺是「痛」，會這樣是因為我有個傷口。這是暫時的，會痊癒的，我沒有危險。下次發生這種情況的時候，我不必那麼害怕。我可以明白，知道該怎麼辦。

「你很沮喪，因為我告訴過你，你不能吃你想要的糖果。你覺得沮喪，沒關係的，你想在花園裡跑一跑，發洩情緒嗎？還是要抱抱？」

孩子學到：這種感覺是「沮喪」。當我沒有得到想要的東西時，就會發生這種感覺，有這種感覺是可以的，我有選擇的方式來處理這種感覺。

我們也需要有照顧者，才能了解他們對我們的行為，例如：「我很生氣，抱歉。我今天很忙，不是故意要發火，這不是你的錯。」

孩子會學到：大人發脾氣時是因為他們生氣，當他們很忙時可能會發生這種情況。大人可以在事情出錯時道歉，他們有辦法控制自己的情緒，我也可以試試。而且重要的是，這不是我的錯。

孩子這種經驗愈多，就愈能理解自己，漸漸地他們學會了自我安慰，也變得更加善於理解他人，認識到從人們的表情上察言觀色。

有時候，我會遇到那些為情緒而苦惱的案主，因為他們從來沒有被教導過理解情緒的方法，沒有描述自己經歷的詞彙。然而，現在來學永遠不嫌晚。

理解你的感受

訣竅一：如果你難以理解自己的感受，請開始寫日記。當你感覺到任何的情緒變化（壓力、憤怒、麻木）時，請寫下你身體的細微感覺：「我的胸口很悶」、「我覺得想哭」、「我沒什麼感覺」……寫下可能解釋這些感覺的情緒標籤，並記下生活中發生的事情，像是「我和別人爭論」、「有人咄咄逼人地和我說話」，久而久之，你將開始看到可依循的模式。你將理解在什麼時候，以及為什麼你會有某些感覺，包括哪些方式可以使你感覺更舒服。第十四章將提供有關日記的詳細資訊，還有第六章將幫助你更深入了解自己的情緒。

訣竅二：如果你在理解他人時遇到困難，不知道他們可能在想什麼或有什麼感覺，請模仿他們的動作。模仿他們的手勢、姿勢，做出他們的面部表情。這將觸發你的鏡像神經元（mirror neurons），並可能讓你領受到他們的感受。鏡像神經元是模仿其他人經歷的大腦細胞，讓你感覺他人的經歷也正發生在自己身上。你是否曾在看到有人腳趾踢到東西時，也嚇得身體一縮皺起眉頭，好像是發生在你身上一樣？是你的鏡像神經元對你做了這樣的事。巧妙地模仿別人的手勢會向對方發出信號，表示你敏銳地察覺到他們的經歷。

受到保護

嬰兒和兒童需要一致性。

我們需要知道，可以依靠與照顧者之間的聯繫，當我們需要他們的時候，他們會在，並且會認同我們的需求。

我們的照顧者不需要樣樣都做到完美。

會犯錯和生氣是人之常情，儘管身為小孩，我們可能沒有完全意識到這一點，但我們的照顧者也是凡人。在那些時刻，重要的是我們的照顧者花時間來解釋所發生的事情，然後安撫我們，並修復破裂的關係。

事實上，我們的照顧者有時會出錯，看著他們處理問題，並一步一步地跟我們解釋，這顯示有時人們會不可避免的把事情搞砸，但都熬得過來，人之常情罷了，我們可以從錯誤中學習。

如果你在嬰兒時期感到安全、得到安撫、被人看顧，並且受到保護，當你年紀稍大時，你就獲得了自己的第一個因應技能：內化的照顧者形象。每當你感到沮喪時，你就會想起他們的形象，假設這個人的行為一致，能夠滋養你，你就會突然間感到放鬆。

慢慢的，假以時日你便能夠離開照顧者。他們成為了你的「安全基地」，從這個安全的地方離開後，你可以探索世界，學到比在照顧者懷抱裡還要更多的事情。

你可以在所有幼兒中看到這種探索行為，他們的目光會先看看照顧

> “當成人向孩子解釋孩子自己的情緒經歷，說明可能感覺到的情緒以及背後的原因時，就給了孩子一份禮物：他們需要了解自己和自己內心體驗的語言，這將幫助他們度過一生。”

者，然後慢慢地走開（也許是到房間的另一個地方，或走向另一個孩子）。當他們走到某一點時會突然回到照顧者身邊，孩子們這樣做，然後走得一次比一次遠，因為知道照顧者會在他們回來時安撫他們。

你生活中的主要人物教你，你在這個世界上是否安全、其他人是否安全、你需要多麼敏銳地留意威脅、需要多焦慮、如何理解自己的經歷、你這個人是否有意義，以及你是否可以自己去探索世界，他們給了你所有處理這些事情的技能。

依附類型

如果你擁有上述經驗那就太棒了！照顧者不斷滿足你的需求，會讓你發展出治療師所稱的「安全依附類型」（secure attachment style）。

身為成年人，這意味著你可能會在他人身邊感到安全和自在，你會感到安全，覺得可以分享你的情緒經歷，並了解如何自我安慰。這意味著你在人際關係中感到安全，值得別人的愛和支持，你可能會覺得自己可以處理感情和朋友的情況。

大約百分之五十的人是這種依附類型。你可以把它看成是人際關係模式設定中的沉著平靜版本。遺憾的是，並非所有人的照顧者都能敏銳地察覺到我們的每一項需求。

大人可能無法滿足嬰兒或兒童的需求，其中有很多的原因也許是極為殘酷和故意有害的。或者，他們可能竭盡所能地愛他們的孩子，但仍然沒有完全做到讓孩子感到安全的地步，例如，也許他們正在處理自己的心理或身體健康問題；也許他們是在重複自己被教養的方式，或者他們必須沒日沒夜地工作才能養家餬口，這使他們長時間不在小孩身旁。

無論出於何種原因，有一些人會比較早了解到，大人不可能始終如一地陪伴在身邊，他們並不一定可靠。不僅如此，我們可能已經了解到，牽涉到他人可能會感到危險，因此這個世界充滿了情緒的困擾。

學到這種方法的人會產生出「不安全的依附類型」（insecure attachment style），在面對陌生人，或在可能會拒絕或忽視他們的人面前，感到焦慮或自我封閉。

你是這樣嗎？如果是的話，別擔心，我也是這樣。我現在把自己暴露出來，所以如果你屬於這一類，你會知道自己並不孤單。你必須去適應在這種環境中成長所帶來的困擾，你找到方法在這種情況下生存下來，並待在你需要讓你活命的人身旁，這真是很了不起的事！

最常見的兩種不安全依附類型是：**迴避型**（avoidant，占人口的二三%）和**焦慮型**（anxious，占人口的二〇%）。還有另一種不安全的依附類型：**紊亂型**（disorganised，占人口的二%），通常是由於焦慮型和迴避型都不適用於你的情形，你想親近照顧者，但是照顧者又是危險的來源，你無法指出固定的模式來讓你情緒安穩，這種情況可視為紊亂型。如果你是這樣的人，你可能會注意到，身為大人，想接近別人的驅動力，與當別人真的接近你時那種吃不消的感覺不相上下。由於這種情況不太常見，因此不在這裡討論。如果你想了解更多關於紊亂型依附的資訊，我推薦你看蘇・格哈德（Sue Gerhardt）寫的《母愛的力量》（*Why Love Matters: How Affection Shapes a Baby's Brain*，暫譯）。

迴避型依附：感覺像貓

迴避型依附發生的情況往往是，你的照顧者不出所料地無法滿足你的需求。

如果你從小就知道，你哭的時候不會有人過來，那你可能是迴避型依附。或者，隨著年齡的增長，每當你表現出情緒或需要親密感和安慰時，總是感到被拒絕或被忽視。也許別人說你「只是累了」，或者當你說自己在奮力掙扎時，別人卻說你需要「想開點」。

如果這種事發生在你身上，你或許經歷過兒童期的高度焦慮，因為你需要安全的人際聯繫，來抑制大腦中的威脅活動，但你並沒有安全的人際聯繫。

但是你很聰明，你為了生存和接近你生活中需要的人而適應了情況。你得到的訊息是，你的情緒不會受到關注，因此你學會了把情緒淡化；甚或表現出對情緒、感覺或情感支持和親密感沒有任何的需要，這樣「甚至更好」（我這麼說是在諷刺，雖然基本上在我們還是小孩子時，這樣會有幫助，但當我們是大人時，這樣真的會讓我們感到混亂）。因此，每當出現情緒或需要親密感時，你的大腦都會試圖壓抑它。

你還會找到其他方法來停用你的依附系統，例如，你可能會很小心地待在照顧者附近，但不主動接觸，因為擔心他們會拒絕你。你可能專注於情緒上的邏輯，在變得自立自強的同時，使自己遠離了自己的感覺，在沒有他人支持的情況下自己解決了問題。遺憾的是，這些策略只是麻木了你對焦慮的自覺表達，你內心仍然充滿著困擾。

迴避型依附的成年人通常會感到非常自立，或「偽獨立」。我之所以說「偽」，是因為這種自立並不是因為渴望獨處，而是因為擔心別人無法滿足自己的需求，感到難以承受，以致於他們緊閉自己的心房，並與人們保持距離。

“當我得知自己的依附類型，便是我心理旅程中的「頓悟時刻」。突然之間，我極端的自立和其他的人際關係行為都說得通了。”

如果你是這樣的人，你可能會尋求友誼和人脈，但是當有人需要你或與你過於親近時，你會感到不知所措。你可能覺得自己有點像是貓，因為貓是按照自己的方式來互動的動物，當你想要時才會靠近別人，但是當你感到吃不消時，就會自行退縮。讓你感覺最好的方式，可能是在那些性格較冷靜的人周圍，他們給予你空間，讓你以你想要和需要的方式生活。

你可能會注意到，有時你會覺得自己比別人稍微高一等，認為別人的「黏人」和情緒反應是不必要的，你覺得鬆了一口氣，因為你沒有這樣的情況。然而這並不是因為你自大或過度自信，恰恰相反，這是你的心裡試圖確保你的安全和自尊心，保護你免受（可能是不自覺的）恐懼，因為你可能不是別人能夠或想要陪伴的人。

你能明白，孩子為了保持安全而做出的適應行為，可能會影響他們成年後的情況嗎？

焦慮型依附：感覺像小狗

如果你的照顧者其中一位或不只一位，在滿足你的需求方面是不可預測的，有時候做得恰到好處，有時候又完全沒有滿足你的需求，你就會形成焦慮型依附。

如果你的照顧者認真地聽你說話，並有效地滿足了你的需求，但在下一刻卻出乎意料地沒有提供你情緒上的支援或不見人影，你就會納悶他們的行為是什麼意思（他們到底有沒有在乎你？），你就可能會發展出焦慮型依附；或者他們變得過度保護，讓你覺得這個世界和你所擔心的東西都非常危險；抑或是他們要求你的行為要符合他們的需要，例如「我為你舉辦了這個生日派對，所以請你好好表現，讓我有面子」，或「我現在面臨很大的困難，你要安慰我，我知道你想見你的朋友，但是我更需要你」。

“我們這些被描述為黏人、冷漠或封閉的人，內心深處往往和別人有完全相同的渴望和恐懼：渴望與人建立深厚的聯繫，以及恐懼沒有人能夠或願意真正陪伴我們。我們只是用不同的方式，在努力確保自己在世界上是安全的。”

焦慮型依附的人和迴避型的人一樣，學到不能相信其他人會一直滿足他們的需求。如果你是這樣的話，你不像迴避型依附的人會專注於邏輯和關閉心房，你會以不同的方式來適應。

你無法用邏輯來知道你的照顧者何時會持續出現，所以你學會了繼續與照顧者保持你所需要的聯繫，最好方法是盡可能地跟緊他們，不斷地主動與他們互動，因為你知道在某些時候這樣會有效。他們成為你關注的焦點，這可能導致你被描述成是個黏人的孩子。這沒有什麼不好，而是你非常聰明的方式，讓你能維持與照顧者的聯繫。

你可能還會發現，有時候，當你的照顧者確實滿足你的需求，傾聽你的情況、給予善意的話語和舉動，但你已經不堪重負，以致於他們的行為並沒有安慰到你。你非常渴望得到安慰，但是短暫的互動還不夠，這意味著你很難感到真正的平靜和安全，因為你確信他們隨時都可能消失，或改變對你的需求。

身為成年人，你可能對其他人有很高的期望。你可能把他們當做偶像崇拜，看到他們最好的一面，有時候也看到你最壞的一面，因為你早期的經歷可能影響了你的自我評價。有時候，你可能會覺得別人讓你失望，因為你經常在意別人，想著好心為他們做點事，但請注意，這種行為並不一定可以得到回報。如果你是這樣的，請記住，每個人的依附類型不同，所以可能會以其他方式來向你表示關心，這樣想可能會對你有所幫助。如果有人並沒有一直把你放在心上，並不表示他們不關心你。

當周圍有真正對你持續關心和支持的人時，你會感到自己處於最佳狀態：那些人會在你身旁幫助你。你可能會注意到，當你和這樣的人在一起時，你會感到泰然自若和平靜，而不是與他們一同感到焦慮或心事重重。你生活中那些冷漠的人可能會喚起你幼年的感覺和人際的交流方式。

在第十章，我將告訴你這些依附類型如何在我們的成年生活中顯現出來，如何影響我們的人際關係，尤其是戀愛關係，以及如何使你的依附類型更安全。

弄清你的依附類型

訣竅：如果你不知道自己的依附類型，可以上網搜尋一些「依附類型測驗」來測試看看。

手足排行

影響我們人生最初幾年的，不光是我們的照顧者而已，如果你有兄弟姊妹，這些關係也會影響你這個人。

兄弟姊妹可以說是我們成長發展的禮物，他們是陪伴你、學習分享、妥協、保守祕密的對象，並為你提供了許多練習衝突和解決問題的機會。

說真的，你是否知道，兩到四歲的手足平均每隔九分半鐘就會吵架？[2] 這一點我相信，我哥哥曾經大喊：「看我的腿腿攻擊！」然後在房子裡追著我跑。大衛，感謝有你！

手足的出生順序也顯示出會影響情緒的發展。老大出生時，得到了照顧者的直接關注。然後出現了另一個小孩，取代了老大，老大可能會有失寵情況，因為他們現在必須跟其他人分享照顧者，並承擔更多責任。老大經常因為承擔責任和支持他們的弟妹而受到稱讚，這意味著他們通常長大後會成為家中認真和更成熟的人，在工作中擔任領導角色，在肩負責任時感到自在。

然後，下一個孩子將得到直接關注，直到……又有更小的弟妹出生了。

許多排行中間的孩子表示，受到的關注比他們想要的來得少。他們不是老大，老大因為年齡說話有人聽或被賦予責任；也不是老么，因為老么通常需要最多的照顧。排行中間的孩子經常發展家庭以外的關係來適應這種情形，他們往往善於社交，也常常成為家裡的和事佬，是忠實的談判者，善於妥協，能夠與家中的長輩和年輕人溝通。如果你是這樣，是否產生了共鳴？

對於第三個孩子，照顧者通常會放鬆一些。那是因為他們已經精疲力盡，不然就是因為他們相信，小孩比他們以前想像中的還更好養。

隨著家中規矩的放鬆，最小的孩子往往能逃脫更多的懲罰，有時候這會引起其他哥哥姊姊的不滿——「不公平！我在你這個年齡時規矩更嚴格！」為了解決這個問題，老么經常用撒嬌和幽默來打消哥哥姊姊的不滿，並混在大夥兒之中。因此，老么通常被視為厚臉皮的冒險者，是幸運兒，這種情形可能延續到成年生活。

無論你在家中排行老幾，重要的是要記住，兄弟姊妹不斷地爭奪父母的注意力。他們鎖定自己擅長的東西，然後像孔雀一樣在父母面前炫耀。這就是為什麼手足經常扮演不同的角色，例如，他是聰明的，她是運動型，他是有趣的。

如果你的照顧者對某些活動給予更多的讚美，例如重視成績更勝於創意，或反之亦然；重視孩子要按規矩行事更勝於率性而為，或反之亦然，那麼你可能會努力在那方面做到最好。或者，如果你覺得照顧者對你其中一個或所有其他手足，表現出任何形式的偏愛，你可能會感到有點「不如」他人或被排擠在外，這都是令人傷心的情況。

我曾治療過很多人，他們成年後都感覺到自己是團體的局外人，他們總是會被排擠在外，不被團體中最風雲的人所青睞。他們許多人第一次有這種經歷是與手足在一起的時候，覺得父母更愛其他兄弟姊妹。他們在小時候就開始把自己視為局外人，然後在成年後有壓力的情況下，又再次有這種感覺。

嚴肅的是，我的案主的感覺沒有錯。研究顯示，照顧者的確常常感到更親近其中的一位孩子，而且你覺得自己不是最受寵的，或者別人才是，這可能會影響到自我評價，一直到五十幾歲。[3] 但是，即使孩子長大了，他們也不一定能準確地猜測出家中哪名兄弟姊妹是最受照顧者寵愛的。確實，研究發現，成年子女正確預測出母親偏愛的對象，只有不到一半的機率（確切地說，機率是四四．六％），[4] 正確猜測出母親最引以為豪的小孩，只有三九％的機率！[5]

我們童年時期經歷的很多情況都是這樣的——影響我們的不僅是發生在我們身上的事情，還包括我們對事情的理解，可是，有時候我們對自己經歷的解釋並不完全正確。

問題反思 ■ 你是與兄弟姊妹一起長大的嗎？他們為你的人生帶來了什麼？你哪些方面的行為可以說是因為人生中有他們的存在？你在家中排行老幾？你是如何適應的？你在家中扮演什麼角色？是我上面提過的角色，還是其他的角色？你是獨生子女嗎？這對你來說有何影響？談論這個問題會讓你有什麼感覺？

我會盡量讓你留在我身邊

我希望我已經傳達了這個資訊：嬰兒和兒童很聰明。他們不斷適應，以維持與照顧者的關係。我們在早期適應的行為，通常為我們成年後是什麼樣的人以及行事方式奠定了基礎。為了維持與照顧者的關係，有一些人做了進一步的適應，例如，小的時候怕被遺棄、怕受到懲罰，或擔心自己不被接受，就可能會去討好別人。他們可能忽視自己的想法和願望，把他人的需求放在首位，對他人的要求什麼都說「好」，希望如果自己做得好，就會被接納、被愛和安全。

其他孩子可能透過成為完美主義者（你既可以是完美主義者，也可以是討好別人的人）來應付這種經歷，希望如果把所有事情都做對了，他們就會被視為夠好。採取任何一種這類行為，都可以使孩子在不確定的世界中獲得控制感。

那些不被傾聽的孩子，或者是發現討好別人或完美無缺也沒用的孩子，可能學會獲得所需關注的唯一方法，就是生氣或大聲喊叫，放大自己的行為，直到違反了夠多的規則，有人來阻止他們，而照顧者很少能理解這樣的情況。如果你是這樣，你可能被貼上「壞孩子」的標籤，被說成是脾氣暴躁或難搞，但實際上你（不自覺地）就是知道，生氣地與人互動，可能比根本沒有互動來得好。當孩子做出這樣的適應時，這些行為通常會跟隨他們進入成年生活。

我有一名案主已是成人，她非常善於交際，被認為是朋友圈和任何派對中的「靈魂人物」。她可以滿嘴粗話，並以大剌剌和離經叛道的行徑而聞名。當她心情平靜的時候，她覺得自己與人們有很深的聯繫、被人愛著，並且能夠隨時做那個狂野、不受約束的自己。然而，在壓力下，她發現自己「疑神疑鬼」（她自己說的），確信她的朋友會突然不理她。她開始猜測他們心裡可能在想的事情，「我知道他們說玩得很開心、我煮的食物很好吃，但是如果他們只是嘴巴說說而已，而不是真心話呢？」、「他們剛才對我的微笑是真的，還是裝的？」、「他們是真的想來我這裡，還是只是在迎合我？」這些恐懼也伴隨著要討好別人和要表現完美的強烈需求。

然後，她就不講髒話了，「請」、「謝謝」、「對不起」突然變成了她最常說的話。

我的案主所經歷的事情是說得通的。在她的成長背景中，照顧者的情緒起伏很大，有時候她是不會做錯事的模範小孩；而其他時候，她被忽視或被兇，家裡出了什麼事都被當做代罪羔羊，一有不完美的行為就被批評。為了解決這個問題，她培養出一種超能力，來預測他們的情緒何時可能突然大變，以調整自己的行為，試圖取悅他們，使他們恢復好心情。現在，當她有壓力時，她又回到這種早期管理壓力的方式，開始過度預測威脅。為了使生活更輕鬆，她需要以覺察心念和自我疼惜為核心，更新她的因應策略，來配合自己目前的生活。

在你開始假設你在壓力時期出現的所有行為都與年幼時期有關之前，我需要你記住，孩子不光是會因為這些原因而調整行為。有些孩子是天生會去討好人，有些孩子是天生的完美主義者，還有一些孩子天生叛逆。有些人每當表現出這些特質時，就會有人稱讚他們，就像當有人說我們把某事做對了時，就更會去做那樣的行為。另外，有些人被教導應該要做某些行為，例如，我有個朋友是第一代亞裔英國人，他從小就被教導，只有做到完美，才足以使他們被視同為英國的白人小孩。

如果此處討論的任何標籤讓你有同感，請不要認為這些行為背後有什麼黑暗或神祕色彩的東西。可能只是你是這類型的人，或者你被教導這種行為很重要。

> “我們一生中大部分時間都在重複年幼時的模式，是我們為了確保自己的安全，並與養育我們的成年人保持親近所採取的模式。”

重要的是，你成年後，覺得需要做這些行為的需求有多強烈，以及如果有這些行為的話，在多大程度上影響了你的生活。如果你的完美主義是有用的，但是沒有執著到讓你筋疲力竭，那麼就沒有問題。如果你討好別人的情況，只是表示你有更穩固的人際關係，也很好。如果講話比別人大聲，可以幫助你在會吵才有糖吃的工作環境中，那太棒了！

但是，如果這些行為妨礙了你的人際關係，或使你精疲力竭，則可能需要考慮擺脫這些行為。我知道這會讓人感到害怕，尤其是如果你認為你需要這些長期以來的行為來防止被拋棄，並確保有人愛你。因此，不要突然嘗試放棄長期以來的行為，只需注意這些行為可能從哪裡開始，以及為什麼會開始，承認它們幫助你適應這個你所成長的世界，然後逐漸導入本書第三部的新技巧。第八章〈讓事情更糟的因應策略〉更詳細地解釋完美主義和討好別人，因此你可以放心地捨棄舊有的行為方式。

有鑑於此，你能想到你人生最初幾年裡，你為適應環境而可能採取的行為嗎？以上有沒有哪種標籤讓你產生共鳴，或者你成為以下的角色：

- **調解者**：夾在家中爭吵的照顧者之間，試圖化解他們的爭吵。
- **保護者**：保護你的兄弟姊妹或其他家庭成員免受家庭爭執或傷害。
- **開心果**：扮成甘草人物，因為讓人發笑，可以維持家人聯繫或舒緩緊張氣氛。
- **幫助者**：因為照顧者使用藥物，所以你必須提供支援。
- **模範小孩**：聽起來很棒，因為這意味著你是家裡的「英雄」，有很強的責任感，但是，如果你搞砸了，那就是一場災難。

或者說，你小的時候被期望要扮演父母的角色？有時，兒童不得不提早承擔起成人的角色。例如，當他們成為家庭成員的照顧者時，可能需要煮飯、打掃、照顧自己的兄弟姊妹、帶自己和兄弟姊妹去看病和上學，或是在照顧者情緒低落時支持照顧者。

如果你是這種情形，你可能會發現身為大人要去玩樂很困難，因為你錯過了童年這個重要的階段。你可能會注意到，即使自己並不完全知道人們期望你做到的目標，你也希望自己總是知道如何去完成任務，因為當你還是個孩子的時候，你就必須裝出勇敢的樣子，讓事情可以辦好。

好了，呼，我們差不多談完了人生的最初幾年。你還好嗎？我是不是一下倒給你太多資訊，你還在聽嗎？我只剩一件事要與你分享，然後我建議你把書放下，花幾分鐘時間，動動身體。

好壞並存

在人生的頭幾年，小孩無法同時在腦中記住好與壞的概念：「媽咪好」、「姐姐壞」、「狗狗好」、「地板壞壞」（害我的膝蓋破皮）。想想你小時候，聽到或看到的童話故事，還記得好人和壞蛋嗎？

小孩認為他們的照顧者是「好人」。如果照顧者沒有達到小孩的需求，小孩通常會認為這是自己的錯，因為自己是「壞蛋」。他們沒有細微的推理能力，來理解有時照顧者沒有達到他們的需求，是因為照顧者承受壓力或必須維持生計，或者因為他們是迴避或焦慮的依附類型。

即使小孩被照顧者嚴厲對待，甚至受到肢體虐待，這樣的小孩通常也會繼續愛照顧者，但他們可能停止愛自己，有時候甚至認為，這一切都是他們應得的待遇。如果你是這樣，我保證你不應該得到這種待遇，你應得到更好的待遇，你很好，值得被愛。

如果你是為人父母，讀到這篇文章時想，天哪，如果我的孩子認為自己不好，該怎麼辦？我能怎麼辦？別緊張，解決方法很簡單。試著教導你的孩子，他們是被愛的，他們不用對困難的情況（例如離婚）負責，並不斷向他們表示，事情很少單純是「好的」或「壞的」，例如：

「吃糖果可能讓你的心情好，和朋友一起分享糖果可能很有趣，但糖果也可能對你的牙齒有害。有好處，也有壞處。」

「狗狗有時會在家裡撒尿，對不對？在家裡撒尿是不好的，對不對？但是，牠做了很多可愛的事情，還讓我們抱牠，我們認為牠很好，對不對？」

要教他們，**雖然他們做的某個行為可能是不好的，但這並不表示他們是不好的。**

問題反思——在你小時候的家庭生活中誰是主要的人？你是和一組照顧者，還是更多的人住在一起？你認為你人生的第一年是平靜的嗎？（我知道這很難知道，除非你在戰區長大，或者知道在此期間在家中遭受暴力或忽視）接下來的幾年呢？在你成長過程中，你對情緒有什麼了解？情緒是可以接受的嗎？會有人安撫你的情緒嗎？你是怎麼被安撫的？你覺得自己有某種歸屬嗎？你是否被人需要？還是你覺得自己是個局外人，好像你可能需要改變才能融入？你在哪些方面做了調適？你可能發展出什麼樣的依附類型？你有沒有討好別人，或使用任何其他策略，來獲得你希望在家庭中得到的愛和支持？在那些年中，你對自己是誰有了怎樣的認識？你的優點是什麼？你的哪些事被稱讚？誰是你最大的支持或靈感？誰或什麼事讓你感到被人看見和安全？

新規則

我相信，我們許多人在生活中奮力掙扎的原因之一，是因為我們沒有得到正確的資訊來幫助我們了解自己，並知道自己是沒事的。因此，在每一章的結尾，我將向你介紹一套可以採用的新想法。以下這是第一套：

- **你是你的 DNA 和生活經驗的獨特組合。**你今天是什麼樣的人、對壓力的敏感程度、容易理解自己情緒的程度、對他人的期望，以及你在其他人身邊時的行為模式，這些事情部分取決於你的 DNA，部分取決於你成長的環境。
- **我們人類的動力是生存和與人的聯繫，以及愛與接納。**即使是那些在公開場合似乎不想獲得愛和接納的人，即使是那些似乎與世隔絕的人，把工作、權力、地位和追求完美置於人際關係之上的人，他們往往會變成這樣，是因為被教導這種方式是獲得認可，或社會最高認可的方式。
- **我們需要愛，但我們也需要界限。**兒童需要關懷，他們需要有犯錯的空間，還需要有人告訴他們，可接受行為的極限在哪裡。當孩子知道有規則和限制，並且有人負責時，他們會感到安全。
- **在你小時候，你可能會非常努力地獲得你需要和應得的關注。**你小時候會採取一些行為，來確保你的安全，其中一些行為今天仍然可以觀察得到。你可以為自己當年的適應方式感到非常自豪，即使你現在不一定重視這些方式。
- **當你還是小孩的時候，是值得受到照顧的，是有價值的，這一點你無需證明，**而今天你仍然值得受到照顧，你是有價值的。

- **兩個看似相反的事情可能同時是真的。**例如，你的照顧者可能已經盡力了，但仍然沒有達到你的需求。你可能會因為小時候的經歷而受到傷害，但是你仍然愛著和尊重你的照顧者。實際上，你可能會感到生氣和受到打擊，但仍然會關心他們。
- **我們都有自己的內心小劇場。**我稱它們為內心小劇場，因為它們是信念，不是事實，而且內心小劇場是在童年早期就已經形成的，例如：「我不夠好，否則他們會更愛我。」、「如果我能做到完美，我就夠好了。」、「如果我向別人表現出我很在意，他們就不會在我身邊。」這些內心小劇場伴隨著我們一生。我們會很快深入了解你的信念，但是就目前而言，如果這些例子中有任何一個例子讓你很有感觸，請立即開始尋找例外，例如：現在是誰向你表示愛與關懷？有沒有什麼時候是你表現得不好但也沒關係的？
- **如果你不記得很多自己童年的事情，請不要以為有什麼問題。**我們最早的記憶非常脆弱，並且很容易因為年齡增長而遺忘。即使我們保留了最早的記憶，我們也可能無法把日期記得正確。我們對你所經歷的事情（以及你今天經歷的事情）的理解方式，比實際發生在你身上的事情更重要。
- **你現在是大人了。**我們都能記住的最重要的事情是，無論童年發生了什麼事，我們都可以對未來有所選擇。即使當年發生的事情可能仍會影響我們，但我們現在不再隨時需要照顧者的核准，才能在這個世界上保有安全。我們不需要他們教我們如何安慰自己，我們可以靠自己安慰自己，這多令人滿足啊！
- **小孩知道大人有時沒有察覺到的東西**，那就是對事物好奇和敬畏的喜樂。你現在可以出去看看你周圍的環境，就好像用第一次看見的眼光嗎？尋找光和影交錯的區塊，尋找風景中的形狀圖案，像是樹葉或樹木。專注於大畫面，然後把視線放大到你能看到的最小東西上。要真正地投入，尋找你之前沒有發現的東西。你能聽見鳥聲嗎？站在摩天大樓或樹的下面，抬頭往上看。我喜歡每天做一次「敬畏之行」，尋找我以前從未見過的東西，融入大自然，彷彿透過小孩的視角來看世界，也許你也會喜歡這樣。

給你的信

你好！

第一章結束了，你覺得怎麼樣？

我希望你幫我做件事，花點時間想一想你童年時有哪個人讓你覺得自己很棒，那個人會支持著你。可以是一個人，也可以是一隻寵物，或是你的神；可以是書中或電影中的角色；可以是一個想像中的朋友，或者是你可以躲藏的某個地方，在混亂或恐懼的時刻能為你帶來平靜。

把那個人帶入腦海，想一想他們怎麼讓你的生活變得更好，他們教會了你什麼？他們是否證明有些人可以是善良、可靠、有趣，和願意支持你的？他們有沒有教你可以獲得平靜和安全的地方？他們有沒有教你煮飯、釣魚、讀書、哭泣，或做你今天仍然在做的事情？有他們在場的時候，你感覺如何？

心理學家會沉迷於問題……但是……我們不光是受到糟糕經歷的影響，你剛才想到的這個人（或說某個存在）也影響了今天的你。實際上，你們每一次小小的正面互動，都會影響你是什麼樣的人和有什麼感受。

我們遇到的每一個人都會影響到我們，特別是那些讓我們覺得被看到、被聽到和被接受的人。因此，如果本書或你讀到的任何其他心理學相關的文章開始讓你覺得有點沉重，請記住這一點。

蘇蘇博士♥♥

2・求學時期

*警語：本章與其他章節內容提及自殺，因此請在閱讀時照顧好自己。

每個孩子都是藝術家，問題在於，長大後如何保有藝術家的創意。

——畢卡索

教育是很不可思議的事情。事實證明，它可以打破貧窮的循環，讓人們能夠工作賺錢，並提高預期壽命。教育為年輕人提供架構、常規和認識他人的機會，因此他們學會如何擁護自己，並獲得一般在日常生活中不會碰到的經驗和技能。

我們受到自己家庭以外和其他孩子影響的第一個地方，通常就是學校的學習環境，以我的例子來說，這裡有一群新的人，從未聽過、也不想玩「腿腿攻擊」，好險！

我自認是個書呆子，我認為學校和老師簡直太神了。但是，由於這是一本幫助你弄清和克服生活中挑戰的書，因此我將把重點放在求學時期可能遇到和到現在仍然會影響我們的一些問題。

當我們開始上學時，遊戲時間和與他人的互動突然有了規則架構。這不單是好奇心和喜悅而已，這不是在午餐前想像一百萬種不可能的事，也不是在玩泥土（我的學齡前活動），學校會在乎表現、準確和速度。

你會接受考試和被打成績，並可能被告知你在班上、同年級和全國的排名，你被告知要努力往上爬。

我們沒有被教導如何管理情緒和人際關係，這些才是當我們變成大人後最常見的障礙。相反的，我們通常被教導學校科目有高低等級制度。例如，語言和數學通常被視為枯燥但卻是「實際」和「重要的」科目，而舞蹈和戲劇被認為是有趣、創意的消遣，但不是「正經的」科目。

重視效率、表現和技職學習的原因是，免費教育是為十八世紀末的工業革命而制定的，目的是為了盡可能快速地教給年輕人所需的技能，讓他們能去工作和為國家賺錢。慢條斯理、從錯中學、創造力和喜悅，這些對工業沒有幫助，因此，簡單地說，這些事情不受重視。

我告訴你們這些，並不是要說學校不好。我之所以這樣說，是因為我遇到許多人覺得自己的工作成果不夠好，他們的人生在學術上的成就還不夠。儘管這種訊息可能來自我們的家庭，正如我稍後會給你們看的那樣，媒體也會傳遞這樣的訊息，但是學校往往是孩子第一次正式認識到資本主義的觀念，即他們要用餘生的時間，以工作成果來衡量自己的價值。更深的含義是，這可能是他們第一次學會把自己的價值（以及他人的價值）與他們的工作成果混為一談。

成績不等於一切

你對自己的學業成績有何感覺？你的答案可能與你在學校被人談論的方式有關。

我們的分數和成績單據說可以反映出我們是什麼樣的人以及我們能做什麼，但是有許多因素會影響我們在學校的表現，例如，若處於以下的環境，我們可以有最好的表現：

- 我們的學校令人感到安全，接納和培養我們的個人文化，並滿足我們的生理需要（例如，提供我們食物）。
- 我們的課程有趣、有條理，能滿足我們目前的需要，為我們提供了足夠的挑戰，讓我們維持積極向上，但又不至於挑戰過大，讓我們不堪負荷。
- 我們的老師很熱誠積極，使用多種教學方法，讓我們參與其中，使我們感到他們關心並且相信我們。
- 從學校給我們的書籍和支持我們的教職人員中，我們可以看到自己以及與我們同類的人，並茁壯發展。
- 我們的照顧者支持、參與，並在乎我們的學業和生活。
- 我們的家庭生活是平靜和安全的。
- 我們的同儕使我們感到被接納。

有太多因素影響著我們在學校的表現，但往往我們會被打分數，好像上述這些因素不存在或沒有關聯似的。

如果你在學校看起來表現良好，並且對「正確的」科目感興趣，那麼可能有一些稱讚你學業成就的信寄到你家裡。信裡面可能會有許多讚美之詞，以及暗示你的未來會前程似錦，結果你的自我評價和自信可能因此而提升。我希望你有這樣的經歷。

但是，我曾輔導過許多年輕人，他們在學校被描述為對課業「不感興趣」、「不聽話」、「不是很聰明」，因為他們沒有拿到高分或漂亮的成績單，也因為他們在課堂上坐不住或分心。

這些標籤一直跟著他們，卻忽略了解釋老師所看到的重要事實，因為正如你接下來會看到的那樣，有時我們在表面上看到的行為，無法解釋背後所發生的事情。

有些孩子在課堂上無法集中注意力，因為他們擅長的技能在其他方面，例如，他們擁有精湛的演技，但是數學對他們來說根本一竅不通，如果要他們在同學面前回答數學問題，他們會感到焦慮和不安。

有些孩子則需要東扭扭西扭扭的才能集中注意力，這種經歷有時與注意力不足過動症（ADHD）有關，但不一定百分之百，而且由於老師不允許或不理解這樣的行為，所以被解釋成不良的行為。

還有另一些人的家庭或學校生活非常痛苦，可能是由於失去家人、貧困和三餐不濟、在家裡受到虐待、在學校受到欺負，以及許多其他原因。所有這些都代表他們會在課堂上心不在焉，這是可以理解的。

這些孩子都需要不同類型的支援，但他們開始相信別人告訴他們的故事：「我不聰明」、「我很笨」、「我做不到」、「我有毛病」。

當有權力的人講我們的故事時，像是我們的父母、老師、老闆、我們尊敬和害怕的人，我們傾向於相信他們。我們開始看到印證這種故事是真實的資訊，而忽略任何與之相牴觸的資訊。特別是在我們年輕的時候，因為這是我們了解自己的時候，也是我們相信大人意見的時候。

少量的壓力不是壞事

我並不是說考試、競爭和意見回饋是壞事，它們可能是非常有用的驅動力，可以幫助我們學習各種事物。

你可能已經注意到，當你感到有壓力時，會有短暫的機會讓你的表現有所改善。這是生理上的實際情況，腎上腺素和皮質醇會增強我們的能力，尤其是我們的專注力和表現力這時候會出現甜蜜點。

上一章提到，我們回應壓力的方式，取決於照顧者是否配合我們的情緒需求。另外，還取決於接觸到可處理的壓力，因此我們學會忍受和克服壓力，這讓我們學會了韌性。

一旦我們承受的壓力超過了理想的程度，我們的能力就會迅速下降，好像走進了危險區域，眼前迷霧嚾罩，我們清晰思考和有效行動的能力完全消失了。一旦我們處於這種狀態，芝麻小事也能讓我們放棄，或者是做出憤怒或流淚的反應。我敢肯定，你會想到在成人生活中曾經發生過這種情況：有一次你的壓力突然變得太大，發生了一些小事，就讓你崩潰。

如果你覺得自己在學校中承受著巨大的壓力，因為你的家人只接受全科都是優的成績，那麼你可能已經因此而相信自己應該有這樣表現……再加上如果失敗可能會出現的情況，一想到就會讓你恐懼到不知所措。

如果你被盯得很緊，因為你之前曾多次被罰留校察看，而下一次就要「準備退學了」，你可能迫切希望證明這一次你會、而且可以做得更好，但是你注意到，你試圖讓自己表現得「好」，卻因為你在努力時感到非常焦慮，而使你的努力結果大打折扣。

如果人家告訴你要「像其他孩子一樣」（例如，自閉症的年輕人可能受到壓力，被迫「表現」得像沒有自閉症一樣），你可能已經注意到，要嘗試與天生的你不一樣時的壓力程度。

如果你現在覺得自己在課業上不擅長，或在一些事情上「不擅長」，這可能與你的能力無關。

可能是你感興趣或擅長的領域，不符合學校系統所重視的領域，或者你實際上有出色的天賦，恰好不是學校優先考慮的領域，所以你被（錯誤地）評斷為「不是很聰明」。

當我們在學習世界大戰、英國的國王和皇后、二次方程式的解法、我們在同學中的表現如何，以及我們的課業強項在哪（或弱項在哪）時，我們也在學習其他東西：我們是什麼樣的人。

問題反思 ▌學校對你來說是什麼樣的？你還記得你的一些成績單上是怎麼寫的嗎？還記得大人或老師告訴你，你與同學和兄弟姊妹相比起來，你表現如何的一些事情嗎？你當時對自己的能力整體上有什麼感覺？你是否曾經因為你的能力，或似乎能力不足而被老師特別點出來？你覺得要你表現時，會有壓力嗎？這對你有幫助嗎？誰支持你？這些問題的答案與你現在如何看待自己有什麼關聯？

犯錯是成長最快的方式

訣竅一：你不是由你學校的成績或任何成績，或你能多快地完成任務來定義的。即使你的天賦沒有在學校得到重視，你也可以為自己的天賦感到自豪。你在學校裡，有沒有什麼活動因為不被重視而打消去做的念頭？也許是藝術？是戲劇？當你想到這些科目時，它們會讓你興奮嗎？如果是這樣，你能再試試嗎？

訣竅二：犯錯是成長最快的方式。如果你做錯了某事，請集中注意於可以從中學到什麼，來幫助你下次的嘗試。身為非常年幼的孩子，遊戲是我們了解世界的地方，犯錯不會產生任何後果。你能把一點童心帶回到你的生活中嗎？選擇一種嗜好或你已經在做的事情，是你很樂意去做，可以單純當做好玩的事。讓自己放棄要在這方面做得很好的想法，看看當你允許自己犯錯時，會發生什麼事。另外，有趣的是，錯誤會帶來最好的學習機會，有時候我們犯的錯誤會改變世界，例如便利貼、青黴素、X光和微波爐都是在現在著名的發明者犯錯後才因此發明出來的。你在做出決定時，若說不會有犯錯的風險，那是不可能的事。

青春期的變化，我是誰？

青春期帶來生理上的變化，例如身高抽高、體重增加、出現體毛、乳房、經期、睪丸發育、青春痘、聲音變粗和夢遺。它還會引起情緒上的變化，例如情緒波動。

青少年時期從你進入青春期開始，通常在九到十七歲之間，直到二十歲中期結束，這時你的大腦結構，如前額葉皮質（我們用來集中注意力、做出複雜決定、設身處地為他人著想、抑制衝動的部分）已經發育完成。過去人們普遍認為，青少年會衝動是由於大腦這一部分的發育尚未完全，但是研究顯示並不完全如此。

“我有一位朋友工作起來手腳俐落，一瞬間就把事情做完了。另一位朋友像蝸牛一樣慢，慢條斯理地，蝸行牛步地走向終點。他們兩個人我都喜歡，為什麼？因為談到一個人是否值得給予愛、時間和尊敬時，工作的快慢並不重要。”

青少年的大腦

你是否注意到，青少年突然對他們過去認為有趣的人和活動感到無聊？在家裡悶悶不樂、很少與家人說話，但一有新朋友打電話到家裡，或當有人找他們去做一些新的事情，或是大人看來根本可怕的事情時，整個人的精神就來了？

許多青少年對他們的照顧者咆哮，這不是因為他們不成熟，或「恨你」。這是因為多巴胺的基線濃度（這種大腦化學物質使你感覺良好，並想要做重複的動作）在青春期會下降，但在你從事任何新鮮活動時會激增，這意味著青少年可能只會在面對新事物時才感到真正充滿活力和興奮。

另外，你是否注意到，有些青少年可能會直奔危險的活動：帶酒上學、順手牽羊、晚上偷溜出去，或是溜著滑板衝下坡，還不戴安全帽、不煞車、眼睛睜得大大的，一點也不退縮？

青少年能夠理解風險，他們有時也會（跟所有人一樣）高估某些行為的危險性，例如「我的朋友討厭我，我的人生完了」、「哦，天啊，我差點要死了」。

但是，如果有任何可能的積極好處，青少年的大腦會淡化新情況的風險，例如「是的，我喝酒、順手牽羊、逗留在外，可能會被抓到，而且我可能會受傷，但是想看看，這樣做多麼有趣！」

整體而言，這意味著青少年受到新奇事物的驅使，尤其是如果他們的朋友認同上述的危險（很快就會談論更多關於朋友的力量），這讓他們在面對新鮮和危險事物時，可以感到瘋狂的活力，並且可能會去冒險（例如吸毒、打架、開快車），有時候會帶來嚴重後果。

但是，透過測試老師和父母所給的界限和規則，讓我們對這個世界和真實情況有了更多的了解，以及如果我們打破界限和規則，會發生什麼事：如果我晚回家，到底會惹上多大的麻煩？如果我開車太快，會有多危險？或者，如果我去參加一場派對，然後喝個爛醉，會怎樣？

我需要打破規則，再加上我很想要融入團體，這就是為什麼我像大多數青少年一樣，從十三歲開始吸菸（媽媽，對不起），當我被抓到、又不想受到懲罰時，就撒謊說出老套台詞：「這些東西不是我的，是我朋友的。」（貝絲！是我對不起你）這也是為什麼，有短暫一陣子我都會順手牽羊，最後就被送到警察局。糟了，說溜了嘴！

這種對新奇事物的追求和風險的淡化，促使青少年走向獨立。這意味著他們轉向朋友，決心找出自己在家庭之外的身分。這意味著他們能夠承擔風險，幫助他們建立新的友誼，嘗試新的運動或活動，報名參加訓練課程，在廣大的觀眾面前表演。這就是青少年能夠在滑板和滑雪板上做出不顧性命特技的原因，以及從事的許多其他類型活動，是大人很清楚當中的死亡率，而永遠不敢去做的活動。

勇於冒險的積極影響可以從青少年社會運動家身上看到，他們堅守自己的信念，為世界帶來真正的改變，例如諾貝爾和平獎最年輕獲獎者馬拉拉．優薩福扎伊（Malala Yousafzai）和瑞典環保鬥士格蕾塔．桑伯格（Greta Thunberg）。

當我們不怕所需承擔的風險時，要發現我們是誰，以及我們有什麼能力，就更容易了。

青少年的身分認同

很少有青少年能察覺到這些大腦的變化，反而覺得自己是發生在表面生理變化之下的奴隸（一會兒悶悶不樂、一會兒快樂、一會兒無聊、一會兒迷戀某事、一會兒脆弱、一會兒狂野，對許多人來說就像不斷變化的週期）。

但是，他們可能察覺到的問題是，（在我的家庭之外）我是誰？我屬於哪裡？我的身分認同是什麼？

身分認同包括我們用來定義自己的各個方面，包括我們的信仰、道德、風格、品味、種族認同、性別認同和性取向。

隨著我們的生活和角色的變化（例如，當你成為父母、戀人、姐姐、哥哥、朋友、員工、老闆、義工、文青、喜愛哥德搖滾的人、偶爾露宿街頭等），身分會不斷發展和演變。但是我們在十幾歲的時候才真正意識到身分認同，並開始塑造和擁有身分認同。

有些人從最早的記憶中，就知道了自己身分認同的核心特質，例如「我是同性戀」、「我是變性人」（儘管並非所有有這樣認同的人，都會很快知道）、「我有信仰」、「我關心正義」。只要我們生活中的這些特質得到支持，它們就會蓬勃發展。

有些人從小家人就會告訴他們的身分認同是什麼，例如「你是一個認真工作的人，以後要接管家族的事業。」如果青少年同意這些指定的人生角色，那很好。如果不同意，家庭中可能會出現衝突，當青少年努力尋找真實的自我時，可能會叛逆。

我們有些人必須嘗試不同的信仰、道德、風格和品味，才能發現自己是什麼樣的人。我經歷過頹廢搖滾階段、嬉皮階段、吸大麻階段、緊張階段、狂野階段（可能太過頭了）、生氣階段、焦慮階段。在我生命中的每個時期，我都屬於不同的團體，它們不是一個接一個的發生，它們會重疊和融合，慢慢衰退，然後消失。實際上，它們並不是真正的階段，而是重要的人生時期，對於幫助區隔出我現在這個人的不同特質具有重要意義。

你也許現在認識正在測試自己身分認同的青少年，一週前問他們最喜歡的樂團是什麼、現在流行什麼，一週後再向他們提及他們的回答，他們會震驚地看著你：「什麼啦！那個樂團／那些衣服太落伍了。」

在測試不同的身分認同時，我們尋找適合的身分認同，並尋求認可。我們希望人們毫不含糊地告訴我們，我們的真實自我被接納、被認為是好的和有價值的。如果我們獲得了認可，就會發展出強烈的自我意識，可以感到自豪和肯定，並茁壯發展。

為什麼我們在意別人的想法

我們最早的祖先靠著待在群體中存活下來，部落意味著可以取得食物，可以與人繁衍後代，以及人多勢眾有安全的保障。離開部落意味著幾乎必死無疑，因為孤獨者必須在危險的世界中自力更生，獨自尋找食物，並與老虎搏鬥。因此，即使在二十一世紀，只要我們一察覺到自己可能「脫離了群體」，我們的大腦就會認為是：「威脅生命的危險」。

你是否曾經注意到，即使你是一個可以養活自己的成年人，當有人不喜歡你的生活選擇，或沒人喜歡你最新的 Instagram 照片，或你看到自己認識和喜歡的人在沒有你的情況下玩得很開心的照片時，你仍然會感到焦慮或受傷，也就是俗稱的錯失恐懼症（Fear of Missing Out，簡稱 FOMO）？

還是，你是否注意到，當你感到孤獨，且沒有人可以分享你的祕密或陪伴你時，你會感到難過？如果是這樣，那是正常的。**我們是現代人，但我們有要與人聯繫的古老需求**。對於青少年來說，他們的情緒狀態已經很高亢，這種經驗甚至會更加明顯。

這就是為什麼青少年可能很注意讓他們與同儕聯繫起來的物品，彷彿他們的生活都仰賴於這樣東西：「我必須擁有那件上衣／iPhone／去參加那個派對」，因為他們大腦的一部分認為，他們的生活的確仰賴於這件事上，以及為什麼在Instagram上和其他人可以對你的照片按讚和評論的地方，可能會讓青少年極度焦慮，因為他們現在的人生階段對社交反饋特別敏感。

影響身分認同的因素

> 我們最大的恐懼不是被人拒絕，而是成了隱形人。
>
> ——羅依．派提特菲爾（Roy Petitfils，美國諮商心理師）

許多因素會影響我們的身分認同，但以下是一些影響最大的因素。

我們成長的文化和時間，影響到我們所學關於身分認同的多方面資訊。我們許多在英國長大的人都被教導：

- **性別有兩種：**男性／女性，這是由你天生的生殖器官決定的。即使聯合國人權事務高級專員辦事處（Human RInstagramhts Office of the HInstagramh Commissioner）指出，出生時為雙性人的嬰兒（占世界人口的一．七％）[1]

“人類天生是要與人聯繫的。如果你在乎其他人對你的看法，在被人拒絕時會痛苦，那是正常的。”

幾乎與紅頭髮的人口（占世界人口的二%）一樣普遍。而且事實上，並非每個人都認同男或女的二元論，有些人在一生中會進行變性，這並不是一個新現象，例如，在印度次大陸上，「海吉拉」（Hijra）（或巴基斯坦語是「卡娃佳夕拉」〔Khawaja Sira〕）被正式承認是第三性別，並且在歷史上一直被尊為半神人。在許多其他文化中，都有第三種性別和（或）非二元性別人士被高度重視的悠久歷史，例如，北美土著族群中的「雙靈」（Two Spirit）、夏威夷土著和大溪地文化中的「瑪胡」（Māhū）、東加文化中的「法卡雷蒂」（Fakaleiti）和菲律賓被殖民前有所謂的「巴克拉」（Bakla）。

- **每種性別都有各自想當然的角色：**女孩是嬌柔、漂亮、仁慈和包容的，在意人際關係；她們是性的化身，也代表脆弱和情緒化；她們的衣著不應該暴露，不要出門，免得會有不好的事情發生。男孩堅強、獨立，會是偉大的領導者；他們對自己的能力充滿信心，並具有競爭力；他們不需要幫助，因為他們不用奮力掙扎；男兒有淚不輕彈；他們是「麻煩」，不能信任他們能管理自己的性慾，「男孩畢竟是男孩」，這對所有性別的人來說都是非常危險的訊息。另外，相對於仁慈、脆弱和對人際關係的理解，男孩的性別特徵（領導力、自信、競爭力）是當前社會最重視的特徵，你注意到了嗎？

- **性是禁忌的，而且有風險：**性是指陰莖插入陰道的性行為，由相愛中的男女進行。性行為會導致少女懷孕和性病傳染，這清楚地傳達，首先應該避免性行為，因為這很危險，可能導致你一生中最大的錯誤！實際上，性遠遠不只這些事情。性行為可以是靈活的，所有性別的人都可以享受性行為。它包括親密關係、好奇、玩樂、同意、尊重，並且可以在相愛的人或剛認識的人之間進行。享受和探索性行為最安全方法，是透過學習自己喜歡和不喜歡的東西（自慰是很棒的，但是正如我所說，這在我們的社會中很少得到支持）、如何表達性愛（分享你的「敏感點」，以及如何拒絕，或絕對的拒絕），還有如何在別人拒絕時好好聆聽。遺憾的是，對於一些人來說，自我探索在很小的時候就被否決了。許多孩子在很小的時候，不知不覺地發現了自慰。例如，我的朋友曾經「騎著她的床柱」，假裝它是一匹小馬。當她意識到這種感覺有多棒時，她就一直這樣做。她的父母注意到他們狂熱的小騎士從這個遊戲中獲得的樂趣超乎他們最初的想法時，驚慌失措地對她大喊著，「羞羞臉，你這女孩怎麼這樣！」這樣對待小孩的回應方式，將影響往後他們對自慰的看法。支持孩子去明白這種行為，你可以給他們一個與自我探索建立健康關係的機會。讓孩子感到羞恥（經常發生這種事情），會在自我探索和「我很壞」之間建立聯繫。而且遺憾的是，對於女性而言，嘗試對性進行探索往往被貼上行為「放蕩」的標籤。

“如果還你不知道……人們會自慰，你也可以。不用覺得羞恥！”

文化中的這些教導會帶來實際的影響，它們告訴我們什麼事都只有一種情況，這意味著許多人可能在成長過程中，對於自己可以做什麼和成為什麼樣的人，我們的想法其實很受限。同樣的，這些狹隘的觀點意味著我們更有可能對自己和（或）其他與我們期望、認可不同的人進行監督。霸凌和偏見就是這樣開始的。

這些教導還意味著，我們在生活中的一個領域（性和親密關係）準備不足，最好的情況可能是印象深刻、極其美妙，或最壞的情況是極度危險（在沒有理解或尊重對方意願的情況下發生）。

你在成長過程中，聽到關於性別和性行為的說法是什麼？跟我上面描述的一樣還是不同？在性行為方面，你是否感到被賦予信心和能力？覺得困惑？害怕？你的性別和性取向是被正面看待的嗎？在操場上會聽到別人對於性別和性行為說了什麼難聽的話？你在操場上或在家中，聽過像「拉子」和「蕩婦」之類的汙衊話嗎？你第一次的性行為情況如何？這段時間有人支持你嗎？

希望你的第一次性接觸是正面的（互相尊重、刺激、自在，只有一點點尷尬），並且只與你信任的人討論。對於某些人而言，可憐的是，這種經歷成為了別人茶餘飯後的八卦，或者我們被羞辱說成是不檢點（男人很少因性行為而被羞辱），或者我們不得不出櫃，拚命地希望我們透露心聲後，知道的人會支持和愛我們。在這個階段發生的任何事情，都會進一步影響我們對自己身分認同這方面的特質，是否能感到自豪。

這種早期教育錯誤的影響會影響我們一生。心理學家莎拉．麥克萊蘭（Sarah McClelland）寫了一篇關於「親密關係公正感」的文章，發現年輕女性對自己的性滿意度的評價，取決於她們的伴侶的滿意程度，[2]然而年輕男性對性滿意度的評價則取決於自己是否達到了高潮。耐人尋味的是，無論伴侶是誰，女性性滿意度是根據伴侶而定的，這意味著當女性與女性發生親密行為時，兩者之間性高潮的落差就消失了！在要求人們描述低滿意度的性經歷時，年輕女性會用「沮喪」、「情緒悲傷」、「痛苦」和「丟臉」等標籤來描述這些經歷；而年輕男性則用「孤獨」、「性伴侶沒有吸引力」和「性刺激不足」來形容這種經歷。

我最近輔導一對異性戀夫婦，他們在一起已經八年了，來我這裡接受治療，討論性生活的問題。每當女方告訴男方她想要什麼的時候就會發生爭吵，性生活也隨之停止。當我們討論這個問題時，男方說：「身為男人，我理當知道如何取悅我的女人。我應該有信心，不需要告訴我怎麼做，否則這代表我在性方面表現不好，還很失敗地沒有男人面子。當她建議我用某種方式來碰她時，我認為她在告訴我這樣的訊息：我的床上功夫很糟糕，我不像是一個男人。」

在這個案例中，學校教育（學到我們需要把事情做到完美，否則就是失敗）、性別規範（學到男人應該是自信的領導者，永遠不需要別人的幫忙），和我們在性方面所學的有限知識全部加起來，導致了這對夫婦關係中的問題。但是，一旦理解後，都是可以克服的。

好消息：研究顯示，性別正逐漸變得愈來愈不那麼死板（耶！），並且愈來愈多的女孩開始具有「傳統男性的特質」，[3]例如，表現出自信和領導能力（這些特質本來就不應該被性別化）。

壞消息：研究還顯示，與女孩相比，照顧者和同儕更可能會懲罰和避免男孩「違反性別的行為」。[4]人們透過懲罰這些行為超出原本既定角色的人，維護了性別之間設定好的權力不平衡。如果我們要達到平等的地步，我們需要向所有性別的人顯示，他們可以成功，並受到重視。而且我們需要告訴所有性別的人（尤其是男孩），展現情感、仁慈、關懷和願意接受他人的教導，並不會威脅到他們的男子氣概，實際上還是非常重要的。

前任美國最高法院大法官露絲．拜德．金斯伯格（Ruth Bader Ginsburg）說，「性別界限並沒有讓女性立於高台之上，而是囚於鐵籠之中。」我相信這是完全正確的。但我認為，性別界限幾乎使每個人都關在囚籠裡，不光只是女性而已。

你能看到我們所受的教育與我們成年後感受之間的關聯嗎？你是否曾在發生一、兩次一夜情後，認為自己是個蕩婦？你有沒有在打手槍後，感到羞恥？還是，你缺乏性生活，這在某種程度上就代表你是一個較差的人嗎？你對性愛有什麼怪癖？這是否與你當初學到這種怪癖的情況有關？

快速練習自我探索

你的性生活，以及如何獨自或與他人一起獲得愉悅，這不僅是正常的，而且很美妙。慾望、愉悅、力量，這些你都可以探索，而且你應該感到愉悅，而不是痛苦或羞恥。如果性生活或與你的身體相關的事出現羞恥或尷尬感，這種感覺可能不是出自於你，所以何不甩掉所有這些包袱，開始自豪地探索你的性生活。

而且……

沒有「床上功夫不好」這回事。臨床心理學家凱倫．葛妮博士（Dr. Karen Gurney）告訴我：「像是『他的床上功夫很差』或『我的性慾很低』之類的說法，會讓人們無法明白，性不過就像是兩人之間在跳舞，而不是一個人就可以有的狀況。不會有『他的床上功夫很差』的情形，因為性是一種溝通，而不是一種經由學習而得來的技巧（儘管我們許多人溝通的能力可能很糟糕！）。」這意味著，我們需要開始學習如何和對方溝通自己喜歡、想要和需要的東西，並也可以自在地去問對方的慾望。

決定今天你可以做的一件事情，開始學習你喜歡或不喜歡的東西。也許今天早點上床睡覺，進行一些自我探索。也許給自己買個情趣用品（你可以告訴自己這是醫生的命令！）。

如果覺得這一步還跨不出去，你可以去買書來幫助你了解有關性和性行為更多的資訊嗎？一旦找到讓你感覺很棒的事，練習大聲說出你喜歡這件事。我知道這聽起來很奇怪，但我們必須開始能夠表達自己的慾望。當我們有點害羞時，獨自一人往往是最好的開始。對你在性愛方面不喜歡的事情，也要表達出來。

霸凌

在英國，五分之一的年輕人反應在學校被欺負，其中近三分之二的人是因為外表而被欺負。患有長期疾病、需要額外資源輔導、學習能力較差，以及單親家庭中的年輕人，最有可能成為被欺負的對象。[5] 幾乎一半多元性別族群的學生反應自己受到了欺負。[6]

你是否注意到這些事件與**差異**有關？或者，更準確地說，是我們可能沒有被教導去理解或接納多元化？

儘管各位現在在看本書的讀者大多已經不是學生了，但這些統計數據顯示，你們當中很大一部分人可能經歷過霸凌。霸凌會產生廣泛而深遠的影響，而且不僅僅發生在學校，因此，重要的是要知道如何去辨識這種情況、如何制止，以及如何防止過去的霸凌影響你今天的感覺。

霸凌可能是肢體上的，也可能是言語上的。我們許多人都記得當年在學校操場上聽到辱罵的言語，例如「蕩婦」、「胖子」、「書呆子」、「魯蛇」、「白痴」。如今，這些汙衊的話往往變本加厲。

> “石頭和棍子能夠打斷我的骨頭，~~但是~~**而且**言語將~~永遠無法~~**肯定可以**傷害我。*”

* 譯註：Sticks and stones will break my bones, but words will never hurt me. 這句話原本是英文的順口溜，教人如何面對別人惡意的言語傷害，聽聽就算了，別當一回事，但是作者不以為然，認為言語文字是真的會傷害到人，所以加以修改。

霸凌也會出現在網路上，例如有人在某人的社群媒體首頁上留下騷擾的評論，或在網上分享和嘲笑他們張貼的照片或短片，這樣可能對年輕人造成極嚴重的打擊，尤其是當他們知道自己第二天將面對看到這些評論的同學。

霸凌可以是無聲的，例如，某人把你從他們的團體或某項活動中排擠出去，或者當你在場時，對你視若無睹，把你排除在外。這種情形可能發生在任何年齡層。

如果這些事情偶然發生了一次或兩次，或者你有朋友支持你度過這個經歷，舒緩你受到評論的傷害（最好是制止這些惡意評論），那麼你可能會受傷一陣子，然後繼續向前邁進。如果霸凌事件反覆發生，而沒有人介入來幫助你，就可能會出現焦慮、悲傷、孤獨的情緒，甚至可能晚上無法入睡。

霸凌已導致並持續成為人們自殺的原因之一，它會對每個有這樣經歷的人造成嚴重的有害影響。霸凌也不限於操場或童年，許多人在與其他大人的人際關係、辦公室和（或）生活的其他方面都遭受過霸凌。

被欺負的人會覺得，要信任別人很難，以為別人也會欺負他們，他們也可能開始相信霸凌者的言詞和行為。這是有道理的，特別是如果人們站在一旁看著事情發生而不試圖阻止時，似乎所有其他人都同意發生的事情，一定是代表我們活該，或者我們不值得有更好的保護或待遇。如果這是你一直在思考或過去曾思考的事情，我向你保證，你應得到更好的對待。旁觀者通常不會介入，是因為他們覺得害怕，或者因為他們認為自己幫不上什麼忙（實際上不是這樣的），並不是因為他們認同你所經歷的事情。你不應該被欺負的。

你有沒有被欺負過？在學校？在職場？這對你有何影響？

處理被霸凌的影響

要知道霸凌者會有這樣的言行，錯不在你身上。霸凌行為的出現往往是因為霸凌者曾經被別人欺負過，使他們認為這是正常的，或者是因為他們生活中發生某些事情，迫使他們想去矮化別人。明白這一點可以幫助我們把他們的言行舉止視為他們生活的寫照，而不是因為我們的錯。

與你信任的人談一談，尋求他們的支持，來處理霸凌行為。如果你仍然是在學生，這個人可以幫忙告訴學校發生了什麼事嗎？如果你是職場上的成年人，是否可以與值得信賴的同事分享你的情況，如果你提出正式投訴，這名同事會支持你嗎？即使他們不能立即對這種情況做些什麼事，你分享你的感受，也會幫助你知道自己並不孤單。

不要回應霸凌者（除非你有具體的行動計畫）。如果可能，看到他們請走遠，並找到可以保護你安全的人，這樣當霸凌情況再次出現時，你可以求助於他們。如果霸凌行為是發生在網路上，第三章將告訴你如何處理。

如果你曾被欺負：

留意你在哪些時候會以霸凌者的方式對自己說話或惡待自己。在任何年齡，他人的言語和行為都會影響我們。別人向我們說出或飆出的話，會鑽進我們的心裡，並可能成為我們用來批評自己的話。如果你會內在自我批評，像霸凌者那樣對自己說話，那麼第九章將告訴你這是正常現象的原因，並為你提供斷開和克服這些字眼的方法。當我照鏡子的時候，我仍然偶爾聽到「平胸的厭食症婊子」的聲音，當我十三歲的時候，欺負我的惡霸就是選用這些字眼。幸虧現在這些謾罵的話我已經不以為意了。

如果現在你想到霸凌的事，會讓你感到有些焦慮，請記住本章開始時你想到的事情，就是讓你感到安全的人或寵物。讓他們安撫你，花點時間，用你所有的感官去想像他們。他們以前相信你，現在也相信你。記住了，你也把他們的話給內化了。

有趣的事實：你現在甚至正在內化我的話，在你的腦海中建立一個小小蘇蘇博士，當你將來感到不確定或恐懼時，她會對你說話，並支持你。

最後，如果你知道有人被欺負，請介入。

我們的照顧者

青少年很在意他們的朋友，但他們仍然需要照顧者的支持。

青少年需要照顧者樹立榜樣，提供他們智慧、經驗和知心的傾聽，因為照顧者已經經歷過了所有的事情。青少年需要鼓勵，來幫助他們一步步茁壯成長，如果他們想探索自己的身分，也不需要被批評。

我有很多案主在青少年時期就聽到照顧者羞辱的話，被說成是不檢點、肥胖，並且用恐同語言提及街坊的其他青少年，這向他們傳達了一個清晰的訊息，說明家裡可以容忍和不可以容忍的事情。我也有許多案主同樣遇到別人使用這種語言來反對他們，或者因為穿了傳統上不適合他們性別的衣服而受到懲罰，或者在青少年時期經常被要求要量體重、計算卡路里和被要求節食。由於這發生在他們還在弄清楚自己是誰的時期，關於他們的外表有什麼「不對勁」、「不可接受」或者他們是「胖子」的訊息，都會留下持久的印象。現在，當他們想到自己的身體或衣服時，仍然會感覺到那些汙衊的話。

青少年還需要照顧者來灌輸和設定界限。他們需要知道，有人最終仍然可以掌控一切，如果有危險，照顧者可以突然介入，並且清楚知道界線在哪，以及如何執行這些規則。

如果你現在正在養育青少年，我的臨床心理學家朋友安－露易絲．洛哈博士（Dr. Anne-Louise Lockhart）很棒地總結了這種經歷，也許你會發現這很有幫助：

當你坐在雲霄飛車上，並拉下安全護桿時，工作人員會告訴你要做什麼？他們告訴你要推推看，確保護桿是固定的。他們告訴你這樣做，是因為他們想保證你的安全，你要確保自己是安全的。這個例子用來形容教養青少年，比喻得太漂亮了。當我們往內推，往內靠時，青少年會往外推。為什麼？他們希望確保他們可以信任你這個安全和穩定的基地。

對於照顧者來說，這可能是一個非常辛苦的時期，因為大多數人在青少年時期都很難搞，在家裡無精打采的，對朋友以外的任何事情都不感興趣，一點芝麻小事都會生氣。照顧者必須處理這個問題，同時還要為失去以前那個小可愛而難過，因為在青少年小的時候曾經抬頭仰望著照顧者，好像他們是宇宙的中心。

最重要的是，在我們十幾歲的時候奮力掙扎，試圖成為今天的我們，大多數人都希望家裡的大人與我們親近、看見我們，並支持我們，即使我們表現出來不一定是這樣。（這使我想起，我可能應該花點時間說，媽媽，對不起。當時我是一場噩夢，對吧？愛死你了！）

展現給世人看的「個人品牌」

真實的認可使我們免於羞辱的摧殘。

——艾倫．唐斯（Alan Downes）《絲絨之怒》（*The Velvet Rage*，暫譯）

如果我們在十幾歲的時候費勁去找自己的身分認同，或者找不到適合融入的地方，那麼「我是誰？」會變成「我有什麼毛病？」

在青少年時期，如果我們為自己有哪些方面感到羞恥，這可能會影響我們的情緒，以及我們對自己在世上處境的感受，這是可以理解的，這可能也影響了我們的行為。

還記得我說過，人類總是能找到因應的方法嗎？對於自己的身分認同有某方面感到羞恥或疏離感的青少年，如果沒有人告訴他們如何管理和處理自己的感受，他們會找到其他方法來處理。

他們可能會退縮，如果你沒有其他明確的因應方法，從令人不安的事情中脫身可能是唯一安全的選擇。

他們可能會找到麻痺自己的方法，青少年很少知道如何處理強烈的情緒，他們還沒有學過這樣的技巧，所以可能會轉向喝酒和吸毒來麻痺自己。

他們可能像變色龍一樣，改變外表來融入群體，變得更像是被同儕或社會視為「可以接受」的人，調整他們的言語、行為和表達方式，以適應環境。

例如，由於種族或族群而被人孤立的青少年，可能會變得更像學校裡典型的白人孩子，拒絕了以前自己文化中可能覺得很重要的部分。那些身分認同或性行為被他人視為不那麼像「男人」的青少年，可能會試圖變得更「有男子氣概」，可能會排斥他們的性行為，或拒絕深入了解他們舉止、穿著、約會和生活方式的知識。

在青少年時期，我們許多人試圖建立新的身分認同或「個人品牌」，展現給世人看，那些大家說不要展現的東西，我們一點也沒有。

我們可能會致力於「完美」，努力獲得「完美」的成績、「完美」的身材、「完美」的衣服等等。我把完美放在引號裡，因為沒有這樣的東西。我們可能會成為班上「滑稽」、「古怪」、「浮誇」、「冷酷但有趣」的人，去做任何可以轉移別人注意的事情，因為我們擔心別人會發現關於我們的事。

我有一名案主，這個年輕人覺得無論他取得了多少成就，或獲得了多少讚美，都無法擺脫自己「不足」的感覺。在外界看來，他看起來「做得很棒」。他開好車，有六位數的薪水；身材高大，肌肉發達，總是精心打扮（就像高級男裝 Hugo Boss 廣告中的人），總是加班，在工作中付出的比要求的多，而且他知道所有流行的話題。大家經常說他有多性感、聰明、成功、有趣和成就很高，其他人羨慕他，但在內心深處他覺得沒有安全感。問題是，他覺得完美的外表是他的偽裝，他在成長過程中，因為是同性戀而被同儕和父親羞辱，所以才偽裝成這樣。他曾經相信，如果我能做到完美，人們就會愛我；他們不會想到我可恥的部分。從那時起，人們的確稱讚了他。

無論別人如何讚美我們，有時都無法符合我們的需要。為什麼？因為我們心裡有一部分會一直在想，如果他們認識真正的我，就不會那樣說了。

顯然，並非所有人都有這種感覺。有些人覺得自己一個人很棒，而有些人對於「融入」根本沒興趣。

問題反思 你覺得你在學校或在學校以外的地方能融入你的同儕嗎？你有一個或幾個朋友嗎？你覺得被接納嗎？你有屬於的團體嗎？你屬於哪一個團體？你是否覺得自己有些地方必須隱藏起來才能被接納？你多努力嘗試隱藏這些部分？你是否有多個朋友圈，並會稍微調整自己來適應不同的圈子？你是否是許多團體的邊緣人，因此真的不覺得自己適合任何團體嗎？這對你看待自己的方式有什麼影響？你是否覺得自己創造了另一種分身，這種分身使你更容易被他人接納？

新規則

- **你認為自己如今是誰，以及你對自己身分的看法，這些確實可能與你在青少年時期被告知你可以成為怎樣的人，以及你在當時得到的認可、支持和界限的多寡有關。**
- **擔心自己不適應，恐懼會錯失什麼東西，以及在意別人的眼光，這些是正常的。**請記住：大多數人都想融入團體，大多數人都在擔心同樣的事情。擔心他們的外表、給人的印象、表現得如何，以及別人給的評價。其實，大多數人的注意力都擺在自己身上，而不是在你身上，這個領悟可能令人感到釋放。

- **你不必遵從性別或其他期望**。世界正逐漸朝著對性別（以及性行為）有更不死板的理解方式。如果你「注定」要「陽剛」，但又想做出傳統上被視為「女性」的事情，例如情緒激動，請知道你完全可以這樣做。同樣的，如果你不想遵從性別二元論，也不必這樣做！如果你需要更多有關這方面的資訊，我建議你看阿洛克・費德－梅農（Alok Vaid-Menon）的《超越性別二元論》（*Beyond the Gender Binary*，暫譯）。
- **如果你必須假裝自己的某些部分不存在，或必須排斥，你現在不必這樣做**。當這些部分出現時，你可以說聲嗨，並樂於接納這些部分，我知道這聽起來可能很難。如果感覺令人卻步，請嘗試找到與你想法或身分認同類似的人所組成的社群。Instagram 和其他線上社群幾乎什麼團體都有，因此，如果在現實世界中你找不到讓你感覺良好和安全的人，則不妨去網路上找看看。
- **當我們經營多方面身分認同時，我們的身分認同就會感到最穩定**。如果你依賴某一方面的認同，而這方面卻遭受阻礙，那麼你要算是什麼樣的人？例如，用你的工作來認定自己，而你丟掉了飯碗，或是依賴你的人際關係、外表、信念，然後有些事情讓你的身分遭到考驗，你可能會發現自己在自我意識上開始掙扎。
- **如果你是照顧者，請支持你照顧的青少年了解所有這些觀念**。傾聽他們，讓我們的下一代有可以求助的對象，當那種說「走，一起去剪頭髮」（或他們想做的其他事情）的人。如果你家的青少年告訴你，他們認為自己是變性人，你就問：「你希望我怎麼稱呼你？」對向你傾訴自己正在掙扎的男孩說：「當你難過想哭時，你可以隨時來找我。」對他說：「謝謝你告訴我。我很高興你這樣做，如果這是個祕密，你可以相信我會保密的。還有誰知道，這樣我才能確保我不會洩漏你的事？」那些是同性戀、雙性戀、或酷兒（queer，編按：稱呼同性戀、雙性戀、跨性別者的歧視用字）或泛性戀（pansexual，編按：不論戀慕對象的性傾向為何，都會對其產生性慾和愛意）的年輕人告訴你時，你可以這樣回答。對每個你遇到的年輕人說：「你可以成為超屌的領袖，無論你選擇什麼角色，我都會支持你。」最重要的是，對任何告訴你他們受到傷害的人說，「我相信你」。讓他們知道他們很重要，在發生危險和恐懼之後，你會支持他們，尋求正義和（或）他們希望採取的任何步驟，以尋求安全與平安。告訴他們，他們完全可以成為他們原本的樣子。而且，我們當中許多人以前被灌輸的不安全感，也不必灌輸給他們。

給你的信

你好！

我想現在要來重申，並不是所有事情都能由童年來解釋。

有時候，你會努力追求完美，單純是因為你想把事情做好。有時候，你會想取悅別人，是因為你遇到了自己真正喜歡的人。你相信付出一點額外的努力，會使你的人際關係有機會更好（你是對的）。有時候，你會因為純粹是真心想幫忙，而發現自己在朋友、家人或其他人吵架時，居中調解。

有時候，我們的確成為完美主義者、開心果或「不沾鍋」，或其他角色，來當做是我們生存的方法。有時候……我們就是那樣子。

有時候，我們會做一些事情，因為我們就是會這樣做！可能沒有潛藏的隱喻，也沒有與過去的祕密關聯。

你不是機器人，你確實有自由意志，會隨興而為是真的。

好吧，下一章讓我們進入塑造我們的另一個生活層面，就是通常會讓我們感到沮喪的媒體、行銷和社群媒體。

蘇蘇博士♥♥

3・廣告、媒體、社群媒體

即使你的童年過得很棒，並且在成長過程中，周遭都是滿足你情緒需求的支持者，你還是可能相信自己有所欠缺。

為什麼會這樣呢？

廣告、媒體（報紙、雜誌、電影和電視）和社群媒體，尤其是Instagram，這些都可能喚起你的缺乏感。例如，我喜歡衣服，我透過觀看的廣告、媒體和社交媒體獲得點子，並跟上「潮流」。但是，這些資訊會使我們感到不足。

電影和電視分享了富有想像力和令人興奮的故事，在我們辛苦的一天結束時，提供了一個跳脫的地方，但是它們會促進和加強偏見的想法。例如，許多廣告、電影和電視節目缺乏多元化，並且經常複製社會上已經氾濫的性別歧視、異性戀本位、恐肥症、肢體健全主義、種族主義和其他偏見的陳腔濫調，例如，營養產品公司蛋白質世界（Protein World）針對女性的廣告口號是「你可以去海灘展現身材了嗎？」，以及電視劇《大英國小人物》（*Little Britain*）中用化妝成黑人和亞洲人的方式，添加種族歧視的描寫，而且這些媒體資訊通常包含與心理健康有關的負面故事情節。所有這些東西都會降低自尊心，導致焦慮、憂鬱、節制型飲食和我在診所經常看到的其他形式情緒困擾。

前兩章的內容是相輔相成的，從出生到學生時代，探討了在你成長過程中，從你的原生家庭、照顧者和老師那裡得到哪些是「可接受」行為的資訊，這些事怎樣塑造了你對自己和他人的看法，而本章略有不同。廣告、媒體和社群媒體都會對任何年齡的人產生有害的影響。在童年和青少年時期，我們對怎麼樣的人是值得稱許和討人喜愛的資訊最為敏感，在成長過程中接觸的雜誌、廣告、電影、電視和社群媒體，會影響我們對自己的期望，這些驚人強大媒體的影響力會繼續左右我們的一生。

廣告

在二〇一九年，克洛伊・米歇爾（Chloé Michel）這名蘇黎世大學經濟學的博士生和他的同僚們證明，[1]當一個國家在廣告上花費愈多時，全國的生活滿意度就會隨之「明顯」下滑。[2]他們預測，如果一個國家的廣告支出增加一倍，則可以預期其全國人民的生活滿意度將下降三％。

廣告與對生活不滿足之間的關係，是因為我們一直處於想要有更多東西的狀態。你存錢來買新的手機、汽車或衣服，你會高興一會兒……直到又有更新的產品出現；才剛對自己的外表感到滿意，然後一打開雜誌，發現自己還沒有廣告中模特兒那樣的腹肌或光滑的皮膚，因此，你伸手去拿你的錢包，要去買新的健身房會員卡、新衣服、新流行的飲食方式或護膚課程，因為它們承諾讓你擺脫所有老化的跡象。

我在診所看到很多人都說他們覺得自己失敗。當我問他們為什麼時，他們經常說自己達不到雜誌或電影中看到的照片，覺得自己太醜、太胖了，而且好像還沒有獲得足夠的地位象徵，來表示自己過著美好的生活。

我要拿美容行業和廣告來證明，這些不夠好的感覺是如何開始的。

銷售完美的概念

想想你在成長過程中，你十幾歲的時候看到的廣告。在青少年時期，你是否看過雜誌，或在電視上看過廣告，或者你那時有社群媒體嗎？你還記得當時看到的照片嗎？你還記得你特別喜歡哪些品牌嗎？這些照片中的人看起來如何？

他們是什麼性別（清楚地顯示是男性還是女性）？他們的舉止如何？他們瘦嗎？勻稱嗎？肌肉發達？美麗嗎？如果是的話，是什麼讓他們變得美麗？他們肢體健全嗎？年輕嗎？只有一個種族出現？一種膚色？他們以「完美」的形象呈現嗎？他們是人類生活和經驗中極為狹義的代表嗎？你所看到的情況，簡單的回答是：男性是高、白、瘦、健全、勻稱、健壯得不得了（「男子氣概」的男人），而女性則是有女人味和漂亮（「清純可人」的女孩和「有女人味」的女人）嗎？他們是否具有你認為是理想的美貌和身材，而且你需要拿來跟自己比較？

這就是我在少女雜誌《Mizz》和《More!》上看到的情況，這兩本是我最喜歡的青少年刊物，還有我媽媽的《時尚》雜誌。上面每個人看起來都很迷人，又像唐老鴨的叔叔有金山銀山那樣多金，他們老是在做愛或準備要做愛（呈現方式是非常異性戀本位的）。最糟糕的是香水廣告，顯示超模整個人浸入黃金，或慵懶地在豪華飯店房間中休息。

青少年除了尋求同儕外，還希望透過媒體和電影，來了解人們對他們的期望和所謂「正常的」情況，所以你在成長過程中看到的東西很重要。

我剛才給你的描述，是我青少年時期英國理想中漂亮的人，成為我心目中「有魅力、值得稱許」的範本（是的，我把「值得稱許」與「有魅力」連結在一起，因為這是我到處看到的情形）。因此，我相信，如果我能像廣告中的人一樣，在健身房鍛鍊自己，穿上合適的衣服，買他們所賣的香水，我也可以過上這樣的生活。廣告是會奏效的。

我沒有注意到，照片中的模特兒和媒體其實也沒有達到他們所描繪的「完美」水準。我沒有想過事實是，廣告的後期製作會使用燈光、濾鏡和進一步的修圖技術，加以拼湊或調整（我以前都沒聽說過）。我沒有想過事實是，這些廣告是專門向我推銷東西的。而且我也沒想過事實是，他們在現實生活中根本看起來不像那樣，其他人也沒辦法做到。

我和很多人一樣，對我的外表變得很在意，而且我還注意到，無論我買什麼，都不太能滿足到我的需要。

我們每個人受廣告影響的程度各不相同，有些人感受輕微，但是可以控制的部分還不足夠，而有些人則感到完全被擊敗了。例如，他們可能看不到自己在這種行銷活動中被代表出來，就開始懷疑，「是我異常嗎？我有什麼毛病嗎？」

我們受廣告和美感標準所影響的程度，取決於許多因素：

- **性別：**女性要符合苗條的身材，在這方面受到的壓力明顯更大，因此反應出受到體重的身材歧視是男人的兩倍。[3] 但是，男性的身材問題也在增加，研究顯示，在肌肉是男性美標準的國家中，男性肌肉發達的身材畫面出現的頻率增加，與情緒低落和對身體不滿意的程度增加，兩者直接相關。

• 我們是否相信自己符合廣告讓我們看到的畫面。

社會比較理論

社會比較理論（一九五四年）之父里昂．費斯廷格（Leon Festinger）表示，**比較**是我們了解自己，並了解自己在世上處境的一種方式。[4] 我們環顧四周，看看別人在做什麼，然後問：「我符合期待嗎？」

如果我們覺得自己比別人好（這叫做向下比較），我們會感到振奮，自尊心也會上升。如果我們覺得自己做得沒有那麼好（向上比較），但是覺得只要稍加練習或努力，我們就能達到那個水準，我們可能會受到鼓舞。

如果我們發現差異很大，可能會感到自己不足，受到打擊，並失去動力。

從進化的角度來看，這能幫助我們的祖先了解自己在部落中的地位，激發他們學習進步所需的技能，並更能在環境中生存，這可能幫助他們了解，何時不值得選擇和別人對抗，因為對手體型更大，顯然也更強壯。

在全球化的媒體和網際網路出現之前，我們只把自己與家人、當地社區、同事和鄰居進行比較。如今，我們可以把自己與我們認識的人、名人，甚至是意見領袖，無時無刻地進行比較。因此，你的反應方式將取決於，你與媒體所呈現出的形象相比的差距程度。

當我們在雜誌、電影和精心策劃的 Instagram 訊息中，看到經過修飾的「完美」人們過著「完美」生活的照片時，我們就有了一個不可能達到的基準指標。有些人覺得自己「接近」看到的畫面，可能會努力追求不可能達到的基準指標，他們不會感到沮喪，反而會因為有可能實現這個目標而感到興奮。

但是，對於那些覺得自己與所描繪的概念相去甚遠的人來說，基準指標可能會很快從機會的獎勵變成懲罰，當他們發現自己落後時，就會用指標來懲罰自己。

「完美」人們、「完美」生活的畫面無處不在，每天每秒都在轟炸我們。對於許多人來說，這會導致不足、失去動力，甚至崩潰的感覺，這可能表現出自卑、焦慮和沮喪，這可能是人們患了飲食失調的許多原因之一。

對於那些不覺得受到美容廣告影響的人，以及沒有身材形象問題的人，你可能會發現，其他方面的社會比較對你有影響。

也許你從小就看到擁有汽車、飛機和珠寶的人的畫面，所以現在你把自己與超級富豪相比較。或者，也許你最近看到某人獲得升遷而感到鼓舞，因為你認為自己可以達到成功的地步；也可能覺得別人的情況高不可及，而失去了努力動力。

或者，也許你已經注意到，即使你實現了你所希望的目標，例如升官、新車、最新的 iPhone，你在短時間內感到滿意，但是過了一陣子之後，當你看到其他人升到更高的職位、更拉風的汽車、更新一代的 iPhone，你突然會覺得自己的成就毫無意義。

廣告利用人類拿自己與他人比較的這股驅動力，使我們處於想要更多的狀態，這讓廣告蓬勃發展。如果我們覺得自己「足夠」，就會少買很多東西了。

保護自己，免受廣告負面影響的快速提示

下次當你開始批評自己的外表，或你沒有最新款產品的時候，請等一下。不要自動去尋找新的快速解決方案，或按下「購買」按鈕，先問問自己：「誰從我的不安全感中獲利？」

當你在任何時候發現負面的社會比較出現時，要知道這是正常的人類經驗，然後重新調整你的想法。例如，如果這種念頭會出現與廣告有關，所以你會想：「我很醜，因為我長得不像那樣。」請提醒自己，廣告中的人幾乎都是使用濾鏡效果、照片修飾和編輯過的。請提醒自己，沒有人的價值取決於他們的外表，儘管我們已經說過很多次，事實就是這樣。如果這種念頭會出現，是因為看到有人達到你尚未實現的目標——他們好厲害，我真失敗——這時要想想，是否有辦法轉念，把他們的成就當做是嚮往的目標，而不是你失敗的象徵。如果自我批評使你感到困擾，第九章〈內在判官〉將幫助你解決這個問題，第十三章〈察覺心念〉將幫助你注意到，並放棄令人沮喪的想法，包括比較。

善用社會比較。如果你需要動力，看看那些比你做得好一點的人，那些你覺得可以向他們看齊的人。如果你需要一點振奮，請看看你覺得與你旗鼓相當的人，而且他們的表現令你讚嘆（為別人的成功感到驕傲，總是比為自己的成功驕傲來得更容易），以及看看在人生的旅途上落後於你的人，也許是職位低你一階的人，這樣你就能回想起自己已經進步了多少。或者，拿昨天的你與今天的你進行比較。

廣告轉變的好消息

儘管現在的模特兒普遍比二十五年前的模特兒更年輕、更苗條，但媒體和廣告的確一年比一年更加多元化。

你可能已經注意到，近年來，廣告中開始出現一些稍微不同的資訊，例如多芬（Dove）等更多「了解情況」的美容品牌，都支持更「真實」和多元化的價值觀，而歌手蕾哈娜（Rihanna）的彩妝和內衣品牌 Fenty 所推出的美容產品廣告，則是我見過最多元化的。這兩個品牌還承諾，永遠不會對照片進行修飾和編輯。這絕對是正面的改變，也是我們需要看到更多的改變。然而，我們還有很長的路要走，因為七〇％的女性表示，她們不覺得在廣告中看到自己所代表的類型。

廣告進化的壞消息

廣告變得愈來愈難被發現。以前，你可以關閉電視或放下雜誌，然後知道你不會看到廣告，除非你回去看這些媒體。現在，廣告會專門針對你，並且在社群媒體上幾乎跟著你到處走。

你在 Google 上搜尋某樣你需要購買的東西，例如水壺、烤麵包機、度假行程，或尋找個人問題的建議，例如青春痘、體重、性慾低或不舉，然後突然之間，在你打開社群媒體的那一刻，你的問題解決方案就像魔術一樣，一次又一次地呈現在你面前。

有時候，社群媒體上的廣告是如此微妙，以致於我們沒發現那是廣告。網紅經常收了廠商的

> “我們的大腦使用捷徑來理解世界，其中之一就是社會證明，別人喜歡的東西一定是好的，如果很多人跟隨某人那一定是對的。這些捷徑讓我們崇拜擁有大量追蹤者的人，把他們的話和想法當做真理，想要買他們賣的任何東西，無論他們賣的東西是否對我們有用。他們會阻止我們質疑什麼是正確和真實的。”

錢來推銷產品，最令人擔憂的是，透過網紅的廣告（即使沒有收錢）也不必遵守傳統廣告必須遵循的交易標準，尤其是健康和美容相關產品，我看到許多瀉藥茶和瀉藥棒棒糖，它們不但是沒有必要的東西，而且可能非常危險。

能夠辨識廣告，以及任何可能的編輯手法，已被證明可以減少對自尊的負面影響。要開始讓自己熟悉看穿這些產業的手法，當某人興奮地談論一個品牌，要想想他可能是暗地裡試著向你推銷東西。並開始注意你在現實生活中看到的人，與在廣告中看到的人，兩者之間的區別。人會有毛孔、皺紋、顆粒、斑點和不對稱的身體。如果有人看起來皮膚過於光滑，沒有毛孔、細紋或紋路，很可能照片是被修過的。

注意廣告和修圖

在接下來的二十四小時，注意那些經過修圖、美化的廣告，並尋找社群媒體上可能在偷偷向你推銷東西的照片。你發現到了什麼？廣告中的人物代表哪一類型的人？你被推銷的想法是什麼？他們在向你推銷什麼物品？照片裡的人是否經過修圖？然後將注意力轉向自己，注意你在看這些廣告時的感覺，掃視你的整個身體，你的身體是否有任何部位讓你覺得沮喪？

還是，你有哪個部位讓你覺得振奮？或你蠢蠢欲動，要去購買該物品？對於廣告給你的想法和身體帶來的影響要感到好奇。如果廣告讓你無法消受，提醒自己這一章的內容，並從本書後面的內容中選擇讓自己舒緩的技巧。

你夠好了

我有一名案主，她摸清了廣告和美容行業的詳情。她可以在一英里外發現經過修圖的照片，她參與身體自愛（body-positivity）的活動，她的社群媒體上都是那些談論愛自己外表的社會運動人士。在一次治療過程中，她向我傾訴：「我真的相信所有人和所有的身材都值得去愛，都是有價值的，但是當我照鏡子，看到自己變胖了，我的心就會沉下去，我感到羞恥。我因為自己的外表感到難過，也因為這讓我覺得自己像個騙子，一個假裝相信所有身材都是平等的人，但不是真心的。」

我的案主並不是騙子，她之所以過得這麼辛苦，是因為在其他形式的媒體中看到的肥胖羞辱、年齡羞辱和其他羞辱訊息消失之前，我們每個人都很難擺脫需要「完美」的感覺。

因此，許多雜誌和報紙仍然刊登文章，「逮住」那些沒有化妝或沒有吹整好頭髮的名人，羞辱他們一番，或者嘲弄他們有皺紋、雙下巴或大腿橘皮，還有許多其他文章直接羞辱名人有肥肉。

這些文章不僅是在欺負人，也是在強烈警告我們，膽敢去做符合人情的事，不顧這個時代的美感理想來行事。這些文章在現代相當於把人的頭顱放在長矛上，昭告天下的示警，如果我們膽敢偏離規定的（無法達到的）標準，我們將受到「懲罰」。

研究顯示，大眾傳媒中對名人的肥胖羞辱會導致反肥胖態度的激增。[5] 人們並不一定意識到，他們隱隱相信「肥胖是不好的」。例如，如果我問你，「你認為肥胖不好嗎？」你可能會說，「不會！我強烈地不這麼認為，各種身材的人都是有價值的，都是好的。」然而，你的表現可能會不自覺地同意這種說法，反射式地認為瘦的人更有可能是好人，或立即喜歡瘦的人而不是胖的人。

這點很重要，這意味著，即使我們強烈不同意媒體上羞辱人的報導，並可以理解會感到憤怒，我們仍會內化我們所得到潛藏的資訊：「胖子是壞人」、「胖子是可恥的」。

當我們學習到的新資訊是伴隨著像是羞恥的強烈情感時，這個資訊幾乎就存儲在我們的記憶中，並像是貼上了紅色顯眼的標籤，上面還寫著「選我」的記號，當你的大腦試著理解世界或所見事物時，這就是你第一個會選擇的資訊。因此，即使你沒有感覺到內化的恐肥症，這種看法很可能仍然潛伏在你潛意識中的某處。如果你像我的案主一樣曾經發胖過，並且似乎不知為何地感到羞恥，或者你看到別人發胖便突然無預警地批判他們，你就會知道情況就是這樣的。

這就是為什麼你可以追蹤一億名正面面對身材、中立看待身體、正面看待痘痘、正面看待年齡、正面看待性別的社會運動者，以及數百萬其他類型的人，相信他們所說的話，感到有能力，並準備好完全按照自己的樣子看待自己是有價值的，然後一照鏡子，或者看著自己和自己的舉止後，就恐慌覺得自己不夠好。

如果最後一點讓你心有戚戚焉，請繼續追蹤社會運動者。當恐肥念頭出現時，請察覺心念，並拋開這些念頭，記住這些念頭從來都不是你的，而是來自媒體。疼惜自己，並知道假以時日，這些制約你的看法會逐漸消失。

“我們很多人根據別人衣服、款式和配件的選擇來判斷一個人，而不是根據他們的內心來判斷；根據別人的外表，而不是他們給我們的感覺，來決定一個人的好壞；我們渴望成為那些在照片上看起來很好的人，而不是那些真正為世界帶來改變的人。我不認為我們有意這樣想，我認為是我們已經被社會教育成這樣。無論原因是什麼，我們都必須消除這種思維方式。”

電影和電視

你能看到，就能做到，而且我相信這一點。

——伊麗莎白·瑪佛爾（Elizabeth Marvel，美國演員）

電影和電視存在一個嚴重的問題，那就是缺乏多元化和沒有準確地講故事，這影響了我們對自己的看法，以及我們認為可以追求的目標。研究顯示，當白人男孩看電視和電影時，他們的自尊心會被提高，因為這跟白人男子通常扮演英雄的事實有關，在螢幕上他們擁有權力、金錢、非常棒的工作和光鮮亮麗的生活方式；而女孩和黑人男孩的自尊心則會下降，因為他們的角色通常是花瓶、配角或反派。[6]

不光是女孩和黑人男孩扮演的角色受限。在電視和電影中，許多人都以單一面向、刻板的方式出現。太多的時候，情境喜劇中的同性戀角色是超級「敢曝」（camp，譯註：指男性的外貌或舉止過於女性化）；廣告中身材圓潤的人對自己的體重不滿意或被人欺負；肥皂劇中只有一個黑人，而且他們扮演的是「愛生氣的年輕黑人女性」；或是會有一名殘疾人士，表現得像是超現實的人物，或被描繪成英雄或過著「啟發人心」的生活。而且，通常這些角色都是電視和電影中的配角，從來不會是主角。

有時候，連整個社區也會被扭曲。廣受歡迎的的英國電視肥皂劇《東區人》（*EastEnders*）就因此受到了諸多批評，該節目以倫敦東區為背景，此區以種族多元而聞名，但劇中的角色大多是白人。

二〇一四年，一位不願透露姓名的製片人給索尼娛樂公司（Sony）董事長麥可・林頓（Michael Lynton）的電子郵件被曝光。這封電子郵件說，內容多元化不會賺錢，而讓黑人擔任要角會是財務上的風險。

「多元化不會賺錢」的想法一直是電視和電影多元化進度極其緩慢的藉口。這是謬論，正如票房大賣的電影《黑豹》（*Black Panther*）和《瘋狂亞洲富豪》（*Crazy Rich Asians*）所顯示的那樣，但這並不是重點。決定誰值得在螢幕上被看到和被呈現，不應該與獲利有關，而是應該與人性有關。當人們無法看到自己過著充實的生活、體驗到愛和喜樂、從事日常活動、努力工作和受到尊重時，他們很難對自己有好的感覺。當你從來沒有看到像你這類型的人走在多種不同的道路上時，你很難知道人生有很多條敞開的道路可以選擇。

可以理解的是，這種缺乏代表性的情況使人們感到痛苦，可能讓人表現出焦慮、自卑、沮喪和其他形式的消極思維。

我曾輔導過一位六十歲的黑人同性戀女士，她來接受治療，是因為她對自己的體重非常不滿意，對自己的長相感到羞愧。整體上，她的自尊心是低落的。我讓她從她第一次注意到這些感覺時開始講自己的故事。

她直接回到了童年時代，她說在成長過程中受到了苗條白人女孩形象的轟炸。在故事書中，有冒險經歷的是白人小孩。在電影中，她看到的黑人婦女被性物化、愛生氣或「大嬸型」，她從未見過有角色是黑人而且發展成功的。身材豐腴的女人經常成為笑柄，在新聞中，她們總是被放在鏡頭的後面，沒有被照到頭，並伴隨著「肥胖人數上升」的標題。除了在色情片中，她從沒在螢幕上見過女同性戀，而且那也不是她要找的榜樣。

她說，所有這些事情都使她質疑自己的合理性，並使她懷疑，自己是否會被允許在自己的生活中擔任重要角色，這讓她懷疑這個世界是否會重視她。她是本章到目前為止所提到每個問題的明顯例證。

她的工作（律師）使她感到自己在社會上更有價值，因為這個工作受到大眾的重視，而且她知道自己在這方面做得很出色。然而，現在她已經六十歲了，正在經歷年齡歧視的影響（女性四十歲以後，很少在電影和廣告中扮演有價值和有能力的角色，而這時候的她們通常被塑造成穿著寬鬆舒適的運動服，並照顧大家的「慈祥老婦人」），所以她開始感到被忽視，以前那種不足感再次出現。

讓她說自己的故事是治療過程的一部分，療程中向她呈現她的經歷是如何受到廣告和電影的影響，從而使她的經歷恢復正常。

另一個解決辦法是找到一個女性社群，讓她可以受到啟發和覺得能代表自己的社群，所以她與其他黑人婦女、同性戀和六十多歲的婦女聯繫起來。她分享了她的故事，也聽了其他人的故事。她與她們一起開設了一個社群媒體社團，一起分享了各自全方面生活的照片。她成為年輕黑人女同性戀的導師，因為她們不知道成為律師是她們可以選擇的道路。她在成長過程中沒有看到代表自己的人物，所以她為晚輩擴展了有代表性的人物。

並非所有的療程都與學習控制情緒有關，有時候，療程是要學習你是正常的、與有共同經歷的人聯繫，並透過從事讓自己引以為傲的事情來提高自尊（做出改變世界的事當然讓這位女士感到自豪）。

問題反思■在你的成長過程中，是否在電影和電視中看到代表自己的人物？你這種身分認同的人都扮演什麼角色？他們被賦予信心和能力嗎？過著快樂的生活嗎？還是他們只呈現出單方面的樣貌？這讓你有何感覺？

螢幕上的心理健康

在心理健康方面，電影和電視中的代表性也很有限。

在我們的成長過程中，我們需要聽到的其實是：焦慮、恐懼、苦惱、悲傷、憤怒——所有情緒都是正常的，都不是軟弱的表現，所有的情緒都可以理解。有一些方法可以讓情緒湧上心頭，安慰自己，然後讓負面的情緒過去。人們要接受心理健康診斷，這是可以理解的，旁人也應給予支持，通常情況是會變好的。如果診斷被認為會影響終身，會有很多人，例如治療師、支持團體、精神病醫生和組織來幫助你管理病情。

遺憾的是，很少有人學到這一點，而當我們看電影、新聞和影集時，絕大部分的時候都沒呈現出案主得到康復的資訊。

問題反思■想想你成長過程中的電影和讀到的故事。你是否看到或讀到有些人辛苦奮鬥的故事？如果有，這些人是否被描述成自然就會表現出恐慌、悲傷、憤怒、恐懼或崩潰？他們周圍是否有人支持他們，解釋他們的經驗，並向前邁進？還是，用不同的角度來描繪他們？

現實情況是，在我們成長的過程中，很少有媒體顯示人們在掙扎或經歷真實、可理解的情緒。我們看到的是那些快樂和成功的人，但當我們看到經歷「負面」情緒的人時，他們通常被歸類為「憤怒」、「糟糕」或其他失敗的類型。

提及心理健康和疾病的著名電影有《驚魂記》（*Psycho*，一九六〇年）、《十三號星期五》（*Friday the 13th*）和《半夜鬼上床》（*A Nightmare on Elm Street*，一九八四年）、希斯・萊傑（Heath Ledger）在《黑暗騎士》（*The Dark Knight*）中飾演的「小丑」，以及瓦昆・菲尼克斯（Joaquin Phoenix）所飾演的《小丑》（*Joker*），所有這些電影都把精神病患者展現成暴力、不可預測和危險的人；《飛越杜鵑窩》（*One Flew Over the Cuckoo's Nest*，一九七五年）把精神病醫院呈現為無法逃脫的監獄。

但是，不只是電影延續了圍繞著精神疾病的負面刻板印象和看法。在過去的幾十年中，新聞和報紙不斷報導精神疾病和暴力直接相關的故事，著眼於罕見的法醫案件，在這些案件中，診斷出有精神健康問題的人犯下暴力罪行，但很少有報導提到非常普遍的康復和復原經歷。[7] 現實情況是，精神分裂症患者，也就是最常與此類新聞報導相關的人，他們是受害者的可能性大約是成為兇手的十四倍。[8]

螢幕上的心理健康向我們顯示：

- 我們本應表現出的情緒是快樂（或者我們出現的情緒都是我們應得的）。
- 情緒困擾代表精神疾病，或你是「瘋子」。
- 精神疾病意味著你是個危險的人。

- 你將永遠無法康復。
- 「好人」不會因為自己的心理健康而苦惱。

這些負面的描述是汙名化的，圍繞著困擾，讓你產生恐懼。這些迷思意味著，我們不斷地追求幸福和快樂，擔心如果出現任何其他情緒會代表著什麼不好的意思，並壓制我們認為是「令人反感」的情緒。這意味著當人們苦苦掙扎時，他們並不認為自己是正常或可以理解的，還經常驚慌地問：「我是不是要瘋了？我的人生是不是完了？」這也意味著他們害怕分享自己的經驗，怕別人因此而批評他們。

身為治療師，我經常看到這種恐懼，而且我自己也經歷過。當我第一次恐慌症發作時，我十八歲，媒體是我唯一可以參考的架構。我真的相信一切都完了，因為我相信自己會變得危險，就像我在電影《十三號星期五》和《飛越杜鵑巢》看到的角色，他們被困在永遠不會消失的困境中。幸運的是，我找到了一位治療師，他告訴我，恐慌是可以被理解的，是人類的正常特徵，並給了我向前邁進的技巧。

在媒體上看到男人表達情緒，並獲得支持的情況更加罕見。他們很少有機會看到其他男人會掙扎或有情緒，然後還可以發展得很好。再加上社會教育男人和男孩子的方式是要他們堅強和不哭，意味著男人學到不可以有感受或尋求幫助。

訓練男人不要有感受是在扼殺他們。在英國，男性死於自殺的機率是女性的三倍；在北愛爾蘭，這個數字增加到四倍，[9] 而在美國情況也是如此。給看到這裡的男性讀者：**你可以有感受、可以哭泣，和尋求幫助。**

> “哭泣會釋放壓力荷爾蒙，並增加腦內啡。哭泣是一種自我照顧的行為。”

關於情緒的快速練習

問問自己，你對心理健康和情緒困擾的直接想法是什麼。你認為經歷情緒困擾是可以的嗎？焦慮呢？恐慌？其他人會痛苦掙扎，可以嗎？若換成你痛苦掙扎，也可以嗎？尋求幫助，可以嗎？告訴別人你正在痛苦掙扎，你會有什麼感覺？你是否曾經認為情緒困擾是軟弱的表現？代表你瘋了，還是很糟糕？你是從哪裡開始了解心理健康問題的？你知道有誰曾與自己的心理健康問題搏鬥，並仍過著適合自己的生活？

找出五位公開談論自己心理健康問題的名人，這些人顯示，雖然有可能自己的情況需要奮力掙扎，但還是能好好地活下去。他們是否對媒體上經常出現的心理健康觀點提出質疑？他們是否改變了你對心理健康的看法？

跟著我說：「經歷困擾並不代表我瘋了、很糟糕或不正常，尋求幫助是可以的，會有人能理解我的感覺，而且有一些因應技巧，可以幫助我減輕痛苦，即使開始感到黑暗，但未來是光明的，只是需要時間。」

這整本書的目的是在告訴你，會奮力掙扎是正常的，需要尋求幫助是正常的，所以如果你將來突然恐慌發作，你就不會有和我一樣的經歷。

社群媒體

社群媒體提供了低門檻的空間，免費、全天候，觸角涵蓋全球。人們用社群媒體來做許多不同的事情：

- 與朋友和家人分享他們的生活和親友的照片。
- 宣傳他們的工作，分享和獲取資訊（包括有關心理健康的資訊！），並統整牽涉政治的活動。
- 與志趣相投的人建立聯繫，而這些人可能是無法在實際生活中碰到的。

在 COVID-19 和封城期間，許多人無法再去探訪其他人，但因為靠著手機和電腦與他人取得聯繫，從當中找到了安慰。許多人使用社群媒體來結識新朋友，獲得新技能，和困在家裡時該如何管理時間的新點子。

然而，社群媒體已被證明對我們的心理健康有不利的影響，不僅是因為網紅暗藏的廣告，還有因為永無止盡的比較：為什麼我看起來不像那樣（或有那樣）的外表？為什麼我當起媽媽，看起來並沒有那麼美麗和輕鬆？我是不是有什麼毛病？

英國皇家公共衛生學會（The Royal Society for Public Health）的報告說，在 YouTube、Twitter、Facebook、Snapchat 和 Instagram 這些媒體當中，要以 Instagram 對我們的心理健康影響最大。[10] Instagram 的使用頻率與錯失恐懼症的增加、霸凌、低落的身體形像、自尊心低、孤獨以及憂鬱和高度焦慮直接相關。[11]

沒有人能倖免於社群媒體的有害影響，它可能以某種方式對所有人產生不良影響，但正如本書到目前為止提到的各種層面一樣，面臨最大風險的，可能是那些已經飽受焦慮和自尊心低落的人。

你在社群媒體上的個人品牌

還記得在上一章學習的個人品牌嗎？我們有一些人創造出新的身分，為的是呈現給大家看，因為我們相信，其他人會認為我們是有價值的、討人喜愛的和被接納的，這種想法在短期內讓我們感覺很好，因為它給別人留下了好的印象。但是這使我們感到難過，因為我們擔心，如果大家知道真實的我們會怎麼樣？好吧，社群媒體提供了我們機會，可以真正地營造和修飾理想的外表。

我們上傳的那些精彩照片回顧……並不是我們，它們只是快照，通常是我們生活中的片段，是我們認為會讓朋友和社會刮目相看的照片。在社群媒體上，我們不僅可以發布相片和影片，顯示我們的生活多采多姿，還可以美化照片，讓眼睛變大、嘴唇更飽滿，修飾身材，並消除痘疤。

這讓我們離開網路時生活會更加痛苦，尤其是當我們覺得上傳的照片與照鏡子或生活中看到的實際樣貌之間有很大的差距的時候。在我的診所裡，人們經常告訴我，其他人看著他們的 Instagram 動態時，永遠不會知道他們真正感覺有多痛苦和不足，而且這些案主經常說，如果人們知道照片背後的真相會被嚇到。我也有案主說，他們害怕跟網上認識的新曖昧對象見面，因為他們很害怕當對方看到他們的真實面貌，會明白原來自己與擺好姿勢的自拍照不同時，就會看輕他們。

現在許多人認為自己的真實自我需要改變，不能讓人看到他們原本

“有人可能看起來完美無缺，但內心深處卻在奮力掙扎。完美的外表並不意味著完美的生活，我們非常專注於外表，以致於我們經常沒察覺被掩蓋的情況。”

的樣子。實際上，整型外科醫生已經看到人們的要求發生了變化，他們的患者以前常常帶名人的照片當範本，現在他們帶著他們用 Snapchat 修圖的自拍照，要求整形到「零毛孔」之類的事情。然而這是不可能辦到的，這種現象甚至有一個名稱——「Snapchat 焦慮症」。[12]

甚至 #nomakeup（素顏）的貼文通常也不是很真實，這些照片的光線充足，姿勢優美，仍然散發出完美的形象。同樣的，大約十二％的 #nofilter（無濾鏡）照片確實使用了濾鏡，[13] 很少會有人在網路上發布自己真正狼狽的照片。我們知道自己的真實景況，那麼為什麼我們在看別人的貼文時，會忘記我們所看到的其實是經過精心策畫的東西呢？

自從加入 Instagram 以來，我意識到的是，我們說我們想要真實的東西，但是當我們看到真實的東西時，實際上根本不想要。

讓自己從苛刻社交媒體中解放的快速技巧

問自己：你想在社群媒體上塑造什麼樣的形象？你在網上呈現的形象和在現實生活中的形象，有很大或很小的差別？你是為誰做這些改變？如果向人們呈現真實的你，你會冒什麼風險嗎？

選擇做一件事，可以減少你的個人品牌與現實生活之間的差距。與你的朋友約定，每週至少發布一張真實的照片或故事，是可以展示現實生活的混亂和平凡的東西，而且是沒有用濾鏡的照片。

記住，其他人也在分享他們的個人品牌。他們不太可能展現自己的悲慘，和沒有一直過著充實的生活，並且像所有人一樣，有時候也會用完捲筒衛生紙和牙膏，也必須像我們其他人一樣，大老遠地跑到商店排隊付帳。我保證，所有這些事情他們也會做。

取消追蹤那些一直讓你覺得自己不好的人。

社群媒體會令人上癮

臉書的聯合創始人西恩・帕克（Sean Parker）說：「社群媒體是社會認可的回饋循環。」[14]他後來公開表示，自己決定做出「利用人性心理脆弱點」的事業。

每當我們發布照片或影片，並且有人點讚時，都會得到多巴胺的刺激（這種神經化學物質釋放時，會使我們想重複某種行為）。我們會因自己的行為而獲得一點獎勵，這使我們更有可能重複這樣的行為，例如檢查手機、打開我們的應用程式，並發布更多照片。

這些應用程式背後的開發人員全都在利用這種神經化學物質，他們知道，如果你能給人們一些觸發多巴胺的東西，就會讓人們上癮。他們還知道，使人們上癮最好的方法，是不定期和突然地給人多巴胺。

你知道吃角子老虎機嗎？閃爍的燈光？大多數時候你都輸，但是，偶爾就在你要放棄的時候就贏了？人們會上癮，是因為間歇贏錢會令人上癮，這就是為什麼我們迷上了手機和社群媒體，我們渴望得到無法確定何時會出現的按讚。

當我們把手機放到一旁時，會陷入多巴胺不足的情況，所以感到痛苦，需要再來一點多巴胺刺激。這就是許多人花這麼多時間在手機上的原因之一，為了在社交媒體上的快速互動，而放棄與人的現實生活對話。因此，從整個世界的角度來看，人們之間的聯繫從未如此緊密。但是，隨著我們與生活中的人斷開聯繫，便面臨愈來愈孤獨的風險。

減少社群誘惑的快速提示

跟著我說：「我的價值不取決於我獲得的按讚或追蹤者的數量，也不取決於任何其他外部指標。」

關掉手機的推播通知。它們的目的是讓你花更多時間在手機上，而不是以有益的方式通知你。如果有人需要你，他們會打電話或多發幾封簡訊。立即關掉通知，這會對你有所幫助。

當你不用手機時，不要只是螢幕朝下或關起來，把你的手機放在看不見的地方。當我們看得到手機時，能力會減少。研究顯示，光是手機在場（不管是關閉或打開）就會影響我們思考、記住資訊，並執行日常任務的能力。這就像對賭博上癮一樣，選擇整天坐在賭場裡，還假設我們能夠執行平常的社交／工作／生活任務，並且還以為不會受到環境的影響。

定期整理你的社群媒體。從手機中刪除社群媒體應用程式，來限制誘惑。

最後，網路上有很多酸言酸語

社群媒體上充斥著惡毒的言論。當有些人把他們的照片放在網路上，希望得到一段支持的留言、一個按讚（或一千個），但卻收到煽動仇恨的言論。酸民和網路霸凌無處不在，這是一個逐步發展的全球趨勢，侮辱範圍從輕微的諷刺言論到不惜一切的死亡威脅。既然已經談到了霸凌及其對我們的影響，我就簡單說一下：**網際網路和社群媒體充斥著霸凌**。

霸凌如此猖獗的一個原因是，人們在網路上會變得失控，因為他們在發表評論時可以保持匿名，一個人發表評論的時間與另一個人的回應，當中有時間差距，以及他們看不到對方，這樣的事實看起來不像跟人對話，或像在跟真人對話，而可怕的地方在於：

> 創造「線上失控效應」（online disinhibition effect）一詞的約翰．蘇拉（John Sula）說，有些人在網路上時，覺得自己是存在虛構世界中的虛構人物，覺得在網路的世界中沒有與現實生活相同的規則或義務。

這意味著，當人們在網路上時會覺得自己在玩遊戲，然後當他們離線時，不覺得要對自己的行為負責，如同這些行為並沒有發生在現實中。

像 Glitch UK 這樣的團體正在努力使網路空間在使用上更加安全。如果你遇到網路霸凌：

- 不要回應網路霸凌者。
- 與你信任的人分享你的經驗。
- 保留留言的證據。
- 透過你在使用的社群媒體應用程式，或向你的網站或服務商舉發騷擾霸凌者，來阻擋霸凌者。

如果收到任何威脅，請向警方檢舉，提供警方你整理的證據。

- 不用3C產品，確保你也可以過著全面離線的生活。

新規則

- **要知道，關於你應該有怎樣的外觀、怎樣的行為、擁有什麼東西，以及你可以成為什麼樣的人，這類的行銷和微妙訊息無所不在**——而且往往與有人要從你身上賺錢有關。
- **你不需要改變自己的身材、臉蛋或氣味，也不需要擁有最新、最酷炫的物品才能足夠。你已經足夠了。**如果你仍然想改變一些事情，那也很好！但請你答應我，你不會等到那件事情改變了之後才來讚揚自己。例如，現在就穿上你想穿的衣服，不要等到某件事情改變了才這樣做。並且請開始告訴你認識的人他們現在的樣子是多麼的棒，也許偶爾發簡訊給他們，或者在他們的浴室鏡子上貼一張便條紙，「你真是太棒了」，讓他們找到紙條和發出微笑。永遠不要低估小動作的效果。
- **想要最新版的東西是可以的，但是同時要知道：當你得到它時，會有更新、更好的東西出現，**而你剛買的東西可能突然相形失色。這不是因為你擁有的東西不好，這是行銷在我們身上耍的把戲，使我們不斷想要更多的東西。
- **承認把自己與他人進行比較是正常的，但會損害我們的情緒健康。**廣告、媒體和社群媒體試圖讓我們在意我們擁有的東西看起來如何，以及看起來有多成功，來分散我們的注意力。要察覺心念，來幫助你觀察，而不要被跟別人比較的念頭牽著鼻子走，並找出你在生活中真正重視的東西（第十六章將會幫助你），這樣你就可以選擇每天要集中精力的地方，並按照對你重要的事情來行事，而不是你那個與社會比較的大腦告訴你要做的事情！

- **讓你的社群媒體上充滿社會運動參與者和榜樣**，但要預期你不會立刻感覺好起來。
- **發起活動，反對媒體中刻板印象和錯誤呈現，以及網路霸凌**。在第十七章有一些發起活動的技巧，可能有助於你考慮如何參與。
- **要知道，無論你是誰，都應享有充滿喜悅、輕鬆和愛的生活**。你是一個立體的人，即使媒體忽略了這一點，你也應該過著立體的生活。開始思考，如果你在這個媒體當中，你希望如何看待自己。尋找那些已經在這樣做的人，你值得占有一席之地，並被人看見。
- **經歷痛苦並不會使你發瘋或變壞**，它使你成為生活在痛苦世界中的正常人。請照顧好自己，在需要時尋求專業支援，並在你周遭的人需要幫助時，幫助他們尋求支援。

給你的信

你是否開始明白，生活中有多少層面會影響你今天的感覺？

你愈是意識到生活中會使你沮喪或覺得不足的層面，就愈能掌控自己的生活，還可以理解為什麼會有這樣的感覺和背後的原因。然後，你可以決定如何採取行動，而不是像大多數人那樣，因為感覺低落而批評自己。你會選擇因應的策略，來改善自己的情緒（例如本書後面的呼吸練習），還是決心做一些不同的事情（例如盡量減少使用社交媒體，或在書架上擺滿正能量的書籍）呢？

現在，我們要多談一點塑造我們，並可能傷害我們的東西，接下來的這章內容也不輕鬆，真抱歉。當你需要的時候一定要休息，只要你準備好再次拿起這本書，我會等你的。

第四章重點在介紹偏見和延續偏見的體制。

身為一名順性別的白人女性，這一章中的每一件事我幾乎都是從別人那裡學來的：寫下種族歧視和性別歧視自身經歷的黑人婦女（針對黑人婦女的厭女症〔misogynoir〕，這個詞是由同性戀黑人女權主義者莫雅．貝利〔Moya Bailey〕所提出的）、寫下日常經歷的變性人和非二元人；還有從殘疾人士那裡學來的，因為他們的故事經常被忽視，必須非常努力使自己出名；還有我治療過的案主，以及在專業領域和社會上所結識的人。

我從那些被推到社會邊緣的人身上學到了本章的所有內容。因此，在下一章的結尾有一份額外的閱讀清單，以顯露這項重要的工作，讓大家都可以從中學習。

蘇蘇博士❤❤

4・傲慢與偏見

*警語：閱讀本章時請照顧好自己，因為包括以下內容：謀殺黑人和變性人，以及針對多元性別族群、有色人種、跨性別人士、殘疾人士的仇恨犯罪。

不公正是一種病毒，所有人都容易被感染。我們既是受害者又是加害者，誰也不能倖免。

——賈西・蘇愷拉（Javheed Sukera）

人們普遍認為，治療師應該只關心治療，而不是政治或社會問題。這種想法是有問題的，為什麼？

因為情緒上的困擾可以由以下因素引起：受到威脅、擔心自己的安全、經歷言語和肢體虐待、生活在貧困中、擔心如何養活和支援你所認識和愛的人，而這些例子很多都與種族主義、性別歧視、同性戀恐懼症、跨性別恐懼症、恐肥症、虐待、貧困，以及其他許多形式的壓迫和從屬關係有關。

如果治療師只專注於當事人的情緒困擾，而不承認社會的根本原因，那麼：

1. 這否認世上有非常實際的問題需要討論和解決。

2. 這把問題放在經歷痛苦的人身上，把重點放在他們需要改變，而不是加害者和造成痛苦的體制需要改變。

因此，我認為心理學既與個人有關，又與政治有關。

我們已經觸及了某些形式的偏見及偏見產生的地方，操場上霸凌者說的話、廣告和媒體中欺凌人的用詞，這些用詞往往表現出對苗條、白人、肢體健全異性戀男人的正面描述，而對其他許多人則有刻板印象和負面描述。

現在，我們將進一步探討這個影響到我們所有人的問題，因為……

除非我們所有人都自由了，否則沒有一個人是自由的。

——艾瑪．拉撒路（Emma Lazarus，美國詩人）

本章將探討三個主要範圍，可能塑造了今天的你，並讓你感到痛苦，分別是：來自他人的明顯偏見、微歧視和內化偏見。整本書都是關於這些生活經歷，本章應該被視為一個起點，幫助你了解或發現這些經歷在哪裡、如何出現的，以及如何影響你的生活，在本章的結尾還有推薦的參考書單。

如果你對偏見有親身經驗，我希望本章能告訴你，你並不孤單，不管你有怎樣的感覺都是有意義的，而且最好的支持通常來自於找到和你有相同經驗的人，以及透過把你的情緒能量（如果你有餘力的話）轉移到發起改革活動。

如果你沒有經歷過偏見，我希望本章可以做為行動的號召。只有在我們大家一起努力，並且擁有特權和權力的人運用這兩種資產來進行真正、持續的改變時，才能實現公正的世界。

明顯的偏見

二〇二〇年，由於警察執法過當而導致黑人身亡，美國的反種族主義抗議活動蔓延到全世界，可怕的地方是，這種事情不是新鮮事了，但隨著影片被瘋傳，最後才曝光。

偏見是真實存在的，許多人因此而生活在恐懼之中。

同年的前七個月，在美國被謀殺的跨性別者比前年一整年都還要多。

英國在二〇一九年約三分之二的仇恨犯罪與種族有關，仇恨犯罪的數量比前一年增加的情形如下：[1]

- ＋37％針對跨性別人士或不順從性別二元性人士
- ＋25％針對與性取向情況有關的人
- ＋18％針對猶太人
- ＋14％針對殘疾人士

二〇一九年紐西蘭基督城的兩座清真寺遭到恐怖襲擊之後的一週內，英國的反穆斯林仇恨犯罪增加了692％。[2]

遇到仇恨時的行動要點

如果你遇到仇恨犯罪或仇恨言論，請聯繫警察、相關組織，例如慈善團體「停止仇恨犯罪」（Stop Hate UK），有二十四小時的求助熱線，或聯繫你認識並信任的人，他們可以來支持你。如果你在工作中遇到這些問題，並有管道獲得支持，請與你的主管、人力資源部門的人或工會代表聯繫，他們的工作是保護你的利益。

但是偏見不只是一種觀念或信念體系，它不僅存在人的心中，而且深植於我們周圍的結構——我們的機構、政策、就業、教育和醫療保健系統，這就是所謂的結構性不平等。

而且偏見的情況猖獗。最近有一項研究是從二〇一六到二〇一八年期間，向許多公司寄出求職信，每位求職者都有相同的資格和經驗程度，但每位假求職者的名字和種族不同。

該研究發現，非白種英國人的假求職者平均要多寄送六〇%的求職信，才能夠獲得與自稱是白種英國人相同程度的肯定答覆，其中又以奈及利亞和巴基斯坦求職者的情況最慘，分別要多寄八〇%和七〇%的求職信。[3] 我知道有人現在會替他們的孩子取英國白人的名字來克服這種問題，這個決定聽起來很容易理解，但卻抹去了一個人的文化特徵，並使隱藏自己的種族是成功唯一途徑的觀念長期存在。

面試和薪資審查過程中的歧視和偏見，也被指責為讓女性、殘疾人士和有色人種更可能獲得較少薪水，並且在英國遭受貧困的主要原因之一。[4]

貧困與心理健康

- 生活在貧困中的成年人面臨著持續的壓力，他們不知道下一餐在哪、居無定所，也不確定要怎樣繳帳單。
- 最重要的是，他們可能必須瀏覽複雜的財務補助制度（如果有的話），並弄清楚如何養活子女或他們要扶養的人。
- 無論生活在貧困中的人有什麼具體的擔憂，壓力過大都會導致情緒上的倦怠，尤其是在沒有獲得足夠營養的情況下。
- 然後，這可能會開始一個惡性循環：這個人需要精力和動力來管理自己的壓力，但由於疲憊不堪，無法做到這一點，因此很難去進行擺脫貧困所需做的事。
- 當兒童在貧困中長大，持續的壓力可能會對心理健康造成長期的影響。處境不利的孩子會消耗情緒健康和大腦資源，這可能會導致焦慮、情緒低落和注意力不集中。

有時候我聽到人們描述的說法，好像賺錢和成功是可以選擇的——「如果你要的話，你只需要努力工作，就會得到回報。」這句話根本不適用於每個人。

偏見會有現實世界的後果，可能導致肢體和（或）情緒上的傷害，並可能阻止人們獲取生活中需要的資源，例如金錢。

對於某些人而言，偏見有多種形式。

“心理學與個人有關，也與政治有關，難道不是嗎？”

偏見的層次

金柏莉・威廉斯・肯秀（Kimberlé Williams Crenshaw）教授創造了「多重弱勢身分交織」（intersectionality）一詞，這個框架解釋了人們不同的社會和政治身分認同結合在一起，形成了優勢和劣勢的獨特組合。

「多重弱勢身分交織」幫助我們了解每個人體驗世界並受到世界對待的可能方式，因為人們對自己的身分可以分為很多面向，包括：性別認同（gender identity）、居住地（geography）、種族（race）、宗教（religion）、年齡（age）、能力（ability）、外貌（appearance）、階級（class）、文化（culture）、caste（種姓）、教育（education）、就業（employment）、族群（ethnicity）、性行為（sexuality）、性取向（sexual orientation）和性靈（spirituality），[5]而社會對每種情況所給予的特權和權力多寡有所不同。

如果你屬於多個邊緣群體，那麼你可能會遇到層層的偏見，增加你的痛苦程度。就像在大海裡的一塊石頭，受到來自四面八方的衝擊和消磨。

讓理解偏見更加複雜的是，我們的身分認同在某些方面是社會可以看得出來的，而其他方面則不是。舉例來說，我們的膚色、身高，或能否在沒有輔助工具下行走，以及許多其他因素，如我們的衣著，這些使我們身分認同的某些部分對其他人來說是立即清楚明瞭的。然而，我們身分認同的某些部分則不太明顯。

有一些身體健康狀況，例如腎衰竭、糖尿病、慢性疼痛、慢性疲勞、纖維肌痛，和各種的心理健康狀況也是看不出來的，這意味著旁人無法立即根據這些人這方面的過往經驗來判斷他們。某些人的性傾向也可能不會立即顯現出來，[6]例如，刻板印象中女同性戀者留短髮，這意味著表現出傳統陰柔外表的女同性戀者或雙性戀的「婆」，可能被認為是異性戀。

如果人們身分認同的某些方面被隱藏起來，傳統上可能被認為會有幫助，因為可能代表他們的外表不會一眼就被人看出來，成了人們針對的目標或歧視的對象。但是，一些具有這些親身經驗的人通常感覺不到這種好處。為什麼？

因為患有外表看不出來疾病的人通常較不被人採信，而對於那些外表沒有表現得像非異性戀的人，例如「婆」，被當成是異性戀，可能意味著她們沒有被視為多元性別族群的一部分，所以她們得再次證明自己是十足的同性戀，才能被同族群重視和包容。

對於任何讀到這句話的人，以及需要聽到這句話的人，你不需要向他人證明你的性取向、你的狀況，或你身分認同的其他層面才能是正當的。你的這些情況是正當的，你是正當的。

偏見和仇恨的深度危害

你是否經歷過任何形式的偏見？如果經歷過，你的感覺如何？你是在多個領域，還是在特定領域中經歷到偏見？這讓你對自己和這個世界有什麼感覺？

如果你有過這些親身經歷，你現在的感受都是正常的，是可以理解的。如果你感到痛苦，也許下面的一些描述會引起你的共鳴。任何形式的偏見都會導致自我評價低落、恐懼和焦慮。如果你現在就有這種感覺，第六章將幫助你理解這些情緒。

偏見會使人們害怕觀看新聞或打開社群媒體應用程式，因為他們擔心看到與他們身分認同相同的人所發生的事，像是更多的仇恨犯罪，或其他偏見的報導。偏見甚至可以讓人不敢走出家門，因為擔心外面可能發生的事情，避免出門是人們在經歷高度偏見後採取的常見策略。雖然這樣做在短期內有助於舒緩情緒，但從長遠來看，會阻止他們接觸其他重視的活動和社群，從而進一步讓幸福感降低。對於某些群體來說，如果他們與有偏見並可能傷害他們的人生活在一起，甚至連家裡也不安全，這意味著可能很難逃離恐懼。

偏見的經歷對於每個人來說都會有所不同，但是它可能導致極高度的壓力，甚至自殺的念頭。如果你覺得最後一點與你心有戚戚焉，請向你認識和愛的人、你的家庭醫生和（或）求助熱線尋求幫助。

知道這些經歷是持續的，並且沒有消失，也會使人們感到極度疲勞和絕望。尤其是旁人跟他們說，事情會發生變化，他們只需要耐心等待即可。這是可以理解的，但是這種說法讓人聽了很生氣。

遺憾的是，當人們表現出憤怒、想討論他們所經歷的偏見時，他們的擔憂常常被忽視。

> 我在一次學術會議上說出直接和特別憤怒的話，然後一位白人婦女說：「告訴我你的感受，但不要說得太嚴厲，否則我聽不到。」
>
> ——奧菊．羅德（Audre Lorde，非裔美籍女同志作家）

接觸憤怒是有幫助的

我有一個朋友正在尋求治療，因為她感到麻木和空虛。她從小就坐輪椅，她說她一直都可以接受自己的殘疾狀況，但發現其他人的批評和說法刺耳。人們常常替她喝采，她不過是起床面對新的一天，就把她捧成英雄似的。她覺得這把她看扁了，因為人們似乎沒有想到她可以做得更多。

她注意到在她上公車時，乘客都在翻白眼，因為司機必須為她放下坡道，這會花上一些時間。她也曾多次被人憤怒地用「瘸子」之類的歧視語言罵過。她了解到，人們若不是對她感到驚奇，就是厭煩（含蓄的說法）。

一開始，她會教育那些低估她的人，並在公車上對那些對她翻白眼的人說明無障礙交通工具的重要性。後來，挺身面對旁人和替自己捍衛，已經讓她做到筋疲力盡的地步。很多次人們跟她說，「沒有必要那麼生氣！」人們說她生氣，這讓她生氣，她所面臨的不平等也讓她很生氣。

有一天，憤怒消失了。她開始感到麻木，好像什麼都不重要了。這就是沒有處理憤怒時可能發生的情況，而且當我們覺得無法做出改變時，可能會導致麻木和空虛的感覺。

她的治療師建議，重新與她的憤怒連結起來。她寫日記，重新與自己的情緒連結起來，當情緒一上來，並感覺到要爆發時，就對著枕頭尖叫（她發現這真的很有幫助），然後建議她與殘疾社會運動者聯繫。

現在，當人們說她在生氣時，她同意自己是生氣的，因為面對不公正是會氣憤的，而有這麼多不公正的情況需要面對。一旦她能夠接觸憤怒，她便利用它提供的能量來改變世界。

我從朋友那裡學到了很多東西，我學到了鼓吹活動的力量，我還學到，我完全沒有察覺到社會經常使人們「無法行動」。例如，坐輪椅的人是有方式能夠好好地四處行動，然而大多數城市並沒有

“ 社會鼓吹的理念和投票是重要的應對技巧，也是一種預防醫學的形式。你有機會改變世界，與他人分享你的困擾，並將其轉化為重要的事情。你有能力阻止後代子孫在今天結構化不平等的問題上苦苦掙扎。”

提供相關支援，即使只是一個台階，也會使輪椅人士無法進入一個場所。一個台階可能就成了某人無法進入商店、咖啡館、酒吧、餐廳，以及重要的是，產生了無法進入公共廁所的區別。如果你使用輪椅或其他助行器，你已經知道了這一點。如果你還不知道，那麼請在接下來的二十四個小時內，注意你進入的每個地方是否有台階？我想你在這段時間裡，對於發現生活中有多少障礙會感到驚訝。

如果你感到心煩、受傷、恐懼、憤怒、麻木或這裡提到的任何其他情緒，你不僅不孤單，而且是很正常的。要知道，本書的後面有很多因應技巧，並且像我上述的朋友一樣，有很多人組織起來，挑戰世界上的偏見，你也可以加入他們。

處理偏見的影響

- **在仇恨犯罪發生的時期或你感到特別敏感時，避免新聞和媒體**是解決此問題的明智方法。你知道可以在社群媒體上「關閉」特定關鍵字和主題標籤嗎？當你有需要的時候，就這樣做，這樣你就可以在這些時期專注於休息和自我照顧。
- **了解焦慮和恐懼**（第七章），這樣你就能了解，為什麼你會感覺到偏見對身體的影響。
- **使用本書第三部的呼吸練習、沉澱情緒的技巧和其他因應技巧（尤其是自我疼惜）來減輕你的情緒困擾**。儘管再多的呼吸練習和自我疼惜，也不會改變社會上存在的偏見，但它會幫助你撫慰心靈，減輕一些痛苦。
- **在網路上或是在現實生活中，加入與你身分認同和經歷相同的人組成的團體**。你並不孤單，而且有些人真正了解你的經歷，因為他們也經歷過。如果你是經歷過健全主義（ableism）和性別歧視的殘疾女性，或者你是跨性別男性，卻遇到了跨性別恐懼症的人，請在網上尋找已經在談論這些經歷的人。我知道我已經談論過 Instagram 隱藏的危險，但這是一個先來尋找社群的好地方。雖然來自旁人的支持不能消除你所經歷的委屈和傷害，但與真正理解你的感受的人在一起，可以使未來看起來更光明一些。

- **允許憤怒出現。**生氣和憤怒是正常的感覺。當你看到這個世界上發生不公正的事情時，會出現生氣和憤怒是可以理解的。在討論憤怒的作家當中，我最喜歡臨床心理學家珍妮佛．穆蘭（Jennifer Mullan），她的 Instagram 帳號是 @DecolonisingTherapy，她完美地描述了她的工作：「憤怒是歷史傷痛中未能傳意出來的創傷」，「由於憤怒是在面對創傷時產生的，被邊緣化的黑人、棕色人種和原住民群體經常是最早承受這種包袱的人。」她說，如果這引起你的共鳴，這種憤怒需要得到尊重，因為它「經常被遺棄、淡化，並且長久以來被忽視」，除了其他問題外，還導致「腦霧現象（腦袋感覺昏昏重重的）、食慾不振／增加、睡眠障礙；規畫和組織上的困難，還有免疫、消化和神經系統失調。」
- **如果你感到憤怒，允許它出現**，發洩到你的日記中。在必要時表達出來，要意識到，這可能掩蓋了深層的悲痛。接下來第五章將告訴你，氣憤是悲傷的正常部分；第六章將告訴你，憤怒有時候是保護我們不受悲傷和脆弱影響的眾多方法之一；第十四章將告訴你如何寫「憤怒日記」。
- **集體一起悲傷。**沒有什麼比在社群環境中分享療傷經驗讓你感覺更強大了。我曾經站在一個裡面有一千名婦女的會場裡，每個人都聲嘶力竭地尖叫，發洩出她們所經歷性暴力的憤怒，那是原始、激動和宣洩的表達。這種自己不孤單，而且身為這眾多女性的其中一員，瞬間改變了我的感覺。參與者說她們進入會場時感到恐懼和渺小，而當她們離開時，感到有了信心和能力。

- **訴諸政治。**善用你的發言權和投票權來做出改變，第十七章會對這一部分進行更詳細的討論。
- **如果你的情緒困擾達到無法承受的地步，請尋求支援。**可以找治療師、求助熱線的專業支援，或尋求你信任的朋友的支持。

微歧視

「我有點生氣，我覺得職場上的人在貶低我、挖苦我，但也許是我的想像。」這是我的一位新案主的第一句話，她因為焦慮、情緒低落和處處感覺自己在工作中不如人，所以來接受治療。據說她的同事在向她提出要求時，都是「友善、微笑的」，而且從不以任何明顯的樣子「公然不友善」。然而她覺得他們認為她在某些方面很愚蠢，她揮之不去這種感覺，雖然每個人都在稱讚她，但稱讚的方式好像在侮辱人。

她收集了一部分這些言論，當中包括：「你好聰明，口條真好，真是太神奇了」、「你的英語說得真好，哇！」

她回應：「為什麼大家會對我能說話感到驚訝呢？」

另外兩個例子：「好有趣喔，我不認為你像印度人」，還有，「你們種族的人目前對英國有何看法？」她的回應是目瞪口呆，不發一語，然後問：「你認為我的種族是哪些人啊？」突然間，她意識到，其他人對她的態度不同，是因為他們沒有把她看成印度裔英國人，而且不光是把她看成「不同」的人，還應該是英語說不好的人。她與同事在相同的地方長大，但是由於對膚色的臆斷，她受到了不同的對待。

除此之外，她還經常注意到，在開會時，男人會把她剛剛提出的建議改換措辭來重述一番，這種經歷常被稱為「男性自以為是地說教」。

我的案主每天所經歷的是微歧視（microaggressions）[7]——一些微妙的評論通常是無害的，甚至是讚美的，但實際上表達了對被社會邊緣化的人的偏見。

切斯特・M・皮爾斯（Chester M. Pierce）教授創造了「微歧視」一詞，來解釋他所看到非裔美國人之外的人，不斷對非裔美國人使用微妙、損人的侮辱和輕蔑的話語，現在這個術語已經擴展到包括對邊緣化群體任何人的歧視。

以下是一些微歧視常見的例子：

「不是啦，說真的，你從哪裡來的？」——這個問題會讓被問的人明明與提問者來自同一個國家，只不過種族背景不同，卻覺得在自己的國家被當成外國人。

「你是什麼人？」——這個問題可以讓人覺得，甚至不被當成人看。

「哇！以一個（此處插入身分認同）來說，你口條真好！」——這種評論可能是要誇獎，但潛藏的訊息是，「看起來像你這樣」的人（例如，女性、同性戀、有色人種、跨性別人士、非常規性別者、工人階級或任何其他通常會受到歧視的特定身分）通常不善言辭。

這名案主的同事每天都會說類似這樣的話和其他言詞，表示他們並沒有想到英語可能是她的母語，而且確實是這樣。

「哇，以一個（此處插入身分認同）來說，你真有趣。」潛藏的訊息是：「像你這樣的人」通常並不有趣。

「你不像其他（此處插入身分認同）。」潛藏的訊息是：「不知怎麼地，你比我預期中你這樣的人還要好。」

「好有趣，我不認為你是（此處插入身分認同）。」潛藏的訊息是：請見上例解釋。

或者，問一個人要他代表整個群體：「所以，（此處插入整個社群）的人是怎麼想的？」潛藏的訊息是：「你和你們這些人與我不同，所以你們一定都有相同的經歷。」

讓我們把話講明：微歧視中的「微」，並不是指所造成的傷害程度，它指的是，這些歧視行為通常是隱微的，是發生在被忽略的情況下，並導致了令人「傻眼」的時刻：等等，那個人剛剛是在說……嗎？

從表面上看，上述每種例子都可以當做是一種讚美。實際上，說這些話的人往往真的認為他們是在讚美，所以當聽的人表示，這些實際上是冒犯人的評論，說這些話的人會感到非常震驚。

微歧視非常普遍，我的一些朋友和接受我治療的一些案主說，他們現在聽到微歧視時就乾脆翻翻白眼，因為他們預料到會發生這種情況。

我數不清有多少次有人對我說，「哇，以一個女人來說，你真風趣」，或「你跟其他的女人不一樣」，說這些話的人並沒有意識到自己的用字遣詞中隱含著偏見和判斷。這裡的訊息是：「像你這樣的人」（在這種情況下是女性）通常口條並沒有那麼好、風趣、令人刮目相看等等，基本上暗示著：「你超越了像你這類人的正常水準，所以令人印象深刻。」

學習辨識出微歧視非常重要，而且可能不容易，因為微歧視也可以是非語言的，例如，當人們一看到被媒體或其他有偏見的敘述中被講成是「危險的」人時，就緊緊抓住錢包。黑人男子常常會經歷這種微歧視，就像我前面提到的，他們在各種媒體中長久以來被呈現成罪犯的角色。

我的案主跟許多人一樣，不只對這些常見的評論很不是滋味，而且也開始懷疑自己，這是因為微歧視的解讀通常是見仁見智的。正因為如此，聽者常常最後是受到「情感操縱」（gaslighting，編按：或說「煤氣燈效應」），也就是否認你的過往經驗，或告訴你某些事情不是真的，但事實上卻是真的。

「等等，他們剛才是不是對我說了（種族歧視／性別歧視／恐同／恐懼跨性別者／殘疾人歧視／階級歧視／體重歧視）的話？」

「沒有啦，他們不管對誰都這麼說的，不是因為你是（此處插入身分認同）。你太敏感了啦，不是所有的事都跟這個有關，為什麼你老是要扯到這上面？」

有時候，這樣的回應是出於好意，也許是試圖把遭受微歧視的人所感受到的傷害降到最小。遺憾的是，無論這種回應的原因是什麼（惡意、無知或真正的著想），最終結果仍然是情感操縱。

在這種情境下，情感操縱意味著實際上把責任推回給被微歧視的人。這使問題繼續存在，並且不承認對聽者的影響，在某些情況下還使聽者覺得是自己在亂想。

微歧視可能會使某人感到困惑、悲傷和（或）擔心，甚至質疑自己。雪上加霜的是，困惑和情緒就會變得更加複雜，資訊變得更加響亮，可能會貶低他們的自尊心和情緒，讓人心如刀割。

心理學教授德拉爾德．蘇（Derald Sue）對微歧視的影響進行了廣泛的研究，其中特別是針對種族的微歧視，他發現常見的後果是焦慮、沮喪、孤獨和心理健康狀況變差。

他發現，在課堂上發生微歧視情形時，會影響學童解決問題的能力，以及其他認知（思考）的能力。[8]如果長期發生微歧視的情形，可能導致高血壓、過度警覺（持續不斷的高度警覺狀態）和神經系統失調（敏感且高度活躍的壓力反應和高濃度的壓力荷爾蒙）。

對於微歧視的處理方式

1. 如果你遇到微歧視以及其他形式的偏見：

- **要知道不是你在亂想。**微歧視是真實的，即使人們告訴你沒有這回事。你在回應微歧視時，無論出現什麼樣的情緒，都是合情合理的。
- **與你信任的人談談，並分享你的感受。**你可以與朋友談，也加入與你有部分身分認同相同的社群，而且他們是已經在談論偏見了。或是跟最能理解你的人談。此外，你可以加入那些正在努力推展社會運動的人，以共同的力量做出改變。
- **尋找在微歧視發生時能給你打暗號的人，這樣你就不會懷疑自己。**例如，我和我的朋友有一個表情，表示男性自以為是地說教和性別歧視的微歧視。我的案主則在公司找到了一位朋友，她會用點頭做為暗號，然後（在我的案主允許下）介入，例如她會說：「她是英國人，怎麼英語會說不好呢？」她還向公司管理階層表示有這種情況，在她這名朋友的支持下，管理團隊隨後在整個企業內解決了這個問題。
- **如果你覺得安全，就要求對方解釋這樣的評論。**你可以選擇直接把微歧視當做偏見來處理，「這對我來說是一種冒犯，因為這顯示你認為……」或者，你可以請說這話的人為你詳細解釋，「你說我英語說得好／口條好／很有趣，是什麼意思？有什麼原因讓你感到驚訝嗎？」這種方法可以幫助其他人意識到他們的評論背後先入為主的想法，使他們了解發生的事情，並表示道歉。如果你覺得立即這樣做並不安全，可以等到合適的時機，然後悄悄地與對方談談，「我對你之前所說的某些話感到不舒服，我們可以談一下嗎？如果對方似乎真的對微歧視感到困惑，你可以說，「當人們說＿＿＿＿時，通常是指＿＿＿＿。」如果這讓你很不舒服，你可以補充說，「我肯定這不是你的意思。」（你不必加上這句話，但是我知道，很多人發現加上這句話有助於緩解對話。）

- **如果有人告訴你，「我不是那個意思，我是指**＿＿＿＿。」如果你覺得安全的話，可以說：「我現在聽起來那不是你的本意，不過，我想讓你知道說那種話的影響。」

2. 如果你看到微歧視，或其他形式的偏見，請站在受到微歧視的人那一方，讓他們知道自己沒有在亂想，然後要求說這種話或有這種行為的人加以解釋，或請對方收回他的言行。

- 重要的是，並不一定要由受到微歧視（或任何形式的偏見）的人去解決這種情況，因此，如果你目睹了這種情況，並且在安全的情況下，要仗義直言。

3. 對於讀到此處，心想「哦，糟了，我之前對人微歧視過**」的人，請學到這是你的偏見，要熟悉自己可能會犯錯誤。**

- 使微歧視變得特別難處理的原因是，許多人都非常在意「要當好人」。甚至想到我們可能會有微歧視的想法，也會引發我們的防禦心。當我們被點名可能有微歧視時，我們的防禦心可能會更強，因為我們把（公開）被要求解釋，或（私下）收回言行解讀成，有人說「你很壞」，有可能把我們推向戰場或難過流淚。如果我們認清到我們都可能有偏見（因為我們成長在一個有偏見的世界裡），並且有時都會犯錯，我們反而可以把這些時刻看成一種機會。運用這個時刻停下來、道歉、質疑我們的隱性偏見，並吸取經驗。

- 了解內化的支配力量，並移除你可能沒有意識到的任何偏見信念。內化的支配力量是一種理論，認為最能獲得權力的人，或總是被人以最有利的方式論及的人，不知不覺中受到訓練，相信自己應得這種地位，導致微歧視和其他形式的壓迫，使偏見得以續存。蕾菈．F．薩德（Layla F. Saad）的《我和白人至上主義》（*Me and White Supremacy*，暫譯）是一本反種族歧視的手冊，詳細地解釋微歧視的過程。

遺憾的是，微歧視也可能發生在治療中。例如，如果治療師根據刻板印象做出臆測，或者他們迴避或盡量減少文化問題，顯然這樣會影響到治療的結果。如果在這裡你也遭遇偏見，你要如何與該治療師保持親近和信任，或者覺得世界上有任何改變的希望？

如果你在治療中遇到這種情況，如果你覺得夠自在，請向你的治療師提出來。如果你覺得這樣做不自在，並且不想繼續與治療師合作，則可以結束與他們的療程。治療的目的是為你提供一個安全的場所。

別讓偏見綁架了自己

明顯的歧視顯然會造成情緒傷害。然而，不那麼明顯的是，有些人會把他們聽到的偏見轉而針對自己。這稱為「內化的偏見」可能使你：

- 相信那些破壞自信心的故事（就像我們討論過的故事中，在被霸凌或看過刻板印象的電視和電影之後可能發生的事）。
- 把自己看成那些刻板印象的情況。
- 開始相信你應該被當做那些刻板印象來談論和對待。

以下是案子和朋友的一些陳述，顯示他們已經內化了世俗的偏見，這些例子很常見。

- 「我是個女人。我不配享有與男人相同的權利，我沒他們那樣能幹。」
- 「對別人來說，我不夠性感或不夠理想。」
- 「我的殘疾使我不如人。」
- 「我是有色人種，白人比我優越，我理應受到不好的對待。」
- 「我的皮膚比他們黑，皮膚較白的人比我優秀。」
- 「我是同性戀，我無法擁有正常的關係，因為我不正常。」
- 「我是變性人，我有毛病，我不應該存在。」
- 「我很胖，我很丟臉。」

這些陳述都不是真的，每個人都是有價值的。每種身分都是正常的，應該得到愛、尊重和獲得資源的平等機會。

當我們沒有察覺到這些想法的來源，或者我們竟然會有這些想法時，這樣的想法就是踏上自我評價低落的不歸路，這可能發生在我們身分認同的任何層面。正如我們到目前為止多次聽到的那樣，當我們接受這樣的信念時，我們可能會改變自己的行為，設定一套自己的規則，使一切感覺更容易管理。

在我成長的時代，女性在電視和電影中擔任配角、比男性收入低、從事清潔工作和其他被認為是「婦女的工作」，而且這些工作通常被人們看不起，我從小就學到人們認為女性不如男性。為了處理這個問題，我以前認為，只要我不表現出「小女人的樣子」，而且只要我談論和研究嚴肅的話題，身為女人就沒關係。我從不讓自己談論我喜歡誰，我隱藏自己的情緒，不理會任何會被視為明顯女人的東西，例如時尚和化妝。我貶低這些話題，並與任何可能被視為「女性化」的事物保持距離。

人們為了處理偏見，設定的常見其他規則是：

「只要我掩蓋了我殘疾的部分，幾乎沒有人知道我是殘疾者就沒關係。」

「只要我的膚色淺，我是有色人種就沒關係。」著有《內化壓迫》（*Internalized Oppression: The Psychology of Marginalized Groups*，暫譯）一書的E・J・R・大衛（E. J. R. David）博士認為，內化的種族歧視和膚色歧視是有色人種使用皮膚漂白產品背後的主要推動力。[9]

「只要我不『敢曝』（指男性的外貌或舉止過於女性化），是同性戀就沒關係。」這句話我聽過的次數多得數不清，也見過很多人把自己身上任何可能被認為是浮誇的部分給撇開。

「只要我『算是』順性別（cisgender，編按：性別認同與出生時被指定的性別一樣）就沒關係。」或者「只要我很優秀，當變性人就沒關係。」如果後者與你有關，你可能會對非常規性別者作家阿洛克・費德－梅農（Alok Vaid-Menon）的這句話心有戚戚焉：「我們（跨性別女性）對主流社會重要的唯一方法是，如果我們很美又有娛樂價值。」

「做大一點也沒關係，但不要那麼大。」

我們設定的狹隘規則導致我們改變自己的行為，當我們無法遵守自己設定的規則時，往往會導致高度的自我批評和情感痛苦。很少有人意識到，這些規則也積極地阻礙了我們可以接觸到最療癒的事情——其他與我們有相同經歷的人。

內化的偏見通常會導致：

- 把與自己身分認同相同的其他人也看成比較沒價值的人，並開始以這種方式對待他們及自己。
- 有些人會讓你想起聽到的惡意偏見，所以你不會想看到他們（但這些人卻不是說出惡意評論的人，而是像你一樣是評論所指的人）。
- 採取的行動是維持偏見的現狀，而非挑戰現狀。

我曾經撇開自己明顯女性化的部分，並且過去常常批評其他女性的「小女人」風格：「你又要講約會的事嗎？天哪，你真是個小女人！不要再這麼情緒化了。」當男生說我「不像其他女生」時，我感到很自豪，因為這讓我感到自己更有力量，我想成為「哥兒們中的一員」。我必須努力去消除這種內化的偏見，並開始知道，身為一個女人意味著其他更多的事情，而非只是「弱者的性別」。

當我意識到自己在助長父權時（維護有一種性別是至高無上的觀念，即父權的架構），讓女性顯得渺小和不那麼重要，貶低女性，我開始看到許多朋友一味地接受了同樣的想法，因為有些女人採取性自由的態度，就說她們是「蕩婦」；或因為她們有自己的觀點或有主見，就說她們是「跋扈」。百般設法中傷女性的成功，像是說「她是靠和誰上床才往上爬的？」無時無刻指出有哪個女人沒有像廣告上講的女人應該有的樣子，例如：「看到她那個樣子嗎？看到她那個動作了嗎？看到她穿那種衣服了嗎？她以為自己是誰穿成那樣？她都沒刮腳毛？噁心！還有，她變老了，哇！」

這種情況發生在我們周圍——對殘疾人士、有色人種、多元性別族群、身材更豐滿的人。任何有內化偏見的人都可能會注意到，他們想跟其他與他們身分認同相同的人保持距離。

我的一位以色列同性戀同事在十幾歲時移民到英國，他指出，有很長一段時間他都想撇清他的口音、任何不會說英語的家庭成員，以及任何會把他與自己的祖國聯繫起來的東西，例如飲食和習俗。他嘲笑人們「太誇大了」，監控自己的行為，讓自己永遠不會等同於「太超過」，還記得要羞辱那些「敢曝」的人。有很長一段時間，他感到孤獨，好像自己很大部分都不見了。後來，他辨識出影響到他的偏見信念，並與有共同經歷的人重新聯繫，讓他重新感到完整，這個歷程幫助他重新對自己的文化感到自豪。但在我們討論你如何能做到這一點之前，如果這種情況讓你有同感，我們需要花點時間來提醒你注意。

> “內化的偏見會導致你拒絕自己，並拒絕那些與你有共同經歷的人，而那些人是能夠真正幫助你感覺到被看見、被安慰和被接受的人。”

「鏡像模仿」的力量

改變我們的行為以配合優勢群體的，並不一定是內化的偏見。

我們很容易認為，每當女人讓自己看起來更有男子氣概時，都是內化偏見的跡象；或者認為同性戀就會撇清人們覺得他們是「敢曝」的觀念，或者認為同性戀想「被當成」異性戀，這些都一樣是內化的偏見。但是，這是「以偏概全」的說法，而且是一個不準確的說法。

有些人改變他們的行為和外在是一種風格的偏好，而且有時候人們會故意模仿那些有權力的人，以確保他們會被看到或聽到，在他們屬於少數群體或經歷偏見的環境中明哲保身。

英國前首相柴契爾夫人接受發聲訓練，降低了嗓音，讓自己適應環境，別人才願意聽她說話，並維持更大的影響力。她的傳記作者查爾斯・摩爾（Charles Moore）說，她這樣做是為了擺脫「家庭主婦碎碎唸的口氣」。（「碎碎唸的口氣」是什麼意思？「家庭主婦」？）

許多女性拒絕接受雜誌對她們衣著、行為和外貌的要求，經常遭受她們認識的人、路人的侮辱和批評，以及網路上的仇恨評論。

許多多元性別族群的人靠著在恐同症或跨性別恐懼症者的家庭成員身邊變得更加隱蔽，才得以在 COVID-19 的封城中熬過來，還有許多人也是用這種方式熬過來的。

許多生活在英國（以及許多其他國家）的有色人種接受到的教導，或者從他們自己的生活經歷中發現的是，他們的外貌和行事必須更像白人，才能受到類似白人的待遇，像是讓別人注意他們的履歷表、找到工作或加薪這些方面。同樣的，雖然許多研究文章顯示，黑人婦女選擇把頭髮燙直，反映出內化的偏見，但同樣的，往往也有其他原因。有時候這只是出於個人選擇，有時候則是出於必要。在學校體系中，許多黑人兒童因為天生的髮型而受到歧視。

因此，調整自己更像當權者，有時候是一種生存策略，讓生活變得輕鬆一點點，甚至變成實際可以忍受的程度。如果你為了生存而改變自己的行為，那是完全說得過去的。

開始處理內化的偏見

- **寫下在你的身分認同中，曾試圖要撇開或改變的方面**，或者你有關於這方面的規則，例如「只要我不像個小女人或情緒化，當女人就沒關係。」、「只要沒有人知道，是殘疾者就沒關係。」寫下你對其他與你身分認同相同的人的規則，或者寫下你可能撇清與你身分認同相同的人的原因，例如「他們太敢曝了」、「他們的皮膚太黑了」。問問自己：**這些規則是否顯示我有內化的偏見，還是這樣做，是為了使我實際上和情緒上保持安全？**如果你的回答是，哎呀，**我可能有內化的偏見**，這不是因為你做錯了什麼，而是因為你是凡人，這是因為我們所處的體系使我們幾乎沒有選擇餘地。我在本章中舉出的所有例子之所以會發生，是因為偏見存在於我們的歷史和我們每天得知的故事中。偏見存在的方式，從最小的竊竊私語或暗示誰有價值、誰沒有價值，到用最大聲的聲量呼喊和仇恨行為。當你浸泡在偏見的環境裡，到了某些時候，你終究會吸收那些想法。
- **慢慢來挑戰這些想法**。從你的信念開始提問，然後再到你對自己和對他人的規則。這種信念或規則是什麼時候開始的？還有其他的思考方式嗎？你選擇相信什麼？如果不容易想到這些答案，可以使用察覺心念和寫日記的方法，來提高你對這些想法的覺察力。

- **尋找機會，與你推開的部分重新聯繫。**我決定試著結交更多的女性朋友。我用察覺心念的方式來意識到自己對於身為女性的負面想法，並讓自己感受和表現出自己的情緒。我的朋友開始將「跋扈」和「放蕩」這兩個詞當成自豪的詞彙，她們說，沒錯，我可以是這樣的人，並這樣稱呼自己，而無需自我批評，可以按照自己的意思活出這些主張。我的同事慢慢開始恢復他的口音，讓他的祖父母與他分享傳統食譜，並開始自己去同性戀酒吧，讓自己不再表現得那麼像刻板印象中的男性。我的案主慢慢開始了解父母的文化傳承，以及印度婦女在英國的歷史。

- **閱讀歷史紀錄，知道自己的身分認同有值得驕傲之處。**許多人沒有被教導過關於自己身分認同完整而風光的歷史，所以我建議找那些與你有共同文化傳統、讓你感到自豪並可以做為榜樣的人。例如，你知道錫克帝國最後一位君主的女兒索菲亞・杜利普・辛格公主（Princess Sophia Duleep Singh）是投入婦女權利運動的眾多印度婦女之一嗎？[10]你知道殘疾女性羅莎・梅・比林赫斯特（Rosa May Billinghurst）是女權運動的關鍵人物嗎？你知道黑人跨性別女性經常站在政治改革的前線嗎？例如，社會運動人士和黑人女變性者瑪莎・P・詹森（Marsha P. Johnson）是同性戀權利運動和石牆暴動（Stonewall riots，譯註：同性戀權利運動發跡的關鍵事件）的推動者之一，[11]但是當人們談論同性戀權利或「驕傲」（Pride，譯註：「驕傲」一詞成為同性戀權利運動的代稱）時，這一點往往被忽略。或許有許多歷史記憶在你的生活中被抹去了，但是現在還有Google大神，你隨時可以搜尋到資料！也或許讓你感到驕傲的人不一定是名人，他們可能是你家族裡的某個人，每天為他們愛的人給予無限慈愛。

- **與你周圍的其他人聯繫**，這些人可能與你有同樣的經歷，並決定你們將如何讓彼此更加強大。如果你出於內化的偏見，而推開了與你身分認同相似的人，請明白他們是支持的來源，而不是恥辱的來源。當你找到這些人時，就幫助雙方注意到可能出現內化偏見的時刻。我和我的朋友曾敞開心胸討論過，我們注意到曾因為自己的性別而自我矮化，也有矮化其他女性的時候。我們開始用關愛的方式指出這些行為，這真是難能可貴。我們互相支持，為我們的性別認同感到自豪。有了正確的支持，讓你知道你確實可以為自己的身分認同感到自豪，而且已經有其他人相信你是值得稱許和配得上的。如果你現在沒有朋友可以這樣做，請不要擔心，在第十七章我會提供找到社群的建議方法，並為你的理念與社群連結。
- **如果你為了保護自己，而撇開部分的身分認同**，這也是完全說得通的。你今天可以開始一個小的（但安全的）抵抗行為嗎？例如，如果有人告訴你，不能穿某些衣服，因為那不適合你的性別，你是否可以在心中設計自己的夢想服裝？如果有人告訴你，你不能呈現你天生的髮型、天生的膚色，或不能以某些方式行事，那麼今天你是否可以做些與你被告知相反的事情呢？

關於我的說明

我是可以獲得許多特權的人，因為我是白人、身材苗條和屬於中產階級，這些都意味著我身分認同的各個層面都不會受到歧視。

我是在英國長大的白人女性，我從未考慮過我皮膚的顏色是否會影響我的安全。我能進入我想去的任何場所，而不必為此擔心。

雖然我拚命努力成為一名心理學家，但我必須承認，我獲得的明顯特權與我的長相、我所獲得的資源和教育有關，而且我符合這個角色的要求。我必須承認我帶進治療室的特權，以及因為我的名字冠有博士的頭銜，賦予了我力量。

我已經盡力概述了上述問題，但我也在不斷地學習，這就是為什麼這一章的推薦讀物比其他章節多的原因。

身為一名心理學家，我也知道心理健康服務有時候是造成偏見和傷害的原因。例如，在過去的一百年中，英國和美國有色人種在心理健康機構中的比例一直過高，對被認為是「精神病」的女性進行了非自願的絕育手術，並且由於人們的性行為而對他們進行了性取向轉化療法。事實上，在一九七三年之前，同性戀還被視為是可診斷的精神疾病。

許多人不信任心理健康服務，這是有充分理由的。

沒有新規則

心理學是與政治和個人有關的。當你考慮到你的心理健康時，請一定要考慮到你所生活的世界，與那些與你有共同經歷的人所組成的社群，建立聯繫，參與爭取改變的活動，並去投票！

結構性的不平等、壓迫和歧視都會嚴重影響人們的情緒健康，雖然呼吸練習和自我安慰等應對技巧可能會減少你的一些壓力，但不會改變打從一開始導致你痛苦的社會結構。真正改變世界的方法是與其他人聯繫，提供和分享支持，並積極參與政治活動，在你可以做出改變的地方表達你的意見。

這裡沒有要給你的新規則，你可以閱讀以下的書單，以了解更多的資訊：

- 德拉爾德・蘇（Derald Sue）《日常生活中的微歧視》（*Microaggressions in Everyday Life*，暫譯）
- E・J・R・大衛博士（E. J. R. David, PhD）《內化壓迫》（*Internalized Oppression: The Psychology of Marginalized Groups*，暫譯）
- 愛麗絲・王（Alice Wong）《殘疾人士的可見性》（*Disability Visibility: First-Person Stories from the Twenty-First Century*，暫譯）
- 蕾菈・F・薩德（Layla F. Saad）《我和白人至上主義》（*Me and White Supremacy*，暫譯）
- 勞拉・貝茨（Laura Bates）《厭女的男性》（*Men Who Hate Women*，暫譯）
- 阿洛克・費德-梅農（Alok Vaid-Menon）《超越性別二元論》（*Beyond the Gender Binary*，暫譯）
- 史蒂芬妮・耶博（Stephanie Yeboah）《從此快樂地胖下去》（*Fattily Ever After*，暫譯）

- 梅格－約翰・巴克（Meg-John Barker）《漫畫解說同性戀歷史》（*Queer: A Graphic History and Sexuality & Gender*，暫譯）
- 蘇菲・沃克（Sophie Walker）《反抗的五個規則》（*Five Rules for Rebellion: Let's Change the World Ourselves*，暫譯）

如果你喜歡閱讀，一定要找寫人們過著充實快樂的生活故事書籍（虛構和非虛構的），例如波露・芭芭蘿拉（Bolu Babalola）的《色彩之戀》（*Love in Colour*，暫譯）和莎里塔・多明哥（Sareeta Domingo）編輯的《有色人種女性的愛情故事》（*Who's Loving You: Love Stories by Women of Colour*，暫譯），不要只看那些描述反抗偏見的書而已。

5・人生重大事件

*警語：本章的主題包含親人的死亡和自殺。

在本書第一部「你是怎麼變成這樣的」，最後一個我想介紹的主題是人生重大事件。分手、親人的去世和孤獨等令人痛苦的經歷，是我們每個人都無法避免的。當它們發生時，無論你年紀多大，都會引起一連串可理解的情緒，可能使原本平凡的生活脫序，讓你第一次體驗到焦慮、深深的悲傷和空虛。

本章將介紹我們大多數人會遭遇的三種常見經歷，這些經歷會引起極度的痛苦、悲傷和困惑，並有可能破壞我們對世界的信念。

悲傷和人生重大事件

人們認為我們只會對死亡感到悲傷。然而，每當經歷人生的過渡期，或失去我們所珍視的東西時，我們都可能會感到悲傷。

我們可能會因為失去安全感而悲傷，例如當我們被別人欺負或傷害的時候。

我們可以為任何結局或變化而悲傷，例如關係破裂、搬家、轉學或工作變動，或者我們的健康或財務安全出現變化。

在 COVID-19 疫情大流行期間，我們許多人共同為生活的經濟損失而悲痛，當然，還有極大的人命傷亡。

「既／也」

「既／也」是一個要牢記的有用詞組，因為它可以幫助我們理解看似相反的兩件事卻是並存的情況。

當人們有孩子時，他們可能會為自己家裡有新成員而感到**既**高興，同時**也**為失去以前的生活而感到悲傷。

當他們的孩子長大後，他們可能會**既**為孩子長大成人而感到高興，同時**也**為孩子不再天真可愛和失去當時親子間的特殊牽絆而感到悲傷。

在治療中，當人們意識到，自己正在康復和改變生活時可能會悲傷。他們可能會**既**對未來感到興奮，**也**同時替人生中那段低潮痛苦的時期感到悲傷，體認到這段時期對他們的人生產生的影響，以及他們自己所承受的痛苦。你甚至可能在讀這本書時正遇到這種情況。

什麼是悲傷？

悲傷會影響我們，它告訴我們，珍惜的東西現在已經不在我們身邊了。

悲傷會帶來生理症狀，嚴重程度取決於你的感受程度。悲痛欲絕時，可能會導致：

- 疲勞。
- 噁心——我以前曾因悲傷而嘔吐過，所以也許嚴重的情況還不只是噁心而已。

- 頭暈和身體痠痛。
- 記憶改變。
- 內疚。
- 恐懼。
- 恐慌發作。這些都是正常現象，雖然很可怕，但當我們原先認為穩定、已知、現存和生活結構的一部分（我們的安全網）被剝奪時，就會發生這些事情。

悲傷的階段（根據一九六九年庫伯勒－羅絲模型〔Kübler-Ross model〕的修改版本）

以下七個階段說明了許多人在失去親人後所經歷的過程，這些階段不一定按特定順序發生，每個階段都沒有時間表。

- **震驚**：這是人生重大事件發生後的直接階段，我們知道發生了某事，但我們還不能真正感受到，可能會出現麻木或不真實感。
- **否認**：這種心理防禦保護我們，告訴我們：「這不可能是真的，事情總會有好結果的吧？」
- **憤怒**：當最初的震驚和焦慮已經慢慢消失，你開始感到從單純的沮喪轉變到憤怒。這該怪誰？我可以怪誰？憤怒可能針對世界，也可能針對某個人。
- **討價還價**：這個階段牽涉到與自己、他人或最高層級力量之間的討價還價。我們會說這樣的話：「如果你能這樣，避免＿＿＿＿發生，我保證我會＿＿＿＿。」

- **沮喪：**悲傷之情湧上心頭，掉下眼淚來，覺得無法起床面對新的一天。然而，並不會永遠失去希望，因為下個階段是……
- **初步的接受：**有人說這更像是投降。與其說是接受發生的事情，不如說感覺像是，「我現在沒有別的辦法，只能向這種經歷、這種現實投降。」

最後的階段是……

- **希望：**當你領悟到的那一刻，即使只有一秒鐘，你知道你未來可能不會有事的。

請注意，治療師喜歡用概念來解釋事情，我們試圖盡可能有條理地理解他人的經歷，許多理論家也曾試圖這樣理解人們的悲痛。

現實情況是，人類和人們的經歷並不能一概而論。每個人都有自己悲傷的方式——沒有對與錯，這個過程沒有時間表，也不一定會從一個悲傷階段順利進入下一階段，我們可能會跳過某些階段，也可能倒退回去，過程可能更像是在坐雲霄飛車。

我這麼說並不是要讓你灰心，我是為了讓你對悲傷有務實而公正的理解，而且像是有些失去，例如親人的死亡，會一直伴隨著我們，但是你會痊癒的。

你能想到人生中的某些轉變和失去嗎？你是否感受到這些生理或情緒上的經歷？你允許自己感受這些經歷嗎？你是否內心感受到任何階段或感覺，但不允許自己表現出來？

你有沒有任何經歷是這裡沒有提到的？

讓我們談談一些使我們感到悲傷的常見經驗。與往常一樣，請在閱讀時照顧好自己。

心痛和分手

從你一邁入青少年時期開始，分手是非常常見的經歷。

有時候，我們與對方分手是因為他們做了我們無法接受的事情——他們破壞了我們的信任和（或）變成了與我們想像中的人完全不同。有時候，我們與對方分手，純粹是因為彼此不適合；或者我們很適合，但更適合做朋友；或者，我們就這樣漸行漸遠。

其他的時候，是對方與我們分手。

我們喜歡他們，但他們對我們沒有同樣的感覺——這是單戀的痛苦，激發了很多音樂和文學作品，甚至根本還沒當成男女朋友就會有這種感覺。我們可能只約會了很短的時間，或者只是遠遠地愛著他們。無論分手或心痛的原因是什麼，都會讓人深感痛苦。

當我們踏入最早的戀愛關係時，我們對關係的發展充滿了希望和夢想。第一次分手可能會椎心刺痛，感覺就像我們永遠也忘不了那個人。

但是，分手可以教給我們很多重要的人生經驗，例如：

- 在戀愛關係中有哪些危險信號（對我而言的危險信號：對方不停傳簡訊過來，然後人卻不見，等你放棄的那一刻又開始傳簡訊；跟你安排好了要約會，當天卻不傳簡訊給你）。
- 單身可能很棒。

- 無論分手的痛苦有多難受，你總能找到度過的方法。
- 無論你多麼努力，如果對方不願意，你無法讓他愛你，你可以熬過去的。
- 你希望在未來的關係中受到怎樣的對待，亞莉安娜・格蘭德（Ariana Grande）的歌曲〈謝謝，下一位〉（*Thank U, Next*）就是很好的例子。

無論我們學習了多少人生經驗，或者經歷多少次分手，對於某些人來說，可能覺得被拒絕或失去一段感情，永遠不會因此變得更輕鬆，或就能少一些痛苦。

分手可能會讓人感到身體上無法忽視的痛苦，這是有原因的。二〇一〇年，美國研究員伊森・克洛斯（Ethan Kross）和同事發現，給人們看他們前任的照片時，他們的大腦活動與前臂被灼傷的人相同。[1]身體會感受到心碎，因而改變我們的大腦活動和化學反應。

另一項研究要求參與者從假的線上約會網站中挑選潛在的對象。然後，參與者躺進正子斷層掃描儀（PET scanner，一種觀察大腦中化學過程的機器），並告訴他們其中一些潛在但假的對象並不喜歡他們。發生這種情況時，大腦會釋放出天然的止痛藥，即類鴉片（opioid）。[2]

這並不意味著拒絕和分離，與斷腿的情況是完全相同的，你的大腦把分手視為對你身體安全的威脅。

但是，為什麼呢？

正如我所提過的，我們最早的祖先是靠待在群體中而生存下來的，如果被趕出群體，他們就會喪命。我們的大腦把分手和拒絕視為對我們生存的威脅，這就是為什麼我們對此會有如此強烈的經歷。我們體內的壓力反應是為了通知我們，有事情不對勁，而我們需要重新連結上群體的安全範圍。

經過長期的戀愛關係，分手後甚至可能使我們質疑自己的身分認同，如果我沒有伴侶了，我算什麼？同樣的，這也是完全正常的。

在一段關係中，我們把伴侶納入我們的身分認同感，即我們在心中對自己的象徵。當我們與某人分手時，好像我們身分認同的某一部分被移除。突然之間，我們對自己的理解出現了落差，感到茫然、困惑和不知道自己是誰。

我們如何向前邁進

並非每個人都會因分手而苦苦掙扎，有些人很快就振作起來，因為他們知道自己的情感關係狀況並不能反映自己的價值（真的），分手並不能反映自己的失敗（也是真的），並且因為他們具備可靠的應對技巧。

如果你現在因為分手而掙扎，請記住，當我們與某人分手時，會給我們的身體帶來壓力，使我們對自己的身分認同感到困惑，並使我們經歷悲傷階段的循環。我們可能會因為失去那個人、我們曾希望的未來、我們前任的家人，以及其他無數的事情而感到悲傷。

運用整個悲傷的過程來了解你的感受，以及你可能處於哪個階段。用它來辨識當你感到生氣的時刻，並運用這種能量讓你能下床並面對事情，從事有助於你向前邁進的活動，並知道討價還價的階段會讓你忘記糟糕的時光，只記住關係裡美好的時光，但這可能會促使你倒退回到之前的階段。

最重要的是，要善待自己和自己的身體。

“致心碎的人：請不要讓他人的行為，使你變得如此心灰意冷，以致你無法再接觸到自己溫柔的部分，也就是敢於相信人際關係中的機會、驚奇和魔力的部分。”

克服分手的技巧

讓自己和關愛你的人在一起，與關愛你的人在一起會釋放催產素，這是一種讓你感覺良好的化學物質，在這個時期我們需要盡可能多的催產素。

活動起來。想一想一天中最困難的時段，並嘗試為那段時間安排事情。例如，如果每天早晨都很難熬，那麼一起床後就去散步。如果晚上最糟糕，就安排時間打電話給朋友，或與別人一起出去。運動也有幫助，可以消耗掉壓力荷爾蒙，並增加腦內啡（更多感覺良好的化學物質）。

停止做那些讓自己感覺更糟但又讓你忍不住想做的事情。別再去看你前任的Instagram，別再經過對方的家。在這個過程中，找一位朋友來支持你，確保你能堅持下去。

灌輸界限的觀念。例如，如果你的前任仍會和你聯絡，而這讓你更加痛苦，也許是時候說：「對不起，我沒辦法這樣。我必須停止跟你聯絡，直到我感覺更穩定為止。」

建立你的身分認同。第十六章將告訴你如何找出自己的價值觀（你真正認為人生中重要的事情）。選擇一項重要的活動每天來做，並為新的你而努力，因為擺脫了這段關係，你現在和將來都會是這個新的你。我有一些案主和朋友現在會跳騷沙舞，或說新的語言，或搬到國外，是因為在分手後學到對他們重要的東西是什麼。

當感情關係是我們身分認同的核心時，這種分手最難受。當我們拋開朋友、工作或愛好，來專注於這段關係，卻以分手收場。在你重新調適，回歸正常之後，請記住這一點。在進入未來的戀情時，記住要經營自己各種不同的面向。第十章將會討論約會，並重溫依附類型，所以不用擔心，本書後面有一個完整的部分為你準備下一個階段。

運用本書第三部來幫助你處理情緒。感受我們的情緒是健康的態度，可以幫助我們度過這段經歷。第六章將解釋你的情緒；第十二章將教你舒緩壓力反應；第十四章告訴你如何用寫日記的方式釋放情緒；第十五章將幫助你找到需要對自己說的溫柔話語。

跟著我說：「（你的名字），你有這種感覺是完全合理的。分手很痛苦，會感到不知所措，沒有關係的。」確保你用第三人稱的口吻說話，因為以這種方式對自己說話，可以增加你在壓力下對自己的想法、感覺和行為的控制，並且相對輕鬆地來抑制你大腦中的壓力反應。[3]

盡量不要把這次的分手加進你是什麼樣的人的內心小劇場。分手會影響我們，但如果我們用分手來證明我們先前擔心的事情是真的，就會有問題了，例如：「人們總是離開我」、「我不討人喜歡」、「這是我最後的機會」。如果你注意到這樣的想法，請提醒自己，分手通常發生在一段感情已經走到了盡頭，而不是因為你有什麼問題。世界上還有人會很高興遇上你，也願意愛你，而且永遠不嫌晚。我的祖母八十多歲時，在大型連鎖超級市場的起司櫃檯遇到了她的最後一任男友！所以永遠不會太遲。

親人過世

人生變化如此之快，轉瞬之間人事全非。來不及吃過晚餐，你即棄我而去。

——瓊．蒂蒂安（Joan Didion，美國小說家）

你現在知道，在生理上會感受到失去和分離的衝擊。當你所愛的人去世時，這也是一樣的（儘管通常會明顯強烈）。也許你已經知道這一點。也許你是個失去父母的小孩，失去祖父母或兄弟姊妹的青少年；也許你是失去父母的成年人，或是失去孩子的家長；或者，也許你失去了最好的朋友、知己或伴侶。

如果你失去了你所珍視的人，我深表遺憾。每當我們失去對我們人生有重大影響的人時，都會使我們的生活停滯不前。這種損失的感覺像是要把你給撕裂，就像在你體內被挖開了一個巨大的洞，你的時間和空間也被挖開了一個大洞一樣。

就像我在本章開始所說的，由於失去代表安全的人，讓你極為震驚，震驚世界竟可以這麼突然說變就變，這種傷慟可能引發恐慌發作。它可能使我們擔心我們其他所愛的人的安全（如果你感到焦慮或恐慌發作，第七章將教你了解這些內容，而第十一和十二章將幫助你安定心神，並度過這段時期）。親人過世還可能導致失眠、混亂，胃口和（或）記憶的改變。

悲傷的整個過程說明了震驚、討價還價階段和沮喪的階段，這些是很常見的情形，也許不令人訝異。這也解釋了，在親人死後，比較少人會允許自己出現憤怒的階段，氣這個世界從我們身邊奪走我們愛的人。如果我們有信仰，也可能因此而對上帝感到憤怒。我們可能會對自己所愛的人感到憤怒，因為他們拋下我們而自己離開。也會氣其他所有人，因為他們若無其事地繼續生活。在失去和我親近的人之後，我記得當時我感覺自己盯著深淵的邊緣，然而時間並沒有停止，我感到非常憤怒。當這個人死後，世界並沒有停止，繼續運轉，彷彿什麼事都沒有發生。

但是，憤怒的階段並沒有捕捉到你可能經歷的其他階段和情緒，例如人們經常感到的內疚，對自己活下來感到內疚，內疚沒有更常參與這個人的生活，內疚沒有做更多的事情來保護對方免受任何傷害。如果有人去世，我們偶爾會感到鬆一口氣（確實會如此），或者如果我們注意到我們開始繼續生活，會覺得不行這樣，因為我們所愛的人已經不在，無法分享我們的經驗。

在我們所愛的人死後，我們可能會思考自己會死的命運，想知道自己的死亡以及死亡的情況。我們可能開始到處看到所愛之人的臉孔，在擁擠的街道、商店和咖啡館，也會在夢中看到。

有時候，你會感覺到整個過程快要結束了，然後又出現了新的突發情緒：你在早晨醒來，在一個幸福的時刻，你已經忘記了親人過世的事。你可能會達到一個人生的里程碑，例如畢業、結婚、生子，或做了其他事情是你很想與這名你愛的人分享的，此時你想到對方，地面彷彿突然從你腳下崩塌。

如果你經歷過上述任何一件事情，那麼你很正常。如果喪失親人是過去的事，你可能也知道，在某個時間點，你確實開始覺得自己可以重新生活。不是因為你「結束了喪慟」，而是因為痛苦感覺不同了，不那麼可怕了，就像你會試著去接受的東西。

對於所愛之人過世，我們的經歷會受到我們的年齡、逝者的年齡、他們與我們的關係、他們死亡的方式、過世後的連帶影響、我們對死亡的了解，以及我們在喪失親人期間，得到的支持程度所影響。

年紀對失去的理解

雖然成年人明白死亡是永久的，但六到十歲的兒童卻很少能明白。他們通常認為喪失親人是暫時的，有時甚至認為這是他們的錯——我做錯了什麼嗎？是因為我的壞想法或行為讓他們離開的嗎？這意味著兒童需要支持才能了解發生的事情，並知道這與他們無關。在這個年齡階段，他們也無法很好地理解或表達自己的情緒，這意味著他們需要獲得支持，才能表達出那些繁雜混亂的情緒。

青少年了解死亡是永久的，但可能面臨其他的挑戰。正如你在第二章學到的那樣，青少年原本會用這段時間弄清楚自己在家庭之外是什麼樣的人。因此，許多在親人去世時還是青少年的人愧疚感很重，在這段時期沒有花更多的時間（而且往往沒有減少爭吵）來陪伴那個過世的人。如果你是這樣，你沒有做錯任何事情；你當時處於正常的人生階段，按照你青少年時期該做的事，才能發展成你應該成為的成年人，這點我向你保證。

除此之外，青少年往往無法表達自己的情緒，所以會以其他方式表現出來，比如退縮、憤怒、叛逆和其他行為，這些行為表面上可能不會立即看起來像極度悲痛。這意味著他們可能需要引導，來談論他們的經歷。

如果你在成長過程中，失去了所愛的人，要知道，處理悲傷永遠不嫌晚，並且也沒有特定的處理方法。有些人要等到成年後，才會真正逐步解決失去照顧者的問題。這可能是因為在事情發生時，他們還太年輕，無法理解；也可能是因為他們會等到感到足夠安全時，才能站在情緒深淵的邊緣往下看，冒險面對這種痛苦，相信他們會熬過去，而不會被痛苦吞噬和消滅。

我們失去了誰？他們是怎麼死的？

要知道，喪失親人沒有程度等級之分，沒有哪種死亡是我可以肯定地告訴你會比另一種更容易接受。

但是，我們確實對死亡抱有某些預期。我們預期首先會降臨在生活中最年長的人身上。如果心愛的祖父母去世，並且他們告訴過你，在經歷了漫長、充滿意義的人生之後，他們已經準備好離開了，你做足了心理準備，那麼你的感受可能會與喪失一名年輕的親人不同，因為他還沒有活到這個地步。

你們關係的密切程度也會有影響。如果去世的人與你非常親近，喪失的衝擊會是很顯著的。如果你們之間有什麼事情沒有說出來，或者你們的最後一次互動以憤怒收場，情況可能會更加複雜。後者可能是引發內疚的重要原因，擔心我們沒有機會修補關係。

我有一名案主沒有機會見她媽媽最後一面，於是她開始寫信，帶到媽媽的墓前。起初，這些信件只包括她對她們最近爭吵的遺憾，以及她想和媽媽說的最後一些話。漸漸的，這些信逐漸變為她對媽媽的思念、她從未有機會分享的祕密，以及她從媽媽那裡學到許多寶貴的生活能力。在其中一封信中，我的當事人意識到，她從媽媽那裡學到的一項真正能力是寬恕，突然間她意識到，她媽媽會原諒她。

對於任何覺得自己沒有機會說再見或修復關係的人，也許你可以寫一封信，並分享你沒有機會說的話。或者，你可以在拜訪親人的墳墓時，或在他們最喜歡的地點，或在看他們的照片時，來做這件事。只要是你覺得最自在的方式就好。

突然或意外死亡

由於生產或生活中的醫療併發症，或突然生病、事故、自殺或謀殺，導致突然或意外的死亡，可以理解的，這會引發你震驚的感覺，打破你對世界安全的信念。我們可能會問自己，為什麼？我本來可以做些什麼？

如果是意外、自殺或謀殺，可能還必須與警察交涉，我們必須處理的事情多到讓人吃不消。我們可能會一直在想他們最後活著的時刻，想知道他們當時的情況怎麼樣，以及他們是否害怕。我們可能對造成死亡的情況感到憤怒，我們可能必須巧妙地回答其他人好奇的問題，「你知道為什麼會發生這種事嗎？他們為什麼要這麼做？」這可能讓你感覺根本無法招架。

如果你認識的人現在正在經歷這種情況，請提供實際的支持，幫助你的朋友處理要負擔的任務，並盡量不要逼問發生了什麼事情。

我還必須在這裡澄清一個迷思：人們經常認為，長期患病導致的死亡比較容易接受，因為我們已經「準備好了」。我有一名來治療的案主，對他過世的家人感到極度悲痛，他覺得困惑。「我知道這一天會來，我不知道為什麼我會如此難過，但我確實如此。我整個人都垮掉了，而且迷惘。」

他的母親罹患多發性硬化症。我的案主多年來一直目睹媽媽的變化，看到她變得不健康，經歷了強烈的痛苦，最後要依賴他人生活。子女們花了最後一年的時間照顧她，幫她洗澡、吃飯、抱她到床上，最後在醫院裡做出善終的最後決定，雖然這個決定是按照媽媽的指示進行（因為她在很早之前就簽訂了同意書），但做子女的突然覺得責任太大，無法承擔。

當母親還活著的時候，我的案主一直保持著勇敢的樣子，忙著處理每天的工作。母親去世後，就沒有了其他分心的事物，所以他多年親歷的痛苦突然浮現。

由於子女們的角色突然改變，他們也感到失落。他們以前曾經是照顧者，但現在呢？最後，他們對自己在母親生命盡頭時所做的決定深感恐懼和內疚。

如果你曾想過，我做的決定是否正確？我的回答總是：「以你當時所得到的資訊，你已經盡了最大努力，不管是誰，都是已經盡力的情況了。」

生活方式的改變

就像我上面提到的案主一樣，我們經歷親人過世的情況，可能會受到過世對我們生活衝擊的影響。要改變的地方愈多，我們必須處理的經驗就愈複雜。

例如，失去父母的年幼孩子可能突然必須「長大」，他們可能突然需要照顧兄弟姊妹，甚至照顧心痛的照顧者。他們可能還必須搬家或轉學，這意味著他們必須認識新朋友，並適應新家。

他們可能也會失去一個榜樣，一個會指點他們迷津的人。

失去伴侶的成年人可能要處理財務問題，或者要照顧孩子。他們還有責任告知別人這個令人心痛的消息，每次這個話題出現時，都可能非常難過。

我們對死亡的了解

有一些文化把死亡當做他們親身經驗的一部分來談論。

某些佛教教義把生命理解為通往死亡的道路，我們活著的每一秒就算更接近死亡一秒鐘，這個觀念是事實，也讓許多人感到害怕。

在墨西哥，每年十一月初舉行亡靈節（Day of the Dead）慶祝活動，人們會公開慶祝自己與過世祖先的聯繫，這意味著他們從小就慶祝和談論死亡。

我在英國長大的傳統則並非如此，人們不談論死亡。我和家人一起上教堂，教會的教導是耶穌已經痛苦地死去了。我看過《獅子王》，我們家的寵物在我七歲那年死了，所以我對死亡略知一二。然而，這個話題並沒有公開討論。

對許多人來說，情況就是這樣。這意味著，當有人去世時，我們沒有語言來表達，或框架來處理我們的感受。這意味著，我們要費勁地處理情況的嚴重性，以及我們失去了誰和失去了什麼東西。相反的，我們可能會讓自己投入實際工作中，安排葬禮，讓自己很忙。但是，一旦事情忙完，又該怎麼辦呢？

此外，正因為如此，許多人不知道如何支持那些失去親人的人，擔心自己會說錯話，使情況變得更糟，或者擔心大家都會盯著那個人，因此當事人需要空間。這就是為什麼失去親人的人通常在最需要他人的時候，往往會孤單一人。

關於失去親人的最後說明

我們不會擺脫悲傷往前行，我們帶著悲傷，繼續前進。

——諾拉．麥肯納利（Nora McInerny，美國作家）

失去親人沒有所謂好的時機，每個年齡和階段都有其自身的挑戰。同樣的，這樣刻骨銘心的經歷，言語無法表達。如果還有財務問題要解決、家族衝突，或正在進行刑事調查、法院官司或審訊，事情可能會變得更加複雜。

克服悲傷的方法也沒有對錯之分，每個人都有自己的方式和時程，而且目的不是要「擺脫」某人或忘記他們，完全不是這樣的。

如果你現在正經歷著失去親人的悲痛，請從沉澱情緒練習（第十一章）和呼吸練習（第十二章）開始，它們將有助於舒緩你的身體和心靈。確保你有一個感覺安全的地方，來發洩你的感受。第十四章會幫助你建立寫日記的架構。

你也可以寫信給逝者，或者大聲對他們說（可能用大喊的），告訴他們你生活中的進展。

如果你覺得能夠多考慮一些其他步驟，底下有一些建議，我認識的許多人都表示，這些建議在他們喪慟旅程的不同階段有所幫助，然而：

要預期情緒會突然回來。當你達到重要里程碑時，你本想與親人分享而親人卻不在身邊，你的悲傷很可能會重新出現。想一想，在這些時刻，你可以使親人與你保持親近的方法。也許當你結婚時，你可以帶著他們的照片，可以在致詞時提及他們；你可以用親人的中間名替你的小孩取名字，或在嬰兒房裡擺放他們的照片；你可以寫一封信給離世的親人，告訴他們你的消息。

幫助喪慟的人

我們通常會避開經歷喪慟的人，認為他們需要空間。如果我們都這樣做，那麼這個人就會孤獨一人。如果你認識有人經歷喪慟，請讓他們知道你可以陪伴他們，你在想著他們好不好，然後看看他們是否接受你的幫助。

要知道如何支持經歷喪慟的人可能很難，但這裡有一些建議。

對於兒童和青少年：

讓他們知道所有的情緒都是可以接受的，小孩需要有人和他們一起調節情緒，示範給他們看釋放情緒的方法。例如，允許他們生氣；也許帶他們到可以盡情大喊的地方——告訴他們在這裡可以發脾氣；讓他們跳上跳下，發洩喪慟的情緒。把5 4 3 2 1技巧（第十一章）示範給他們看，在他們不知所措時讓他們安定下來，並示範呼吸練習（第十二章），幫助他們放鬆，和他們一起練習呼吸。確保他們知道，在隨時有需要時，可以談論任何需要談的事情。

如果你認識失去了親人的年輕人，而且他們看起來很生氣、孤獨，或有什麼不對勁的地方，請一定要記得發生在他們身上的事情，請不要認為他們的行為是因為他們是「壞孩子」或「問題少年」。即使他們告訴你沒事的，也請記住他們內心深處可能的感受。

盡量態度保持一致。正如我之前所說，死亡可能帶來更多其他失去的東西。對於兒童和青少年，我的案主經常描述死亡為失去童年、純真、住處、學校和其他以前生活中可以依靠的層面。盡量減少他們所經歷的變化，以及他們可能需要承擔的責任，因為兒童和青少年經常必須照顧兄弟姊妹和痛苦掙扎的照顧者。

> “為了處理痛苦，人們經常說，「一天一天慢慢來吧。」有時候，當悲傷降臨時，即使是一天一天地過，也會難以承受。你要一次一點、一分一秒地慢慢處理悲傷的情緒，是沒有關係的。”

尋找榜樣。失去母親的兒童和青少年經常表示失去了女性的榜樣，可以向她們示範關於女人的事情，失去父親也是如此。無論孩子失去了誰，都要確保他們在自己身分認同的各個方面有人可以當榜樣。另外，如果可以的話，向他們介紹那些失去過親人的人（在現實生活中或在故事中），而這些人現在正過著充實的生活，這樣可以告訴這些兒童和青少年，我們現在可能會感到悲傷，但仍然能夠成長，並擁有未來。

給大家的建議：

承認他們所失去的事情。你可以說出「死」這個字。例如，「我很遺憾你的________死了。」這象徵著你可以與他們討論此事，你可以接受這種談話。避免說類似這樣的話「他們現在在更美好的地方」，或「該繼續向前邁進」，或「不要專注於負面的東西，想想你還有那麼多事情可以感激」。即使這個人是小孩，你也可以談論這個話題。不管對方是幾歲，敞開的對話和支持都很重要。

讓自己有空傾聽某人的情況。如果覺得合適，可以問他們：「你想談談嗎？」明確表示如果他們**不想談也沒關係**，如果你問他們的情況，你並不期望他們說：「我沒事，謝謝你。」準備好安靜地陪對方坐在一起，如果這是他們所希望的，也準備好專注投入關於逝者的談話。

我知道這聽起來很明顯，但是如果某人的親人死於自殺，讓對話由他們帶領。人們最後可能會提出一百萬個問題，而他們也在問自己，並慢慢接受這件事，所以不要拷問他們。

提供實際的幫助。替他們準備好飯菜，送上門去；提議要幫忙照顧寵物或小孩；提議要陪伴喪親者，如果這樣能讓他們感到更安全。

有時候人們很難回答「我能幫什麼忙？」這個問題。因此，你可以改成說：「我想給你做晚飯，可以嗎？」或者，只是煮些東西，然後送過去。

如果你不能到對方那裡提供關愛與安全，你可以送一些物品，在他們的家中營造出溫馨的環境，例如，你可以準備一個愛心包裹，裡面放了觸感舒適的毯子、聞起來和（或）嘗起來很好的東西，或談論悲傷的書。我經常推薦的一本書是梅根·德凡（Megan Devine）的《沒關係，是悲傷啊！》（*It's OK That You're Not OK*）。

明白這可能需要很長的時間。要有長期的準備，並記住重要的日期，例如週年紀念日或接下來可能很棘手的節日，並提醒對方，你把他們放在心上。

不要害怕用正面的方式提到逝者，例如，「你還記得＿＿＿＿教我如何＿＿＿＿的時候嗎？他們做＿＿＿＿的時候，我很喜歡那段時光。」

不要批評別人喪慟的方式。無論人們選擇公開自己的傷心情緒，還是私下悲傷，無論他們是在社群媒體上分享照片，或將一切藏在心裡，這是他們悲傷和選擇的方式。我們要做的是支持，而不是批評。

孤獨感

人類到底是什麼，不過就是從家庭再延伸出家庭罷了？

——維維克．穆爾蒂博士（Dr. Vivek Murthy，美國醫務總監）

分手、親人去世和我所談過的許多其他事件，例如霸凌，事後會有的共同經歷，是感覺我們格格不入，或不被家裡、學校、社群或整個世界所接納，這就是孤獨感。

甚至在 COVID-19 之前，在英國估計就有九百萬的人經常或總是感到孤獨。孤獨是人類會有的正常情形，但是如今已達到極為嚴重的程度。

短期的寂寞可能會讓人感到痛苦。研究顯示，如果寂寞是長期的（日常生活的一部分），[4] 對健康的危害等同於每天吸十五支香菸，並且危險程度更甚於研究和新聞中不斷報導的其他增加死亡率的因素，例如不運動、飲酒、血壓異常和肥胖。寂寞也是焦慮、憂鬱、藥物和酒精成癮的原因，並會增加罹患失智症的風險。

為什麼需要人際關係？

人際關係在許多方面保護著我們。

與我們感到有聯繫的人在一起，這使我們感覺良好，這是事實。人際關係既可以提供情感和實際的支持，幫助我們處理壓力，人際關係也使你更有可能以預防壓力的方式行事。例如，人際關係可能使你更能自我照顧，並為照顧自己和自己的身體感到更加自豪。人際關係也可能會幫助你活動，並指出你看起來很累和需要休息的時候。人際關係賦予你「角色」，可以提高你的自我評價，並給你使命感：「我是能幫助人的朋友」、「我能幫助人們詳細地解釋他們的問題」、「我帶來了笑聲和隨興，人們喜歡我這樣」。

缺乏人際關係意味著沒有這些保護因素。

當我們孤獨時，威脅反應會被啟動（讓我們知道我們需要回到群體裡），也會讓我們晚上睡不著。如果我們的祖先獨自睡覺，他們會睡得很淺，經常醒來留意危險。

孤獨可能會讓人筋疲力盡，導致我們更容易受到生活中其他壓力因素的影響，也更沒有動力去改變事情，因此就會開始惡性循環。

重點是，孤獨感並不直接與你周圍有多少人有關。

孤獨與獨處

有時候，你可能完全與他人隔絕，並深深感激能有這種獨處感。你注意到了這一點嗎？你可以有一個屬於自己的夜晚，也許跟你一起住的人都出去了，你終於可以不受干擾地閱讀那本你放在床頭一個月的書了，好幸福喔。或者，你訂好了一趟旅行，去一個安靜的地方，或到一個沒有網路訊號的鄉村靜修中心，並且（如果這是你喜歡的）你立即開始放鬆。

其他時候，你可能會在滿滿都是人的房間裡，覺得自己是地球上最孤獨的人。你有煩惱，周圍都是你可能可以分享心事的人，但是你確信他們不會懂。或者，你有一名伴侶，你想要跟他分享某件令你興奮的消息或興趣，但你知道對方不會感興趣。

獨自一人的感覺是根據選擇（你是否選擇要獨處）、持續多久（是否有期限）和與人的聯繫（你覺得與他人的聯繫程度）來解釋的。例如，一個有屬於自己的夜晚或在鄉村度假中心的人，仍然會覺得與人際關係網聯繫在一起。他們知道，只要一通電話就能找到重視和了解他們的人，如果他們準備好要聯繫，這些人就會準備好等著他們。

他們選擇保持距離，因為他們知道自己仍有人可聯繫。但是，那些發現自己長時間孤獨的人無法選擇，可能沒有那種安全和持續的認知，知道有一個可靠的安全網，有其他人在想著他們。同樣的，在群體中的人也可能感覺不到聯繫，反而覺得自己像身在心理上的孤島，在茫茫人海中沒有人能與之接觸。

獨居的人，以及與朋友和家人失去聯繫，或因健康狀況和（或）行動不便而更難以接觸到社群的人，這些人有更大的孤獨風險。老年人在這方面更加脆弱，因為他們最有可能符合這些情況，並且有可能失去聽力和（或）視力，所有這些都會大大地影響他們與人的聯繫。

在二〇二〇年疫情的封城期間，人們與一貫的日常活動隔絕，因此感到孤獨的條件已經成熟。你知道在COVID-19之前，英國的「一般人」在醒著的時候有八〇%的時間與其他人在一起？[5]還有，研究顯示封城期間，表示寂寞的人從平常十四%的人口，增加到英國人口的三五%？[6]

當時，我一位親密的朋友和我談到了這個問題。我們已經很久沒有看到別人的臉，也沒有擁抱過任何人，以致有時候我們開始懷疑自己是否還存在（這是長期孤獨者另一個常有的經驗）。我們都想到曾經聽到過的一句話：如果一棵樹在樹林裡倒下，而沒有人聽到，這樣是否會發出聲音？然後，我們把這句話應用到自己身上：如果沒有人看到我、聽到我或觸碰我，我還算存在嗎？

我們還意識到，社群媒體和視訊通話雖然是一條生命線，但卻無法代替現實生活中與人相處。這當中的差別感覺就像速食（即時滿足後，常常會立刻感到沮喪）與營養豐富的健康飲食（熱量緩慢的燃燒，能支撐你更久）相比。現在，我比以往任何時候都更加確信，數位接觸不會提供我們真正需要的情感滋養或肢體上的接觸。

如果你發現自己「渴望愛」或「渴望關注」，而且你有機會接觸到其他人，請選擇接觸人們。社群媒體是達到目的的一種手段，當你無法見到他人時，社群媒體可以當做幫助你的聯繫工具，**但社群媒體不能替代人。**

對於孤獨，我們該怎麼辦？

確定你是否感到孤獨。孤獨是一種複雜的感覺，它可能包含脫離人際關係、空虛、悲傷、恐懼、擔憂、怨恨和憤怒的感覺，有時候它可能使你感到不真實，幾乎就像你不存在一樣。如果你曾經經歷過這些感覺，會不會是因為你感到有點孤獨？

找出產生孤獨的原因。你的孤獨是情境造成的嗎？你是否搬了家，或者有什麼事情（比如封城）改變了你的生活，意味著你需要結交新朋友，或者計畫怎樣與人交流？如果你的情況是這樣，今天你可以採取哪些步驟來認識新朋友，或與老朋友交流？

你的孤獨感是與社交情況有關的嗎？你是否有幾個親密的朋友，但覺得你不屬於任何更大的團體？還是你有一名伴侶，但除了那個人之外，你覺得沒有其他可以交心的人了？如果你的情況是這樣，你有什麼嗜好、熱情和才能？你今天可以加入什麼團體？散步團體？讀書會？

你的寂寞感會讓你感傷嗎？你是否有東西想要與他人分享卻無法分享？除了你以外，你認識的每個人都有伴侶，這讓你感到孤獨嗎？如果你的情況是這樣，那麼你可能在尋找更深層次的親密友誼。你今天可以向誰傳訊息，說：「嗨，我們可以聊聊嗎？」，或「我今天事情做得很辛苦」，你有這樣的對象嗎？或許你想和治療師談談？

你的孤獨感是長期存在的嗎？它現在已經成為你的生活方式嗎？如果是這樣，計畫一下你將採取的步驟，慢慢地與別人重新建立聯繫，可能對你很有幫助。

每天至少安排十到十五分鐘與另一個人面對面的交談。主動與他人交流，不一定包括你去跟別人訴苦。說一句「想不想來一杯茶？」就夠了。記住，如果某人很忙，那並不意味著他們不想見你，安排他們方便的時間碰面。

第十七章旨在幫助你找到適合你的團體和建立聯繫，還涵蓋了志工服務，這是一種尋找生活意義的好方式，可以看到你對世界的直接影響。

> “讓我難過的是，在人群中我們感覺自己像外星人一樣，覺得自己格格不入，卻沒有意識到坐在旁邊的人也有完全一樣的感覺。”

我知道，當你感到孤獨時，很難激勵自己去參與這些工作。因此，如果你需要一段時間才能開始學習本書中的某個想法，也沒關係。

如果你沒有人可以傾訴，可以加入專門讓人們交談的團體，例如由英國心理健康慈善機構「Mind」運作的線上平台「相互支持」（Side By Side）；或者，如果你年滿六十歲，你可以透過英國老年整合照顧協會（Age UK），與結伴者搭檔從事活動。

研究你附近針對孤獨的當地計畫。在英國，人們正在公園裡試行「聊天長椅」，任何想聊天的人都可以找到長椅坐著來聊天。超市裡有些「慢速排隊」的隊伍，不想趕時間的人可以在等待結帳時互相交談。還有「聊天咖啡館計畫」，在英國有九百多家咖啡館都設有「來聊天」的桌子（類似於「聊天長椅」）。

注意負面的自我對話和社交焦慮。許多人認為，承認自己孤獨在某種程度上是可恥的，就像他們不知怎麼地必須指責自己：「為什麼我不能像其他人那樣社交或處理事情？」、「其他人似乎沒有這種感覺，他們看起來都很輕鬆」、「我一定有什麼問題」、「一定是別人不喜歡我」。

如果你有這些想法，我保證不是只有你有這種情形，當然這些想法也不是真的。孤獨無處不在，由於人們看不出孤獨，他們通常不知道何時要提供額外的支持。

如果你有高度的批判性自我對話或焦慮，則第六、七和八章會向你詳細解釋這些經驗，而第三部將示範如何安撫自己，並與自己的念頭保持距離。

去做個按摩。肢體接觸可以幫助舒緩我們的威脅反應，如果你負擔得起，這是一種使身體平靜下來的好方法。

如果你現在不孤獨……

很可能你知道有人是孤獨的，可能是一個朋友，一個你很久沒有聯繫、話不多的朋友，或者同樣可能是最近給你發了一則充滿表情符號的簡訊，告訴你他們覺得「都還好」的人，卻是掩蓋了他們內心的感受。最近在公車上坐在你旁邊的人，或者是早上給你遞上咖啡的人，或者是在超市裡為你服務的人，他們可能感到孤獨。孤獨看不

“承認你感到孤獨並不羞恥。”

出來，但它無所不在。我們不能憑靠其他人來告訴我們，他們有孤獨的感覺。

問候你認識的人。向人發簡訊、安排見面的時間、確保他們知道你熱衷於聯繫，並且知道你喜歡他們，特別是你認識的那些可能是孤獨的人。或是，任何行動不便的人、老人、獨居的人、新手父母、有很多事要操心的人、任何為自己的心理健康而苦苦掙扎的人。

與你不認識的人建立聯繫（如果感覺安全的話）。在公車上或在咖啡館裡開始與人對話；坐在聊天長椅上向人們打招呼，或者只是在街上對人們微笑。如果你所在的大樓裡有年老或孤立的人，提議幫他們採買用品、送上你烤好的東西，或打聲招呼。到處理孤獨問題的慈善機構，投入時間，提供義工服務，如英國心臟基金會、英國老年整合照顧協會或英國紅十字會，你永遠不知道誰會從你那一刻的關懷中受益。

與人碰觸！當然，要經過他們的同意，而且一切要在符合防疫安全的情況下。當你打招呼和說再見時，給人一個擁抱。如果你夠了解對方，如果他們告訴你，他們感到難過，輕輕地握住或撫摸他們的手。如果感覺合適，而且你們的關係是雙方

“ 有時候我們太堅持要「修復自己」，以致於我們狼吞虎嚥地接受所有能找到的建議，過分努力，沒有喘息，結果可能適得其反。休息一下，放下那些自我成長的書籍，深呼吸，好好地生活。不要為了要做那些本應使你感到平靜、舒緩、對自己和世界感到更美好的事情，反而把自己累個半死。”

都覺得可以接受，也可以提議幫對方按摩。我曾經治療過失智症患者，我們會用香蜂草精油（目的是幫助認知）給他們做手部按摩，他們表示按摩之後，感到更多與人的聯繫和平靜，知道自己並不孤單。

沒有新規則

我不會在本章的結尾添加任何額外的問題或規則，因為我認為現在需要的只是暫停一會兒，這是做點沉澱情緒和舒緩工作的時刻。在讀到這裡時，需要花一點或更多的時間來思考一下你想到的事情。寫下這些文字也使我的身體狀況產生了反應，即便我一直在研究和從事心理學領域，並接受治療一段時間了。因此現在請對自己溫柔一點，本章為第一部畫上了句號。你現在對塑造我們是什麼樣的人，在許多層面上已經有了相當的理解。我希望我已經說得很清楚，我們最早的經歷會影響我們以後處理人生重大事件的方式，以及理解這個世界的情況和我們在其中的處境。

好吧，讓我們暫停一下，把書放下來，去做自己喜歡的事情。我建議選擇以下的事情來做：

- 跳起來，讓你的能量運動起來，甩掉一些湧上心頭的東西。
- 播放一些音樂，或點根蠟燭，然後深呼吸。
- 或者，拿一張紙來記錄，把你的感受用文字表達出來，然後重讀或撕掉，再做一些沉澱情緒的事情，或發出很大聲的事情，隨便你想要做什麼。

給你的信

呼。這真是一趟不容易的旅程，對不對？有很多情況要處理，我都知道。而人就是這樣，情況很多！我們不斷地被塑造，每天的每一刻都會對我們產生影響，你在本書之外、現實生活中所進行的每一次對話，以及你在本書讀到的每一句話，都會影響你。

你可能讀了本書的第一部，認為我們都有麻煩了。在某些方面，這是真的。我確實相信，我們許多人是被搞到失敗的，或者感覺自己愈來愈失敗。但是從其他方面來說，這不是真的。掙扎、擔憂和自我調整是非常人之常情的經驗，需要恢復正常。

我意識到，當我們讀到許多可能影響我們的事物，當它們被寫成白紙黑字時，這些文字的真相可能令人恐懼。但是，並不是每個人都對我提到的每件事感到不安。我們都有自己獨特的困難和成功，彼此互相交錯。兩個人可以過著非常相似的生活，卻有相當不同的情緒反應。

我們都是千姿百態的，而且比我在這個章節中寫的情況要多得多。這些只是解釋塑造我們主要因素的準則，可以使你擁有的因應策略正常化，因為無論何時你可能認為自己不如人，或者拿社會的負面觀點來批評自己。

而且，即使我們確實感到一團糟，你知道嗎？我們是凡人！而且，總有一些事情是我們可以做的，使情況在當下感覺更容易處理（即使這只是停止懲罰自己動不動就覺得心情很糟），並且總有一些可以做的事情，從長遠來看，會讓情況更加容易處理，這就是本書接下來要講的部分！

甚至我們的大腦也可以改變。例如，冥想不僅改變了我們大腦處理資訊的方式，使我們更容易專注，過濾掉讓人分心的資訊，冥想還可以改變我們大腦的形狀和結構。神經學研究顯示，有可能做到加強大腦的某些部分，使其更厚實、更強大，這是有可能做到的，並關閉那些我們較不希望發揮作用的部分（例如，威脅中心）。這些變化最快可以在開始日常練習的兩週之內顯現出來，[7]所以要知道你的情緒反應並不是無法改變的。

如果我相信我們都陷入困境，無計可施，那我就不會寫這本書了。但是我知道，人們是有細微差別的，值得我們去理解，而且事情一定有希望。

在本書第一部中，我的目的不是要樹立我們都是受害者的觀念。當我們覺得自己是受害者時，我們就會立即被剝奪了權力。然而當我們意識到自己是痛苦經歷的倖存者時，當我們獲得資訊了解自己和發生在我們身上的事情時，當我們與周圍有類似經歷的人聯繫起來，大家創造共同的同情心和復原力，或成立可以積極改變的團體時，然後我們就會變得有力量。

我們可以找到一個穩定的立足點，從這裡小步跨出，或大步向前，尋求內心的平靜或我們選擇的未來。順便說一下，這兩種方法都同樣有效，我們都以自己的步調前進，而自己的步調就是理想的。

在我們進入本書的下一部分「讓你停滯不前的原因」之前（換句話說，是什麼讓你陷入困境），我希望你能做件事，這很重要，因為它將彌補第一部和第二部之間的缺漏。做完這件事會把你的情況個人化，並確保你了解你日常所處理的具體信念和經歷。

花點時間來思考這些問題，你不必有完美的答案，而且你可能不容易想出這些答案，但請盡力而為。

可能影響你看待自己、世界和他人的信念

在成長過程中，我們都會面臨許多不同的信念，無論我們是否相信這些信念，它們可能會影響我們看待自己、世界和他人的方式。我將列出一些問題，希望你寫出你想到的第一件事，請回答以下問題：

從最親近的家人，你聽到他們對別人身材的主要批評是什麼？你的印象中，聽到或看到對於你自己身材最糟糕的事情是什麼？你聽到哪些批評的話？在成長過程中，你學到了什麼：

1. **身材**。你所聽到對自己的身材或其他人的身材是什麼內容，以及身材「應該」看起來是什麼樣子的？什麼樣的身材被認為是好的／棒的，而什麼樣的身材不是？

2. **性別**。你所聽到的性別有哪些內容？你對於你的性別有何了解？人們說你應該有哪些舉動？對於其他性別，你所聽到的事情是怎樣，其他性別可能有哪些舉動？哪些對他們來說是可以接受的舉動？

3. **愛**。在家裡你們如何表現出愛來？誰表現出來的？你會用什麼詞來形容愛？在你家中是怎麼描述愛的？你想要那樣的愛嗎？

4. **其他人**。在你成長過程中，家人和家人的朋友是如何描述其他人的？有人告訴過你，你可以信任其他人嗎？還是要避開他們？

5. **友誼**。在你的成長過程中，友誼是怎樣的？友誼讓你感覺良好嗎？人們是怎麼談論友誼的？

6. **性行為**。在你成長過程中，人們如何描述性行為的？你是如何得知的？你學到了什麼是「好的」或「可以接受的」嗎？你學到什麼是你應該做的，或者什麼對你來說是可以的嗎？又有什麼是別人似乎就可以做的嗎？

7. **能力**。你了解到哪些人的身材「更好」，哪些人可以受邀參加活動、派對或遊戲？你聽說過不同情況的殘疾者嗎？有關於這方面的笑話嗎？你聽到的訊息是什麼？

8. **種族**。在你成長過程中，是如何討論種族問題？這個問題被忽視了嗎？談論了很多？你聽過關於種族的笑話嗎？你聽到的訊息是什麼？哪個種族被說成是「更好的」？

9. 階級。在你成長過程中，是如何談論階級和金錢的？有某些人會因為有更多的錢，而被認為是更好的嗎？他們被視為「更高的」，還是「更低的」階級？

10. 是什麼讓一個人「夠好」或「有價值」？你收到了哪些關於誰是好人的訊息？誰值得愛、友誼或欽佩？這些人看起來有特定的樣子嗎？他們擁有特定的東西嗎？你能形容是什麼東西嗎？

我現在希望你完成以下句子：

我相信我是（選擇三個正面的詞語來形容自己）：

別人對我說過的最好的三件事是：

有時候，我擔心我是（再寫三個）：

讓我覺得自己夠好，我認為我需要（寫下你需要實現的目標，或你認為需要改變的地方。如果你認為不需要改變什麼，那就寫：「沒有什麼，我已經夠好了。」）：

我從＿＿＿＿＿＿得到這個想法。（是有人告訴你的嗎？是來自某個人，還是來自很多其他管道？）

有人對我說過最難聽的三件事是：

我生命中最重要的三個人或存在是：

這些存在讓我覺得自己是：

這些清單將幫助你了解接下來的幾章與你的具體關聯。

在讀完了第一部，並列出了你對上述問題的回答後，你能明白為什麼我們都不可避免地如此在意別人對我們的看法嗎？為什麼看到別人讚賞我們會如此重要呢？

大多數人都被教導要質疑自己和自己的價值，我們對自己的不確定性，使他人的觀點變得重要，他人的觀點可能會讓你受益良多，又或如同羅馬皇帝大拇指朝下被當做判死的信號。

寫下個人時間表

我給你的最後一項任務：請寫下你的個人時間表。我還不希望你對這些問題的答案做任何事情，我將在第九章的末尾，解釋為什麼我要你做這個練習。

圈出你現在的年齡層，當你達到以下年齡層時，你期望你的生活處於什麼情況？你認為到時你應該實現、擁有參與，或將實現、擁有和參與什麼嗎？這些可能與工作期望有關聯，你應該成為什麼樣的人、應該如何行事、療癒、約會、家庭、財產、你的身體看起來或感覺如何、退休、你有多少錢、你的自信程度，以及任何你期望的東西有關。

我預計二十歲的時候

三十歲的時候

四十歲的時候

五十歲的時候

六十歲的時候

七十歲的時候

八十歲的時候

九十歲以上的時候

好了，所以你現在知道你的外在世界是如何塑造你的內在世界了。你現在準備好了解你的內在世界是如何反過來塑造你對外在世界的經驗了嗎？如果你準備好了，就開始吧！

蘇蘇博士♥♥

第二部

讓你停滯不前的原因

第一部希望告訴你，家庭和社會條件如何塑造我們對世界的情緒反應。在接下來的第二部中，我們將研究使大多數人陷入困境的事情，從輕度的不安全到徹底的焦慮。根據我的經驗，人們感到困頓的兩個主要原因，與沒有學習到情緒和想法方面的知識，和與人際關係中的困難有關。

第二部的前四章旨在幫助你了解自己的內心世界，教你情緒和思想是什麼，戰鬥—逃跑—僵持—討好的反應是什麼，哪些常見的因應策略會使我們感到更糟，以及如何摸透我們的內在判官（inner critic）。

最後一章介紹約會、愛情，以及我們最早的依附類型如何影響我們約會的對象和我們在人際關係中的行為，以及現代科技如何增加我們在約會世界中的選擇，但實際上卻可能使我們出現選擇困難。

第二部還將告訴我們，在第一部中探索的經歷如何展現在生活之中，這些經歷如何滲透到每一個想法和感覺，如何日復一日地在我們的人際關係和行為中顯現，以及我們對於這一切的應付方法。

與第一部不同的是，第二部的主題是相對獨立的觀念。因此，你可以選擇按編排順序來看，也可以自由從你喜歡的地方開始來看。我建議到了某個時間點要把所有內容都看完。不過，也不必著急。

6・情緒、想法和預測

什麼是情緒?

情緒是身體的感覺，由體內產生，然後變成超乎你意識所能控制的事情。有時候情緒是緩慢而安靜地出現，讓你幾乎沒有注意到。

其他時候它們瞬間出現，狠狠地打擊你，就像一個拆房子的大鐵球，讓當下的你變成自由落體往下急墜。

大多數人認為，情緒是對生活中發生的「好」和「壞」事情的反應，這些情緒是我們體驗附帶而來的結果：當我們體驗到喜歡的事情時，會產生快樂、興奮和興致；當我們體驗到不喜歡的事情時，就會發生悲傷、憤怒和焦慮。這種說法有一部分是正確的。

很少有人意識到情緒是有用途的。

情緒在我們內部創造了我們需要的能量，以便轉向保持我們活力的事物，並避免可能害死我們的事物。

“因為沒有人教我們有關情緒和想法的知識，我們經常會誤解在內心非常正常的經歷。”

情緒的用途

正如我們已經了解到，人類是數百萬年演化的產物。

我們之所以在這裡，是因為我們的祖先在幾乎不斷有威脅的環境中，找到了生存的方法，同時也因為他們找到了足夠的獎勵（讓人們感覺良好，並提高生存能力的東西）。

對於人類早期的祖先來說，威脅和獎勵是非常明確的：附近有老虎、糧食用盡，和被逐出部落……所有這些威脅都可能是致命的。

另一方面，獎勵幾乎等同於安全、食物、社交關係……還有，性。

當我們的祖先遇上威脅時，會出現我們所謂以下的反應：

- **焦慮：**這讓他們有能力擔心接下來會發生什麼事。
- **憤怒：**這給了他們能量和動力去面對威脅，並為保護他們的資源或其他任何可能被剝奪的東西而戰。
- **恐懼：**讓他們的腿以超過光速的速度來移動，避開傷害（或者讓他們在原地愣住，這也有其用處，我在下一章將會談到）。

如果我們的祖先做了什麼事，是可能讓他們被逐出部落的，例如他們沒有在部落中做好份內的事，或者冒犯了有權流放他們的部落首領，也就是做出你我稱為羞恥的事，而罪惡感會促使他們糾正自己的行為，並做出補償。是的，我相信就是你在某個時間點也經歷過的那種痛苦感覺，有可能拯救了我們祖先的性命。

當潛在的獎勵出現時，快樂、興致和激發的感覺會確保他們追求這些獎勵。雖然我們的祖先可能對威脅感到焦慮、憤怒或恐懼，而對食物、友誼和未婚性行為感到高興、雀躍或興奮，但這背後還有另一層含義。

為了保持安全，我們的祖先不會等到老虎到他們家門口、食物被搶走，或者他們發現自己處在寒冷的環境，才對威脅做出反應，因為那可能是致命的錯誤。相反的，他們的大腦發展到能預測接下來會發生什麼事，早在威脅和獎勵發生之前就先預料到，並做出生理的反應，以確保能活命下來。

他們的生存依賴於一聽到可能代表肉食性動物來襲的聲音，可以拔腿就跑，而不是久久停留在原地，來確定是否判斷正確。

逃命要緊，有問題以後再說。

你我可能不會面臨老虎晃到我們身邊的威脅，我們可能不擔心有人會闖入我們的屋子，拿走我們所有的食物，讓我們挨餓。但是，我們也會有因為我們的預測而產生的情緒反應。

當我們面臨預測為威脅的事情時，例如街上粗魯的陌生人似乎在挑釁，或者當我們在工作時收到別人的訊息，或是伴侶說：「我們需要談談」，此時皮質醇和腎上腺素這些壓力荷爾蒙就會上升，讓我們做好戰鬥或逃跑的準備。當我們面臨潛在的獎勵，例如情人、美味佳餚、工作升遷時，讓我們感覺良好的大腦化學物質、多巴胺、血清素和催產素等荷爾蒙就會出現，使我們興奮地趨近獎勵。

我們的大腦替我們準備好了它認為未來將發生的事情。

我的預測是什麼意思？

至今為止，已經有許多關於情緒的理論。然而，我最喜歡的是麗莎・費德曼・巴瑞特（Lisa Feldman Barrett）教授提出的情緒建構理論，我從她那裡學到了以下內容……

你的大腦現在沒有對世界做出反應，你沒有對這些字眼或當前環境做出反應。不是這樣的，你的大腦跑在你前面，預測接下來會發生的事，預測這句話中會出現的字詞，以及你身旁將發生的事。

如果我突然話鋒一轉，喋喋不休地講英文裡貓頭鷹的集合名詞是 parliament（很重要的事實，譯註：parliament 意同「議會」，即「一群貓頭鷹」，英文是 a parliament of owls），我想你會感到訝異，這是每當我們預測錯誤時就會出現的情緒。

如果有人現在衝破你的窗戶，玻璃在地上碎成一片，你會跳起來。突然的威脅反應會在你的身體裡上升，讓你跳離開座位。同樣的，因為你的大腦沒有預測到這件事。

無論你身在何處，無論你在做什麼，你的大腦都在不斷做出預測，情緒也會隨著預測而產生。但是它是怎麼做到這一點的呢？[1]

讓我給你舉個例子。

想像一下這個場景：你一個人在家裡，現在是晚上，你聽到外面有聲音。

你的大腦比你意識到的還快，已經在預測接下來會發生什麼事。

“ 憤怒給了我們對抗不公平的能量。焦慮使我們有能力，擔心不確定的未來，並為可能出現的任何問題做好準備。羞恥和罪惡感可以確保我們維持人際關係，避免被拒絕和孤獨的痛苦。我們所有的情緒都有其用途，使我們採取所需要的行動，來維持生命，而且還能茁壯成長。”

這個部分很重要：大腦會根據你是誰、發生在你身上的事情，以及你所學到的資訊，甚至可能是你最近讀過的雜誌文章或電影，**深入大腦的記憶庫來做出預測**。它尋找有關房屋、夜間和夜裡可怕的聲響等資訊。突然之間，它偶然發現了你在多年前看到一部關於破門而入的恐怖片。

「啊！我預測會有小偷。」你的大腦說。

這種預測會使你腦海中出現了一個模擬情況（腦海中的畫面），即你的房子裡有小偷。也許是像卡通裡的小偷，穿著條紋上衣、戴著眼罩，或者是一個揮舞著刀子的連環殺手。這會發生在你的意識層面之下，但是模擬會使你的所有感官都做出反應，就像小偷真的在那裡一樣。

突然之間，你聽到了更多的聲音，你甚至可能看到有東西在動，可能相信你看到有人，這就是預測和模擬的效果有多強了。你的身體開始準備做出反應，在這種情況下是為了活命而逃跑或戰鬥。

當你的心臟跳動時，小偷要嘛出現，要嘛沒有出現。如果他真的出現了，你就會馬上採取行動，然後會有更多的預測、情緒和反應。

如果沒有人出現，也許根本沒什麼事，也許是一隻貓把什麼東西給撞倒了，你的大腦會處理預測和這次事件之間的差異，來更新你的記憶庫，以反映並非所有的噪音都是小偷；有時候是貓，或是風，或雨的聲音。

你會覺得鬆了一口氣，但身體卻留下了不安的感覺。

無論發生什麼事，你都感到恐懼。不要懼怕環境，而要對大腦的預測做出反應。

這個例子清楚地概述了可能讓身體受到傷害的情況。如果你把房子裡出現小偷，換成晚上在森林裡散步，你聽到樹叢裡的沙沙聲，竟是一條蛇！結果是一樣的，會產生焦慮和恐懼。

我本來可以提出一個更微妙的情況。我本來可以說，如果你的工作將要上台做重要的報告，根據你以前的經驗和恐懼，你直接預測，你會做出丟人現眼的事情。

或者，如果你看到你的前任為另一個人的照片按讚，你總是懷疑他們互有好感，接下來會發生什麼事？結果你的大腦預言，這表示你的前任已經有新的戀情了。

或者當你意識到你的手機快沒電的那一刻，你的大腦預測，在你沒有手機可用的那一刻立即就會有危險，像是你會迷路，可能會出現緊急情況。任何經歷過最後這一種情況的人都知道，預測沒有手機可用的相關危險，這樣的影響力有多大，而這種預測幾乎總是錯誤的。

我也可能會遇到相同的情況，那就是晚上獨自一人在家裡，聽到聲音，但結果卻完全不同。也許你聽到了聲響，但是，因為你期待有人來家裡，像是一個朋友、伴侶，或是還沒來過你這裡的新男友，當你的腦海掠過所有可能發生的情況時，這次大腦反而說，「耶，人來了！」當你衝到門口讓對方進來時，反而是從溫暖到熱情如火的感覺湧上心頭。

重點是：

- 我們並不完全按照世界本來的面目來體驗這個世界。
- 我們根據我們的預測來體驗世界。
- 我們的預測是根據我們個人的過去經歷。
- 我們所做的預測會引起模擬，從而引起生理反應，就是我們所謂的情緒。
- 我們的預測並不一定準確，有時候還會誇大情形。
- 當我們獲得新資料時，大腦會更新腦中用來進行預測的資料。

而且，正如羞恥和罪惡感所顯示的那樣，我們不僅在預測未來會發生什麼對的或錯的事，我們也在預測我們過去的行為和經驗代表著什麼。這就是為什麼我們會陷入對過去事情的反芻式思考（rumination，譯註：指過度沉溺於某些負面情緒）的原因，像是，我為什麼要那樣做？現在大家都會恨我。

羞恥與罪惡感

雖然在我們的人際關係遭受損害後，可能羞恥和罪惡感都會因而產生，但是這兩者之間是有區別的。

羞恥伴隨著「我很糟糕」的念頭，而罪惡感則是「我做了很糟糕的事」。

我相信羞恥遠沒有罪惡感有用。羞恥讓我們像年幼的孩子一樣看這個世界，他們的大腦無法同時思考好與壞。它使我們相信，我們生活中的某一個時刻定義了我們，而事實並非如此。羞恥使我們完全陷入停滯。

那天晚上，你變得有點不受控制，可能說了太多話，也可能沒說太多話，甚至那個時候你的確讓朋友不高興，但這並不能決定你是誰。你由數百萬個時刻組成，所有這些時刻匯集在一起，編織成你是個什麼樣的人的豐富繡毯。

當你下次感到羞恥和（或）認為「我很糟糕」時，請記住這一點，並決定把發生錯誤的特定時刻或舉動完全看做是：有一個時刻出錯了。然後，決定該如何彌補這個行為或時刻。沒有任何一個時刻能決定你是誰，所有人都會犯錯，重要的是我們如何彌補這些錯誤。

有時候威脅是真的

讀到這裡，你是否在想，但有時候我預測壞事情會發生，並沒有預測錯誤，有時候壞事情真的發生了！

了解到我們是預測機器，並不意味著我們的經驗不是真的。我的意思不是說每當你認為會發生什麼壞事情，就只是你頭腦在這麼想而已。

可怕的事情確實發生在我們的生活中，霸凌、性別歧視、種族主義、恐同症、恐肥症和其他可怕的偏見是存在的。那個中傷你的老闆，對你的一舉一動都要管，把你的日子給毀了，那些是真的！有時候，「我們需要談談」的訊息確實意味著有不好的事情要發生。

有時候，我們看到這些令人痛苦的時刻到來，預測會有人輕視或傷害我們，而我們在那一刻得到的確認，證明我們是完全正確。

有時候我們沒有看到山雨欲來，還以為我們與某人相安無事，然後突然就有事了！他們說或做一些我們從未預料到的事情，讓我們全身上下震驚不已，請記住，震驚，是當我們的預期和發生的事情之間，出現極大突然不相符的情況時所感受到的情緒。

但是我們有時候會高估我們面臨的危險。當我們根本沒有面臨任何危險時，就會出現焦慮、憤怒、恐懼、羞恥和罪惡感。

還有另一件事：我們的大腦在獲得新資訊時，會更新其預測，但是我們往往不會等著來獲得新資訊。我們對即將發生的事情做出假設，感到內心的情緒上來，並做出反應。我們聽到有人說了一些聽起來像是輕視的話語，但是沒有停下來自問我們的預測是否正確；我們妄下斷語，甚至發動攻擊。在對話過程中，我們看到有人轉移視線，或低頭看他們的手機，就認為這代表著他們對我們和我們在說的話感到無聊。我們不會去想別人可能暫時移開視線的一百萬個其他原因，因此，我們就覺得無趣，並不再說話。你能想到最近有什麼時候，你是這樣做的嗎？有可能你的預測是錯的嗎？

當我們已經感到壓力時，最有可能會過度預測，因為壓力不僅意味著我們預測壞事情即將發生，它還告訴我們的大腦，我們現在處於受威脅模式，需要警覺更糟糕的事情即將發生。

快速練習：你是否過度預測了威脅？

想一想，一年前讓你擔心的事情，也許是工作或學校的作業，以及事情是否進行順利。也許你以為一個朋友在生你的氣？還是你以為你的伴侶要結束你們的關係？結果呢？你預測會發生的事發生了嗎？如果沒有，你是否過度預測了這種威脅？

如果預測會發生的事確實發生了，結果是否如你所想的那樣糟糕？如果答案定的，這就是過度預測的例子。

如果答案是肯定的……

現在一年已經過去了，那次事件對你的影響，是否仍然像你想像中的那樣重大？後面這一點很重要，**我們不只是過度預測威脅，還常常高估事件的影響，而又低估我們應對和讓時間沖淡一切的能力。**例如，當我想到「喔，天哪，他們在生我的氣」時，我很容易忘記，即使這是真的，我仍然有機會在未來進行修正。

快速建議：如何檢查你是否過度預測了威脅

當你出現擔憂的念頭或憤怒時，請像作家布芮尼．布朗（Brené Brown）那樣問自己：「我現在告訴自己什麼樣的故事？」例如，「我現在告訴自己的故事是這封『我們需要談談』的電子郵件是我職業生涯的終點」、「這封簡訊代表我的戀情告吹」，或者「那個荒唐的夜晚和我的壞行為是我社交生活的終點」。提醒自己，這是一個預測。然後，檢查證據，有什麼證據可以證明這種恐懼？有什麼可以駁斥的證據？如果發生了最糟糕的結果，有什麼證據顯示你熬得過來？你甚至可以與朋友一起檢查你的「故事」。他們看到什麼證據可以證實你的恐懼，或加以駁斥？**當我們感到壓力或擔心時，它會影響我們對所見之事的判斷，塑造了我們的預測**。那些沒有壓力的朋友可能可以提供不同的證據。

我們注意到了我們的恐懼

你和我高估危險的時間點可能會大不相同，因為我們的記憶庫裡有不同的資訊。有些威脅會影響我們所有人，例如偏見、霸凌、分手、死亡、拒絕和孤獨。

有一些常見經驗使我們有好的感覺，例如善良、同情、美味的食物和良好的睡眠（屬於獎勵）。還有一些不太明顯的獎勵，是根據我們自己過去經歷的信念：我們的父母、朋友、媒體和整個社會告訴我們哪些是「好的」和哪些是「壞的」，還有我們每個人都經歷了獨特的快樂和痛苦經驗。

在第一部，我們談到了社會崇尚完美，以及人們採取完美主義有很多原因。

請記住這些例子：為了避免在家裡受到懲罰或遺棄，而發展出完美主義的孩子，這樣做是為了獲得更多他們想要的關愛眼神和讚美。他們可能會預測，只要他們以任何可能被認為是不完美的方式行事，例如成績不佳或做出丟人現眼的事情，他們就會被拋棄。因此，他們一生都在努力追求完美。

有些年輕人學會「創造品牌」，即一種「完美」的外表，以防止被人疏遠或霸凌，和（或）獲得他人的接受和認可，他們可能會預測，他們個人品牌的任何瑕疵都可能讓霸凌和疏遠重新出現。因此，他們維護著好形象，彷彿他們的生活取決於此。

任何年齡的人都受到媒體的制約，認為他們需要完美才能被社會、朋友或家人所接受，他們可能會預測，如果他們看起來不「好」，他們將被拋棄，或者如果他們出現大腿橘皮、鮪魚肚或任何老化跡象，就會像在雜誌上憎惡肥胖和老年主義文章中被唾棄的人一樣被公開羞辱。他們可能會預測，如果他們的考試考不好，或者得不到升職和加薪，別人會認為他們很愚蠢（並且疏遠他們）。

> “我們經常覺得自己非常確定知道別人在想什麼。確信他們正在評斷或已經評斷了我們。但現實是，我們在猜測。我們根據自己的恐懼和擔心可能是自己的真實情況，來猜測別人的想法。”

如果我們真的相信完美很重要，並且如果不完美，可能會發生另一種痛苦，我們的大腦開始對待不完美的方式，就像早期人類的大腦解讀在洞穴入口處出現老虎一樣。大腦可能試圖預期不完美，就像我們的性命取決於這種預期一樣，因此可能持續地預測和模擬悲慘的後果。這種追求完美的動力，就是為什麼當我們相信自己的表現不是百分之百完美時，許多人會感到如此焦慮、憤怒、恐懼、羞恥和有罪惡感。

我們預測的結果愈嚴重，感受到的情緒就愈強烈。

另一方面是，為什麼我們每次感覺自己接近我們認為是「完美」的東西時，都會感到得意洋洋？我們預測這意味著「夠好」，甚至「讓人喜愛」。那些評論告訴我們，我們已經變瘦、看起來像電影明星，或者我們的資歷可以得到前程似錦的讚揚，可能會讓人感到飄飄然，即使當我們真的相信這些事情不再重要時，我們仍然經常從這些評論中得到鼓舞。

就像我們的祖先一樣，當我們對威脅做出預測時，經常會改變我們的行為，試圖防止我們擔心的結果。我們可能永遠不會讓自己的狀態看起來還沒有準備好就拍攝照片，或者我們永遠不會交出任何可能不完美的東西，例如許多人寧願考試不及格是因為看起來是沒有努力，也不願冒著努力讀書還考低分的風險。

你能想到哪些過去的痛苦經歷，會影響你現在看待世界的方式，並讓你感受到威脅或得到獎勵嗎？

例如：如果你以前在學校被欺負，可能現在身為一個成年人，每當你從一群在笑的人身邊走過時，你的大腦可能會預測和模擬被欺負的經歷。突然間，不知不覺中，你回到了那裡，感覺到那種心情。在意識層面上，就像他們在嘲笑你。社交焦慮和恐懼隨之而來，當你快速走過這群人時，你的想法告訴你，你最擔心的事是真實的，試圖盡快擺脫他們。

如果你小時候在大人身邊感到不安全，則可能在你成為大人後，任何時候只要你周圍有人看起來有些惱怒或提高聲量，你的大腦都可以預測並模擬你的早期經歷。突然間，你的反應就像你面前的人真的很生氣一樣。也許你會封閉起來，或以你小時候的方式回應。

如果曾經有伴侶背叛了你，那麼在隨後的關係中，每當你看到現在的伴侶交了一個新朋友，或者一兩天不發簡訊時，你認為你的大腦會預測和模擬什麼情況？就是那種情況再次發生。

你了解這當中的運作原理，我們害怕的往往就是我們看到的情況。

如果你有社交焦慮症，並且在以前的社交場合時，覺得別人對你的評價很差，你可能在進入下一次活動時，擔心其他人會覺得你很無聊或會嘲笑你。如果這是你的情況，你可能會注意到，他們的臉上有感到無聊的跡象，或在他們的臉上閃過一絲笑意，然而也許這只是他們正常的面部表情。

或者，如果有一天你對自己的身材或樣子特別不滿意，你可能會開始解讀別人的肢體語言、情緒或沒有說出來的話，當成別人在打量你外表的想法。

我們過去的經驗可以像是個人專屬的虛擬實境螢幕。如果別人教我們，說我們的某件事情在某些方面是不可愛的或是不好的，或者我們覺得某些東西是危險的，那麼在感到壓力的日子裡，我們就像戴著虛擬實境的頭戴式裝置，裡面只有向我們播放證明我們恐懼的資訊和「證據」。我們就是這樣背負著自己痛苦經歷的包袱，以及這些痛苦經歷會在我們的日常生活中突然和出乎意料地發生。

這就是為什麼每個人對這個世界都有不同的經歷，以及為什麼兩個人可能都面臨同樣的處境，其中一個人在面對使他回想起過去的痛苦事件時，會陷入不知所措的焦慮，而另一個人則完全不受困擾。

> “這個世界塑造了我們，教我們該相信什麼、該害怕什麼，以及要為什麼東西而奮鬥。然後，我們又反過來塑造世界，根據我們過去的經歷，以及我們相信和害怕是真的事情，來解釋我們的經歷和他人的行為。”

練習：你的大腦發現了什麼威脅？

想一想，最近一次你出現強烈的情緒反應，並回答以下問題。

我最近一次感到強烈的情緒是：

我認為這種情緒是：

我認為這種情緒的出現，是因為我的大腦預測以下的情況即將發生……

（如果回答這個問題很困難，可以問自己：當時的處境讓我想起了什麼？過去發生過類似的事情嗎？）

這告訴我，我可能會發現以下的事情有威脅：

預測是否正確？還是與過去的恐懼記憶有關？如果預測不正確，要對自己說：我正學到我的情緒與預測有關，我的大腦正在預測和模擬過去發生的事情。不過，沒事的。我不在我的過去，我在這裡，我沒事的。

預測甚至發生在我們的內部經歷中

我們的大腦做出的預測（關於接下來將發生的事情）並不僅僅針對外在世界的事物，也發生在我們的內部世界裡。是的，就在此刻，你的大腦也在掃視你。它正在觀察你內部發生的事情，並預測這些事情的含義。

你有沒有注意到，當 COVID-19 第一次出現在新聞上後，每次你有胸悶或呼吸急促的感覺，都會突然想到，慘了，我中了，因為你的大腦預測到顯示你已經感染病毒的感覺。或者你有沒有遇到過長疹子的人，然後，當你接下來出現刺痛或瘙癢時，你的身體和大腦充滿了焦慮，你想，我被傳染了嗎？

我們的大腦做出的預測可以解釋這些經歷，而且還不只這樣。

如果你認為某些情緒是好的（快樂或興奮），而其他情緒是壞的或危險的（憤怒、焦慮或悲傷），這會影響到你認為你有的感覺。

很少有人意識到他們的內部身體狀態不斷在變化，而且這是完全正常的。例如，你的心跳可能突然上升，然後又下降；一會兒，你的肌肉可能緊繃，過一會兒又會放鬆；你的胃可能感覺怪怪的，然後過一會兒似乎沒有任何理由地又平靜下來，這類情況一天會發生很多次。但是，當我們害怕自己的情緒經歷時，我們可能會預測這些正常的內部波動是可怕的事情。

如果你認為憤怒是不好的：你的大腦可能會預測心跳加速或胸悶，這可能出於許多無需擔憂的原因，像是意味著，啊哈，這是憤怒。突然間，你的腦海中就會出現你無比憤怒的模擬畫面，突然間你感覺到了憤怒。

如果你擔心、焦慮：你的大腦可能會預測上述症狀（心跳加速或胸悶）代表完全不同的事情。

這時大腦不是預測到憤怒，而是預測到「哎呀，恐慌發作！」突然間，你在模擬恐慌發作，哦，天哪，然後你就感覺到了恐慌發作！

你光只是擔心自己會恐慌發作，就足以引發恐慌發作。這是恐慌發作持續存在的許多原因之一，因為人們對任何可能出現的徵兆都高度警覺。然後，他們開始把體內的每一種變化，都解釋為可能即將發作的證據（一些治療師稱之為「災難性的誤解」），這會引起恐慌，並迅速蔓延開來。

別擔心，這並不意味著任何恐慌發作的人都注定要永遠出現這種情況，或者你只要想到恐慌發作就會真的發作；這意味著我們需要改變我們與焦慮和恐慌的關係，這樣我們才能打破這種循環。如果你讀完後想，很好，但說真的，該怎麼做？在下一章我會更詳細地討論焦慮問題。

因此，你體驗身體細微感覺和情緒的方式，取決於別人教你什麼是正常、安全和大家所樂於接受的。

情緒沒有好壞之分。我們在一天中會經歷許多不同的情緒，因為我們都有許多不同的經歷。然而，現在我們主要被教導的是，幸福是我們唯一的目標。媒體對精神疾病的負面描述可能意味著，當你初次感到一絲苦惱、悲傷或焦慮時，你的大腦會感到不知所措，從而產生了新聞報導、電視劇或電影中經常出現的不準確精神疾病患者形象，他們的精神疾病毀了他們的生活，或者毀了別人的生活（這就是為什麼我在十八歲第一次恐慌發作後，心智狀態崩潰到非常可怕的程度）。

事情並非總是如此，**在十六和十七世紀，憂鬱是被讚揚的情緒，被認為可以讓你在生活中更加成功**。甚至，托馬斯・埃利亞特（Thomas Elyot）於一五三六年出版的一本名為《健康堡壘》（*The Castell of Health*，暫譯）的大眾醫學書籍，列出了一份教人們要感到失望的理由清單，因為當時認為，培養悲傷的情緒會造就讀者的韌性！

次要情緒：對主要情緒的反應

主要情緒是我們本章大部分內容談論的生理經驗，不管你預測什麼事情，首先會產生主要情緒，例如對另一個人的微笑產生的幸福感，或對不公平產生的憤怒。

然而，次要情緒是我們對主要情緒的情緒反應。

許多人在憤怒時會覺得羞愧或恐懼。這通常是因為他們從小就被教導憤怒是不可以接受的。相反的，許多人每當感到脆弱、悲傷或焦慮時，都會感到憤怒。

我曾治療過一位案主，他來治療是為了獲得對憤怒的支持。我們很快意識到，他的問題不在於憤怒。在過去的一年中，他經歷了很多個拒絕，因而內心感到脆弱和悲傷，但是他的家人從不曾表現出悲傷和脆弱。不僅如此，他敬仰的父親顯然在當地很有名，很受「敬重」，因為他是「你不會去招惹的人」。他意識到，他的家人把悲傷和脆弱視為軟弱的表現，但憤怒則「讓他強大」。因此，每當他感到脆弱時，就會激起憤怒的情緒來為他辯護、保護他，阻止其他人看到他表面下的感覺。

在這種情況下，憤怒是悲傷的守護者。

我們對自己情緒真實性的理解，會影響我們如何解讀我們的主要情緒，進而影響我們的回應方式。這與我們的照顧者、朋友和社會傳授我們的情緒知識有關。

你是如何學到關於自己的情緒的？你從中了解到了什麼？填寫下面的問題，以了解可能影響你感受的因素。

練習：調查你對自己情緒的看法

我們認為情緒的真實情況通常與小時候學到對情緒的理解有關。花點時間，回答以下問題：

小時候，我看到成年人表現出以下情緒：

小時候，我生活中的成年人透過以下方式控制了憤怒和悲傷：

當我向周圍的成年人表現出悲傷和／或憤怒時，他們（寫下他們對你的情緒所做的反應：他們是否支持你，告訴你如何解決情況？）：

小時候，我沒有看到以下情緒：

現在花點時間思考，你對情緒有什麼看法？花點時間回答以下問題：

我相信情緒是（想想你在閱讀本章之前的看法）：

我喜歡的情緒是：

我喜歡這些情緒，因為（例如它們讓我感到精力充沛；有人告訴我這是我應該努力的目標）：

當這些情緒出現時，我會感覺到（例如，我在做正確的事情）：

當這些情緒出現時，我（例如，我參加社交活動，或做其他因這種感覺而有所幫助的事情）：

我不喜歡的情緒是：

我不喜歡它們，因為（例如，女性不應該有這些感覺；我小的時候，我看到其他人表現出這種情緒，感覺很可怕）：

當這些情緒出現時，我會感到（例如，不知所措，就像我希望它們消失一樣）：

當它們出現時，我（例如，我保持忙碌、迴避，或接受它們）：

這些答案對你相信自己情緒的真實性有什麼含義？你的答案是否意味著，你相信有些情緒是好的，而有些是要避免的？這些答案是否顯示你試圖避免自己的感覺？

你在童年時看到用好的方式表現出來的情緒，與你覺得可以表達的情緒，兩者之間是否有所重疊？你在童年時期沒有看到的情緒，或是以難以控制的方式表達的情緒，與你現在感到不舒服的情緒，這當中是否有所重疊？在你小時候被支持／不被支持的情緒，與成年後你表達出來的情緒，會讓你有好的／壞的感覺，這當中是否有重疊？如果你對以上兩個問題的回答均為「是的」，則可以讓你更深入地了解，為什麼你會以你獨特的生活經歷的來體驗你的情緒，另外應該還突顯出一些可能需要進一步思考的領域。

當我們小的時候，其他人回應我們情緒的方式會影響到我們成年後是否覺得能夠表達自己的情緒。

當我還小，表現出憤怒或悲傷的時候，我記得我的照顧者的反應是（例如，他們給你的安慰，是否幫助？他們有沒有告訴你，要想開？還是說，你只是累了？）：

這對你現在表達情緒，有什麼影響？如果你在孩提時代表現出情緒時，受到羞辱或別人不許你作聲，那麼在成年後要你表現出情緒，可能很難感到安全。在開始重新學習分享情緒的方法時，要對自己溫柔一點。

情緒注定是轉瞬即逝的

情緒注定是轉瞬即逝的，它們的出現是為了幫助你回應特定的情況。但是，我們的情緒可能一直縈繞心頭。

有時候情緒會無法釋懷，因為造成困擾的事件仍持續，需要解決。因為使你的生活痛苦不堪的霸凌、偏見或混蛋老闆都還在你的生活中，都可能繼續讓你感到痛苦，這些經驗都是需要採取行動來處理。以霸凌和偏見的情況來說，行動可能包括了解你的情緒是有道理的，以及尋求支援來阻止霸凌和偏見，分享你的經驗，這樣你就不會感到孤獨，並且參與支持改變行為的社會運動。如果問題出在老闆身上，則可以採取的行動包括在工作場所中尋找盟友來支持你，並向老闆或人事部門提出你的問題……或是辭去這份工作。

有時候，情緒揮之不去，因為事件非常令人痛苦，你只不過是需要時間來恢復，例如，如果你正在經歷分手或悲痛。這些經歷需要時間，還需要我們在第五章中討論過的各種情緒支援。

其他時候，我們的情緒無法消散，因為我們相信，在沒有危險的地方會有危險，而我們會對可能或不可能的事情陷入反芻式思考。這些經驗需要我在本章前面描述的快速建議，來測試你是否過度預測了威脅（見第180頁）；或者，我更偏好的方式是，使用察覺心念的方式來意識到自己的情緒，但不要過度糾結於你的情緒和想法，無論是什麼情況，允許它們隨風而逝。

有時候，由於我們誤解了我們心裡的經歷，因此單一的情緒演變成恐慌或暴怒，這些都需要我們來看下一章的內容。

我們大多數人都沒被教導過，在情緒上來時應該如何處理。那麼，我們是怎麼做的？我們會試圖推開不舒服或難以承受的情緒；我們假裝沒這回事；我們讓自己很忙，埋頭於工作之中；或者，我們會找到某件有趣的東西，暫時分散自己的注意力，像是滑手機的交友App、社群媒體，或吃甜點，例如吃掉一袋或三袋的巧克力球。

有時候，這樣做沒關係，我們不必一直都要感受到我們所有的情緒。然

“如果你想讓你的情緒縈繞心頭，那就忽略它們吧。如果你想讓自己的情緒反撲，那就與它們對抗。如果你想讓它們別來干擾你，就歡迎你的情緒加入。”

而，如果我們一直這樣做，我們往往會遇到一個問題，那個問題就是，把我們的情緒推開，就像試圖把沙灘球壓到水面下。我們可以暫時把它壓在水面下，但是它不可避免地會突然彈出來，可能是一會兒或幾天後，也許就從不同的地方彈出來。

> 我借酒澆愁，為了淹死我的悲傷，沒想到這鬼東西居然學會了游泳。
>
> ——芙烈達．卡蘿（Frida Kahlo，墨西哥女畫家）

這不是因為我們在哪方面有弱點或缺陷，這是因為情緒在人類幾千年的生存中發揮了作用，它們不應該被忽略，它們是有用途的。若忽略了情緒，它們反彈的力道只會更強。

與你的情緒接觸

現在：設一個一分鐘的計時器，閉上你的眼睛（或目光朝下）。然後把注意力集中在呼吸上。當你發現有想法出現時，只需說「想法」，然後把注意力轉回到呼吸上。當你注意到身體細微感覺時，只需說「感覺」，然後把注意力轉回到呼吸上。

練習完畢：你注意到想法和感覺之間的區別了嗎？你是否發現以這種方式給經驗貼上標籤，不做評斷，有助於讓它們隨風而逝？

注意不做任何評判，這樣可以幫助我們與自己的想法和感覺保持距離。練習得愈多，我們就愈容易學會觀察，並放下我們的內在經驗。

從現在開始：定期練習注意自己，每天最多五分鐘即可，從頭到腳掃視你的身體。當你發現任何的身體細微感覺，或你可能稱之為情緒的東西時，問自己以下的問題（沒有正確的答案；這純粹是為了激發你的好奇心，開啟你的旅程，抽離你的念頭，並回到你的身體感覺）：

- 我的身體哪裡有這種細微感覺？
- 感覺出現的地方有多大？是否有範圍（例如，從我的胸口開始痛，但是到肩膀就停住了）？還是我的全身上下都充滿了這種感覺？
- 我會形容這是什麼形狀嗎？
- 當我注意它時，它有什麼變化（或沒有變化）？
- 如果我緩慢地吸氣和吐氣，會發生什麼事情？
- 如果我把意識擴展到包括腳底板在地板上的細微感覺和感受，會發生什麼事？
- 我怎麼稱呼這種感覺呢？任何可能的名字都可以，你也可以只標記出你身體感覺到這種感覺的地方，例如，你可以選擇一種讓你想起這種感覺的天氣，或者一種情緒標籤。

如果你發現情緒感覺太過強烈，請辨識出身體上放鬆（或情緒較不強烈）的地方，並注意該部位，直到感覺情緒沉澱下來，然後慢慢把注意力轉移到這個感覺的另一個部分上，再回到你身體上安心之處，慢慢增加時間，來處理更困難的部分。

如果你一生大部分時間都在消除情緒，如果一開始你沒有任何感覺，不要感到驚訝。或者，如果有一瞬間出現一種感覺，但就在你注意它的時候，它卻消失了。要承認你現在感受到這種感覺是既安全又態度健康的，或者反過來說，如果你還做不太到也沒關係。當這種感覺出現時，不管是什麼，只要留出空間即可。當它消失時，不要尋找它或自責。祝賀自己甚至考慮到為情緒騰出空間，因為你知道有一天，當你準備就緒時，這些情緒就會來臨，而你將能夠歡迎它們的到來。

「重述事件，以安撫情緒」[2]

研究顯示，標記你的情緒可以幫助情緒隨風而逝，因為這樣可以減少大腦情緒中心的活動。因此，只需選擇一個詞來標記你在任何時刻的感受，例如「那種感覺是焦慮」、「那種感覺是羞愧」（或者，如果你沒有特定的詞來描述你的感受，那也沒關係，例如「那種感覺很討厭」），這樣有助於減輕你的情緒經驗，讓你可以選擇下一步要做什麼。

從今天開始。在你的手機上設定一個提醒，每天要彈出二至三次。當你看到提醒時，請掃視你的身體，並標記任何出現的情緒。你做的愈多，當情緒出現時，就愈容易記住要來標記：「哦，我知道你，你是焦慮！歡迎你來！」

新規則

你可能需要多次重溫這些新規則，因為可能需要一段時間才能完全吸收。

- **情緒沒有好壞之分**，它們讓我們人類生存了幾千年了。儘管有些情緒的感覺比其他情緒更好，但它們都是同樣重要的。
- **情緒通常從身體開始**，因為它們旨在激發我們採取行動，或立即阻止我們。
- **情緒在我們的意識控制之外產生**。預測、模擬和回應的出現，比你有意識的想像要來得快。這就是為什麼如果你突然感到不知所措，但又不確定為什麼，那沒關係的。這也意味著，情緒可以純粹是因為想到未來或過去可怕的事物而被激發出來的。
- **你成長的時代，以及你周圍人的信念，決定了你對自己情緒的認識，從而決定了你感受情緒的方式**。如果我們受到的教導是，某些情緒是好的，或值得驕傲的，那麼當它們出現時，我們會以更加愉快的方式來感受它們。如果我們受到的教導是，某些情緒是不可取的、是社會所不能接受的，甚至是危險的，那麼當我們感受到這些情緒時，就會伴隨一連串其他不太愉快的（含蓄的說法）感覺，比如羞愧。
- **我們對情緒的感受各不相同**。我們每個人都有不同的人生經歷，對於世界和情緒有不同的認識。因此，在突發的時刻，對於接下來會發生什麼事，我們的預測方式都各不相同。另外，還記得我說過關於大腦發育的事情嗎？由於我們的大腦在不同的環境中成長，運用的是不同的DNA，我們在人類情緒方面的確存在差異。重要的是要提醒自己，人與人之間的情緒差異是正常的，這與軟弱、失敗或任何你可能對自己說的其他負面事情無關。

- **我們可以同時經歷多種情緒**。對於任何特定情況，我們可能都有混雜的信念和記憶。這解釋了為什麼我們的情緒會如此複雜，因為混雜模擬和回應可能會隨時出現。
- **我們可能預備好要尋找威脅**。比起高度警覺快樂和愉快的經歷，對威脅保持高度警覺，也許更能幫助我們的祖先生存。這可能意味著我們對威脅的預測和關注程度高於快樂，因此，為什麼我們經常無法擺脫自己做了什麼「錯事」的感覺，或者無法擺脫我們受到的批評，而讚美和正面的互動可以像水一樣從指縫中溜走。為了應付這種負面的偏差，寫下每天發生在你身上的三件好事（它們可以是非常短暫的時刻，比如今天有人在街上對我微笑），以及你收到的任何讚美。這將慢慢訓練你的大腦，使你專注於有意義的時刻。
- **我們需要承認我們的情緒和想法，同時也體認到它們有時候可能是錯誤的**。預測最多是猜測罷了，有時候正確，有時候不正確。你的大腦在預測時，會有很大的負面偏差，並且會擷取過去的經驗，這意味著大腦可能會出錯。過去的經驗會影響我們的預測，但是它們不一定是正確的。這意味著我們必須始終顧及我們情緒上的痛苦，安撫自己和我們的感受，並且我們必須始終確保我們理解當下的現況，以便我們的大腦不會因為擔心未來和過去，而使我們走偏。

最後一點是為什麼治療師如此關注你的童年經歷。他們知道，你的幼年時期創造了你看待世界的眼光，並用這樣的眼光繼續做出之後所有的預測。

這也是為什麼察覺心念如此重要和有效的原因，因為這使你有機會放慢自己的腳步，使你無需立即做出反應，就可以觀察到自己正在經歷的事情，讓你有時間在當下沉澱情緒，檢查正在發生的事情，並決定如何進行下一步。

花一點時間，看看自己好不好。對你來說，這其中有多少對你是新的資訊？當你讀到這些時，你的身體會有什麼反應？還是你會有什麼想法？

如果你從小就認為情緒是危險的，因為情緒可能會使你不知所措，給別人帶來負擔或傷害，或者使你陷入嚴重的麻煩，那麼你讀到這裡可能會覺得非常奇怪。你可能強烈不同意，沒關係。這些對你來說都是新的事實，你不會在一夜之間開始相信它們。反覆地閱讀這些內容，就會開始理解。

在你翻到下一頁之前，請跟著我重複：「我正在學習所有情緒都是正常的，情緒沒有好壞之分，它們都很重要。」

7・「戰鬥—逃跑—僵持—討好」的反應

壓力、焦慮、恐慌（人們通常描述為可怕的感覺）和極度削弱人力量的想法：這些是人們來找我治療的主要原因。

在上一章我們了解到，每當我們在環境中偵測到潛在威脅（或者如果我們有什麼身體細微感覺嚇到我們）時，我們都會感到焦慮、恐懼或憤怒。這些感覺與心理學家所說的「戰鬥—逃跑—僵持—討好」的反應有關，本章將詳細介紹這些回應。

所以……我們直接進入主題吧。

恐怖的感覺

如果沒有焦慮，我們的祖先就無法生存下去。不斷擔心可能發生的事情對我們的祖先有好處，使他們對可能把人類從地球上消滅的任何事情保持高度警覺。

我們從祖先那裡繼承了對威脅的焦慮和高度警覺。但是，正如我在上一章中告訴你的那樣，我們現在需要它，以防家裡遭小偷，或者我們在現實生活中需要注意的另一種危險。

“焦慮很糟糕（含蓄的說法），但如果人不會焦慮，你、我和人類可能無法存活到現在。”

輕微的壓力（當我們以某種方式感到壓力時所產生的經驗）和焦慮會讓人不舒服，但是也非常有用，這樣帶來的動員能量可以使我們表現更好、更快、更迅速，這時增加了一種「我可以」和「我必須」的感覺。當你有**恰恰好的憂慮，促使你開始行動**，這時會出現一個神奇的時機。

對於拖延者和「拖到最後一刻的人」（沒錯，這個標籤是我編的，而且，是的，我就是其中之一），你可能非常了解這種經歷，甚至可能你的朋友就是這樣。你說過多少次，「這次會有所不同，我要提前完成我的工作，這樣最後就不會那麼趕了」，然後，下一次期限快到時，你的 Word 文件還是空的、PowerPoint 也沒做，而日子一天天過去。然後，突然間，你達到了焦慮的甜蜜點，這是你結束拖延所需的確切焦慮程度，接著你聚精會神，並且像往常一樣，到期限前只剩一點時間，你點擊「發送」，交差完畢。[1]

但是，如果你沒有採取行動，而那神奇有工作成果的焦慮甜蜜點溜走了，它將變得不那麼令人愉快。你的肌肉緊張，開始流汗，雙手顫抖，你的想法變成了恐懼，恐慌的感覺會隨之而來。對於任何經歷過這種情況的人來說，你可能已經注意到，當這種情況發生時，「我可以」和「我必須」就會消失，因為你一開始就陷入了「我永遠做不完」或「情況會變得非常糟」的困境；哦，天哪，為什麼我的胸口現在也愈來愈悶了？這時焦慮不再有用，你也無法正常工作。

突然之間，清晰思考的能力消失了，取而代之的是難以承受的恐懼。你的體內開始發熱，額頭冒出汗珠，呼吸開始變得困難（這個時候電影中的角色開始焦急地鬆開領帶，笨手笨腳地要解開衣服最上面那顆扣子）。即便是才剛寫了一個看起來很簡單的句子，或者提出一個簡單的口頭觀點，現在看來也是幾乎不可能的，因為每種感覺和想法都預示著即將到來的厄運，然後你想逃離你的桌子，直接放棄。

對於有交件期限的人來說，甚至是想到空空如也的 Word 文件，或空白的 PowerPoint 也會顯得吃不消，但這不只發生在工作的場景中，這些經歷可以發生在任何地方。

對於在外出活動時會感到極度焦慮的人來說，例如，在咖啡館或與朋友一起乘坐地鐵時，一分鐘前他們還在跟人聊天，然後緊張的情緒可能會突然升高，他們感覺到突然的變化，使他們趕緊跟人道歉，說：「突然有事，我得走了，對不起。」然後他們發現自己跑向門口喘著氣，甚至在他們到了戶外時抽泣起來。

如果恐慌達到高峰，會讓你感到自己好像有心臟病發作，快要死了，或失去理智。

上述每一種情況我都經歷過，還經歷過更多類似情況。對於沒有經歷過這種情況的人來說，很難理解焦慮和恐慌會有多麼可怕和耗神費力。很難想像，在生活中其他人從容應對的時刻，但焦慮會讓有些人極度緊張。

從「戰鬥—逃跑—僵持—討好」的回應中，可以用「戰鬥—逃跑」部分來解釋，我們在焦慮和恐慌期間（以及實際上在壓力、憤怒、嫉妒或任何其他與感知到的威脅有關的期間）所經歷的每種症狀，都是完全可以理解的。

對於現在正在焦慮的人：你不會死、窒息、心臟病發作或失去理智。

我會告訴你發生了什麼事。

戰鬥或逃跑？

讓我們想像一下，如果你的身體要戰鬥或逃跑，需要什麼。

例如，想像一下，如果你碰巧遇到我們祖先不斷試圖避免的那隻老虎，會發生什麼事。

你的身體將變得像一圈一圈捲起來的彈簧，然後張力急劇增加，因此你很快就會像槍裡的子彈一樣準備好做出反應，衝刺到安全的地方或奮力逃跑。為了做到這一點，你的心臟跳動加快，呼吸加速，收集了身體所需的氧氣和能量。血液流經你的血管，將這些能量傳遞到你的手臂和腿部，以備你需要戰鬥或逃跑。你的肌肉緊繃以做準備，你的視野發生了變化。你失去了對周圍事物的關注，視線的焦點定在眼前，這樣你就可以專注於你面前的危險。

在即將進行的戰鬥中，你體內任何不需要的部位都被關閉，以便把所有能量都轉移到必要的肌肉上。血液從皮膚直接流向戰鬥所需動用的主要器官，而且如果你被割傷或受到任何傷害，也可以最大程度地減少失血量。你為單一的目標做好準備：為自己的生命戰鬥或逃跑。

當你盯著老虎的眼睛時，這個功能非常有用。事實上，在任何生死攸關的情況下都會有用的。當你沒有注意多看看就走到馬路上，突然聽到汽車的聲音，你的大腦就會接管，並且你會在沒有任何自覺的情況下，跳離開馬路來因應。當你看到有人被困在車下時，你的大腦也可能會接管，給你超人的力量來拯救世界，比如發生在二十二歲的蘿倫・科納奇（Lauren Kornacki）身上的事，她在二〇一二年把一輛壓住她爸爸的 BMW 525i 給抬起來；[2]或者像湯姆・博伊爾（Tom Boyle），他在二〇〇五年也抬起一輛雪佛蘭的卡麥羅（Camaro，一款大型的美國汽車），救出了一位受困者。[3]

一旦你戰鬥或逃跑，並生存下來，這個反應系統就會關閉，你就可以重新控制自己的行動。

但是，正如我在前一章告訴你的那樣，我們的大腦無法區分真正生死攸關的情況與我們認為是威脅的事情，這意味著，這種反應可能發生在沒有必要逃跑或戰鬥之時，例如當你有工作期限、公開演講活動、與陌生人的社交場合或收到粗魯評論的時候。

如果實際上你沒有去戰鬥或逃跑，則不會爆發出什麼動作，好向你的大腦發出信號，表示危險已經結束，而且你已經活下來了，這意味著戰鬥或逃跑的系統不會關閉。

反倒是你的肌肉會愈來愈緊張、顫抖，更糟糕的是，戰鬥或逃跑反應讓你感覺無法呼吸，這是因為你的胸部肌肉緊張，同時又試圖把額外的氧氣輸入你的身體。你也開始出汗，這是因為高效的機器會有良好的冷卻功能，所以你的身體會自我冷卻，當做另一種保護機制。

你的大腦正大量產生所有未來可能發生的可怕結果，並從其他日子裡喚起類似這次可怕經歷的記憶。這是為了促進解決問題，因為你的大腦正在尋找解決當前困境的線索。

更重要的是，你的皮膚又冷又濕（由於血液被引導到別處），你的胃感覺怪怪的，所以有「胃在打結」的說法，因為當你戰鬥或逃跑時，不需要胃部的運作，所以血液和氧氣離開該身體部位，用於其他地方，才造成這種奇怪的感覺。此外，你經常突然需要跑廁所。

有趣的事實是，當你戰鬥或逃跑時，也不需要用到肛門外括約肌，因此它可以放鬆。好死不死的，這時竟挫屎！

你很難理智地擺脫這些感覺，因為在戰鬥逃跑模式下，你的額葉——大腦前部負責控制和處於當下的部位——並沒有完全發揮作用，這時是你的自動駕駛模式在控制。因此，這就是為什麼人們經常向生氣、緊張或焦慮的人建議要「振作起來」，而對方卻是如此難做到的原因了。

> “生活在焦慮和恐慌中，有點像生活在秀逗的警報系統中，即使沒有危險，警報系統也會響起。”

由於並非每個人都知道這些生理過程，因此我們可能把戰鬥或逃跑反應的身體症狀解釋為心臟病發作或其他疾病的徵兆，而把隨之而來的急速恐怖想法解釋為「發瘋」的徵兆。這時我們得到的重要資訊是：這種感覺是無法戰勝的，這對我們的生存構成了威脅，快完蛋了。你認為自己處於危險之中，然後呢，你猜對了，這樣導致惡性循環，又增加了戰鬥或逃跑的反應。

這些經歷可能非常可怕，以致於我們自然地開始擔心，何時會發生另一個類似的情況。我們可能會專注於試圖預測自己下一次恐慌發作，或者三不五時就檢查自己是否放鬆。我們可能會開始檢查自己的脈搏、血壓，並預測自己的內部狀態，一有什麼變化就象徵著「不好的事正在發生」。

遺憾的是，以這種方式檢查和過度警覺，並不能防止焦慮，實際上反而弄巧成拙。我在上一章中描述了其中的一個原因，我告訴你，當我們擔心某些情緒時，我們可能會「災難性誤解」正常的經歷，並預測會出現焦慮，從而導致焦慮發生。而在下一章將介紹另一個原因，我們將討論通常會使情況變得更糟的因應策略。

順便說一句，如果你發現自己在自我檢查或高度警覺，我沒有要批評你的意思。試圖預測危險並防止危險發生，這正是我們的祖先為活命所做的事情，也是大多數人在發生可怕事件時會做的事情！這只是另一個「既／也」（見第 134 頁）的棘手事情，在檢查和高度警覺威脅的同時，**既**有對我們有利的時候，**也**有對我們不利的時候。我們將在下一章中更詳細地討論這一點。

在處理戰鬥或逃跑反應時，首先要做的是了解正在發生的事情，以及你的生理機能正常工作，

> “焦慮和恐慌會讓你覺得自己心臟病發作，或失去理智。然而你並沒有，你在身體上是安全的，一旦焦慮和恐慌的感覺過去，你也會知道這一點的。”

了解你是正常的，你的每一個經歷都是可以理解的。

下一步是學習如何在警報反應出現時，把系統關閉起來。本書的第三部「如何向前邁進」涵蓋了你開始這樣做所需的所有步驟。對於現在就需要幫助的人而言：沉澱情緒的練習（第十一章）、呼吸練習（第十二章）和察覺心念（第十三章）將成為你最好的新搭檔，不過現在請練習以下快速建議：

學習在警報反應出現時把系統關閉起來

技巧一：動起來！

戰鬥或逃跑反應意味接著會爆發動作，那樣做通常會向大腦發出信號，顯示動作已經完成，而你已經存活了下來，現在可以把這個反應給關閉了。因此，如果你發現緊張加劇，請記住這一點：做一些可以使你的心跳加快，並讓你出汗五分鐘的運動。我曾多次把自己鎖在廁所裡做開合跳，以減輕我的焦慮，真的有用，我推薦這個方式。

技巧二：知道你很安全

當焦慮（壓力、憤怒、嫉妒或任何其他與威脅有關的情緒）導致你的胃部不適或胸悶時，想像一下，告訴自己：「從醫學的角度上，我是安全的。這是我的身體在準備逃跑或戰鬥，不過是這樣罷了。」

技巧三：遵循「如果……怎麼辦？」的想法，一直到最後

與壓力和焦慮有關的典型想法是：如果……怎麼辦？

如果我把事情搞砸，怎麼辦？如果我被人嘲笑，怎麼辦？如果我受傷了，怎麼辦？如果我在房間裡，或在網路上所有的人面前，看起來像個失敗者怎麼辦？如果我心臟病發作，怎麼辦？如果我失去理智，怎麼辦？

當發生這種情況時，一股恐懼的情緒在我們的身體中竄流，我們掉進了宛如剛剛在我們面前打開的洞裡，心想著：**大家都會批評我，我無法應付，我要死了，或者我的人生也完了。**我們不會停下來問自己：不會啦，**但說真的，如果發生這種情況，我該怎麼辦？**

下次你的大腦拋出「如果……怎麼辦？」的時候，不要只是陷入情緒深淵。暫停一下，體認到這是一個焦慮的想法，然後問自己：好吧，**如果那是真的，我會怎麼做？然後呢？**

舉個例子（這個例子全都是同一個人在說話）：

如果我失敗了，大家都我指指點點（預測可怕的結果），怎麼辦？

好吧，如果那是真的，我該怎麼辦？

我會覺得很可怕，想放棄。這會證明我害怕是正確的。

好吧，那我該怎麼辦？

哭一個星期，或者哭更久。

然後呢？

大概振作起來，想出下一步該怎麼做？向別人尋求支持？也許再試一次？

所以這樣會很嚇人嗎？

會啊。

但是，你會熬過來嗎？

會的。

呼！太好了。

戰鬥或逃跑反應往往讓我們覺得要到進入戰備狀態，腎上腺素飆升，決心透過行動找到一條通往安全的道路。但是，有時候當我們預測和（或）經歷某些威脅時，我們會陷入僵持反應。

身體與大腦陷入僵持狀態

當我們陷入僵持狀態時，我們會感覺到戰鬥與逃跑相反的反應。這時「我可以」的感覺經常消失，取而代之的是「我不可以」。在更極端的情況下，我們的身體和大腦感覺變遲鈍，甚至到了（暫時的）身體癱瘓和心理麻木的地步，而且這背後是有很好的理由的。

當我們面臨攸關生死的威脅時，我們無法選擇要陷入僵持反應或是其他的反應。我們的大腦決定了這一點。你可以接受防身術訓練，就像現代的李小龍一樣，但是如果危險出現在你的面前，你仍然會僵在原地。

當你的大腦評估到你面前的威脅無法避免時，就會發生（或打算）以僵持來反應，例如，威脅太近了，太危險了，或是你被攻擊者或我們提到過很多次的老虎給困住了。如果你被老虎困住，僵持反應會在以下方面幫助你。

你的呼吸會變慢，或者你可能會注意到你在憋氣。你的體溫會下降，所有的動作會停止。你是否見過動物「裝死」，讓潛在的掠食者失去興趣？或是因為恐懼而躲著不動？由於這種原因，以這種方式僵持不動可以讓你活命。

你會開始感到麻木，突然間所有事情都感到不真實，甚至感覺就像你在看一部有人被老虎困住的電影。如果裝死並不能阻止威脅，你需要一個備用計畫，因此你的痛苦門檻會提高，並且開始解離（感覺與當前時刻完全脫離），從而使你對接下來可能發生的一切事情麻痺，這種情況只發生在真正威脅到生命的時候。然而同樣的，也可能發生在其他的情況，特別是如果在過去僵持模式曾幫助你生存。

我曾治療過一位案主，我們談論他的過去、試圖討論他的情緒，或他在當前生活中感到的任何壓力（例如他與伴侶之間的激烈衝突，他無法處理衝突，因為每次發生這種情況時，他都會「頭腦空白」）。一開始他會愉快地聊天，然後，一旦出現這些話題時，他就封閉了起來，目光變得呆滯無神，也停止跟你說話，只回答是或不是。

我的案主還是小孩的時候，曾在家裡目睹了家庭暴力。他靠著靜止不動，以躲避或不引起他那危險照顧者的注意，或者靠著在心理上僵持，來熬過這段時期他經歷的所有形式的傷害。現在，他已經成年，在想到或面對任何感到緊張的事情時，都會讓他重回僵持的反應中。

如果你在人生早期是透過僵持反應而得以生存，你可能會注意到，現在任何壓力出現時，就會發生這種反應。此外，任何經歷過焦慮或恐慌發作一段時間的人可能會注意到，僵持反應開始悄悄出現，給他們的經歷增加了一個新的面向。

在沒有危及生命的情況下，僵持反應可能不會使你身體麻痺。相反的，你可能會感覺到自己封閉了起來，並且頭腦變得一片空白。你可能會發現很難說話，或理解別人的話。你可能會開始感到不真實，就好像這個世界霧濛濛的，或毫無生氣（治療師稱之為「現實感喪失」〔derealization〕）。你可能會感到麻木、無望、無助、沮喪，甚至感到羞愧。這種經歷可能持續一會兒就不再出現，也可能來來去去的重複發生。

與僵持反應相關的症狀是我最討厭的焦慮部分。所以，如果你經歷過這種情況，我懂。那很可怕，但要知道你是安全的，你可以使用本書中的所有建議和訣竅來幫助你。

討好的反應

大多數人都聽說過戰鬥—逃跑—僵持的反應，但很少有人聽說過討好的反應。討好是指為了取悅別人而表現出奉承或感情。

我們大多數人都想取悅他人，讓他們快樂，這是正常的。但是，當威脅反應的討好部分被啟動時，它的含義遠不止於此。這表示取悅、安撫並奉承另一個人，這樣對方就不會傷害你。

我相信你一定在電影中看過這種情況，裡面角色的生命受到威脅，一開始他們會反擊，當反擊無效時會嘗試逃跑。如果這樣行不通，他們開始懇求攻擊者，或討好攻擊者：「拜託，無論你說什麼，我都會做！」或者，更微妙的是，他們可能會試圖與威脅他們的人做朋友，和恭維對方。

這也有助於解釋我們在第一章中討論到的一些問題。

還記得我告訴過你，小孩可能學會了取悅別人，用這種方式來適應童年時期，藉此保持安全，並與照顧者保持親密關係嗎？這個嘛，討好回應是這背後的原因之一。

如果家裡有高度的壓力或危險，小孩可能會學到，反抗照顧者的行為，或逃跑和躲避，並不能保證他們的安全或擺脫麻煩，但會發現討好（或僵持）卻有效。如果討好反應在兒提時代有用，即使與家庭生活相關的危險不再存在，他們也可能會終其一生繼續使用這種策略，來確保安全。

在這些範例中，每一個都與高度危險相關，但是討好的回應可能隨時出現。因此，如果你已經注意到，在焦慮出現時，你有強烈的「討好」衝動，那麼現在你知道原因了。這是我們的主要防禦手段之一，是完全正常的。

你現在已經非常熟悉「戰鬥─逃跑─僵持─討好」的反應了。

如果至今為止我們所描述的任何經歷是你目前的情況，我知道這感覺很不愉快，但要知道這是一種生存反應，第三部的沉澱情緒練習將幫助你回到當下。但是，如果你突然出現新的症狀，請與你的醫生討論交談，以排除可能發生的其他情況，如果它們持續很長時間，請與治療師交談，讓你安心，並獲得正確的支援，讓你再次感到沉著和平靜。

侵入性思維

即使我還沒有明確地告訴你什麼是想法，但在上一章和本章的前半部當中，我一直隱約在教你什麼是想法。

想法是大腦把文字和故事拼湊在一起，來理解大腦做出的預測、感覺到的情緒，以及所經歷的經驗。它們是大腦根據你在生活中看到和遇到的一切，而組合

> “我們的想法是故事，而不是真相。”

的文字和畫面。

想法可以是關於過去、現在、喜歡的人、愛的人、使你感覺好的東西、使你感覺不好的東西、晚餐要吃什麼，而且更多的時候，是關於未來會出現什麼問題。在上一章這些想法是，啊，是小偷／哦，天啊，他們討厭我們的時刻。在本章中，他們是天啊，我要瘋了／我可以／我不可以。

有時候，我們對自己的想法做出選擇，例如，當你刻意思考時：我午餐要吃什麼？我喜歡艾美的哪些方面？我怎樣才能修好這個腳踏車輪胎？有時候，我們根本就沒有對想法做出選擇，它們的出現與我們的預測一致。這就是為什麼我們在第六章中學習了「如何檢查你是否過度預測威脅」，以及為什麼我在下面的方框中，給了你一些最常見的思維錯誤，列出我們都會出現但需要注意的錯誤。

使我們痛苦的常見思維方式

非黑即白的思維：我們把一切都想得很絕對，例如，如果一切都不完美，那麼一切都會很糟，而現實是，大多數的事情都是灰色的（介於兩者之間）。

篩選：我們忽略了情況的所有積極面，只注意到消極面。

妄下斷語：我們從少量的資訊中，假設我們知道會發生什麼事情，情況會變得很糟糕，即使這個世界是不可預測的。

讀心術：我們假設自己知道別人在想什麼，他們看我的眼神很奇怪，他們討厭我，而我們無法知道這種推斷是真的，除非有人告訴我們。別人看我的眼神會很奇怪，可能有許多原因，他們可能今天過得很不順利，或者因為沒有戴眼鏡而要瞇起眼睛！

情緒推理：我們會假設，是因為我們感到某些事情一定是真的：我覺得自己很笨，所以我一定很笨，不是這樣的！

以偏概全：我們認為一件事就適用於所有事情上，這種事總是發生在我身上，從來沒有人喜歡我。

牽扯到個人身上：當我們把所有事情都變得針對個人時，這一切都是我的錯，即使事件不在我們控制的情況下。我們也可以對其他人這樣做，都是他們的錯。

小題大作：我們把擔憂想成可能的最壞結果，天要塌了！

拒絕正面評價：當事情進展順利時，我們會輕視自己的成功，我做得很好是偶然的，這是僥倖。

這些例子引起你的共鳴嗎？在接下來的二十四小時內，注意你的想法。請注意負面想法，然後回到這個清單上。問問自己可能有哪種思維方式，然後決定尋找你可能遺漏的證據，並尋找更平衡的想法。例如，你可以對自己說，這次的經驗並不完美，有我該挑戰和學習的地方，總體而言，我已經盡力了。而不是非黑即白的想法。與其以偏蓋全，你還可以說，這次不順利，但這並不意味著我每次做這個活動時都會這樣。

有時候我們的想法轉瞬即逝；其他時候，我們完全陷入想法中，反芻式思考將要發生的事情。如你所知，想法可能會讓人深感不安。有時候，我們的想法可能會極其嚇人。

你是否曾經有過這樣的想法：自己可能會做什麼可怕的事情？你是否有過這樣的想法，像是你可能想做非常危險的事情？對你自己做非常危險的事情？還是對別人做？你是否曾經有過這樣的想法，讓你懷疑自己和別人相處起來是否是一個好的或安全的人？

我有過這樣的想法，很多人都有過。

許多人站在火車月台上都有過突發的想法（或者是閃過的畫面，因為想法可以用畫面和文字的形式出現），例如，如果我跳下去，怎麼辦？如果我被推下去，怎麼辦？如果我把某人推到軌道上，怎麼辦？

許多持刀的人有過突發的想法（或閃過這樣的畫面），例如，如果我用這把刀刺傷自己，怎麼辦？如果我刺傷了別人，怎麼辦？

許多抱著嬰兒的人有過突發的想法（或閃過這樣的畫面），例如，如果我沒抱好，嬰兒掉下去，怎麼辦？如果我把嬰兒給拋出去，怎麼辦？

而這並不是因為這些人是壞人，或在某種程度上是危險的，或因為他們想做這些事情。事實上，恰恰相反。

正如你所知，人腦不斷掃描環境，預測下一步會發生什麼

“知道我們的想法不是事實，並不會剝奪我們經驗的有效性。相反的，這告訴我們，那些困擾我們、破壞我們和使我們脫離正軌的想法需要被檢視、挑戰和重述，以便它們可以反映世界的實際情況。”

事，光是每一天就會想出一百萬種可能的結果。儘管其中大部分發生在我們的意識層面之下，但有時候，大腦會碰上引發你重大情緒反應的預測，因此……你的大腦就把這種預測塞進了你的意識中。

想想有個人在抱著嬰兒。讓我們想像一下，這個人是新手父母或照顧者。大多數新手照顧者認為，他們必須不惜一切代價保護自己的嬰兒，因此當他們的大腦預測和模擬所有可能妨礙他們的東西時，其中之一的事情就是，如果我傷害了嬰兒，怎麼辦？所以會有這種情況並不難想像。

想想拿著刀的人。如果他們有安全意識（大多數人都這樣），而且他們的大腦會掃描環境，尋找危險，那麼一把刀可能感覺起來相當危險。刀可以切割，可以刺傷東西……如果我……，怎麼辦？

想想在火車月台上的人。火車周圍有太多明顯的危險，我們的大腦可能會發現、察覺這些危險，所以我們的大腦有時候會產生以下這些想法，也就不足為奇了：如果我跳下去／推誰下去／被推下去，怎麼辦？

如果我們已經感到有些焦慮或脆弱，我們的大腦更有可能發現令人恐懼的東西讓我們思考，因為大腦的威脅偵測功能更敏銳地運作，以保證你在這些時候的安全。

快報：你不是你的想法。你可以有一切可能的想法，說真的，地球上的任何想法你都可以有。即使這個想法涉及最可怕的犯罪行為，也完全不代表就是你的問題。使我們成為什麼樣的人，是我們的行為方式，而不是那些不時冒出來讓我們嚇破膽的想法。

把我們的侵入性思維想成是網路瀏覽器跳出來的那些討厭的方框，警告有什麼東西出了問題的**安全警報**！這樣想會有幫助。有時候它們確實有用，警告我們檢查我們的電腦安全設定；其他時候，這些安全警報就像垃圾郵件，可以忽略跳過。

大腦的垃圾資訊

地球上的每個人偶爾都會有奇怪的想法，有些人甚至沒有注意到這些奇怪的想法，當奇怪的想法出現時，這些人就聳聳肩，不予理會；有些人覺得這些想法很煩人；有些人覺得這些想法很可笑。

當我還是一名剛獲得資格的心理學家時，我的職業生涯大有可為，有一次我在公共場所看見了一位我的案主。突然，我腦子裡冒出一個想法：如果我把案主的祕密大聲對所有人喊出來，怎麼辦？

我知道想法只是想法，因此，當發生這種情況時，我並沒有驚慌失措。我對我的新擔憂，以及我對牛津圓環地鐵站尖峰時間繁忙人流大喊案主機密的畫面，笑笑就過去了，然後我繼續前進。如果我不知道關於想法的真相，我可能會擔心，預測我將要做什麼可能會破壞職業生涯的事情，我的身體就會形成恐慌。

這兩種可能反應之間的差異是非常重要的。如果突然冒出一個讓你感到害怕的想法，但你意識到這只是一個想法，一個隨機顯示給你的資料，因為你的大腦遇到了一些可怕的預測，那麼你會注意到這個想法，別去理會……然後兩分鐘後，你可能就忘了。

遺憾的是，這種情況通常不會發生，尤其是對於那些真正可怕的想法，像是暴力的、性慾的、性暴力的想法，而這就是人們陷入困境的情況。

從單一的想法到真正的問題

很少有人知道，想法是容易出錯的，或者常常是根據預測的。相反的，人們認為自己選擇了自己的每一個想法。因此，當一個令人震驚的想法或畫面闖入他們的生活時，他們會感到恐慌。

讓我們回到抱嬰兒的新手照顧者的例子，想像一下他們以前從未有過可怕的想法（或者至少從未意識到他們有過這樣的想法）。你能想像，當他們的腦海出現傷害自己所愛和珍惜的嬰兒的想法時，他們會有什麼感覺嗎？我已經治療過許多有過這種確切經歷的人，所以我可以告訴你，情況通常是這樣的：

這個想法或畫面閃現，在幾秒鐘內，由於這個想法讓他們感到難以承受的壓力，接著恐慌地冒出冷汗（戰鬥—逃跑—僵持—討好的反應迅速加快）。我剛才竟想那樣做嗎？什麼！天啊！如果我這麼想，那一定代表我想這樣做。隨之而來的是罪惡感、完全的恐懼和羞愧。不僅僅使他們相信他們的想法很快會導致行動，或者他們一定想這樣做，這裡還有另一個問題在影響他們。許多人認為，想到某「壞」事與做這件事，在道德上一樣是應受譴責的，但是先說清楚，事實並非如此。

> 即使是治療師也會有焦慮、恐慌發作和可怕的想法！

把這個單一的可怕想法轉變為實際的問題，下一個步驟是：他們對自己做出評價，例如「我有問題」或「我很危險」。考慮到許多人對類似情況的唯一參考是新聞、電視和電影中所表現出的「瘋子」和「壞人」，所以會有這樣的結論並不令人驚訝。

許多人還採取了另外兩個行動，確保了這種想法不僅揮之不去，而且愈來愈強烈，並蔓延到到其他方面。

1. 他們決定永遠不告訴別人，不告訴地球上的任何一個人，永遠不說。因為害怕他們傾訴的對象會看到他們的黑暗面，並可能讓他們關進監獄。在治療中，人們經常告訴我，他們真的很害怕，害怕如果向我透漏他們的侵入性思維，我會立即去報警。
2. 他們把想法推開（治療師稱這為「想法壓抑」）。如果你有過這樣的經歷，你就會知道，每次你把擾人的想法，或甚至是令人不安的想法推開時，它馬上就會回來，然後每次都會產生新一波的恐慌和恐懼。這使新手照顧者更加相信自己一定有問題：如果不是我想這樣做，為什麼這個想法一直會冒出來呢？

想知道想法會不斷冒出的原因嗎？你是否曾經嘗試過不去想某事？我們現在就來試試吧。無論你做什麼，都不要去想你最喜歡的狗……

你想起了那隻狗了嗎？

不要去想你最喜歡的狗。

不要。

現在不要想狗，拜託。

結果怎麼樣？

我猜想，要避免想到狗，幾乎是不可能的。

對我來說，與狗的經歷真是太溫馨了，我喜歡狗狗。但是對於我們大多數人來說，我們試著不去想的想法，才是最令人不安的，這些被稱為**侵入性思維**。

避免某些想法，這會使我們更去想那些想法。用比喻來說，就好像你把那個想法標記為危險，所以你的大腦說，哎呀，看看這個想法！危險啊！快看！現在解決這種情況！對於任何讀到這裡的人來說，如果他們曾經有過侵入性思維或現在就有這些想法，這就是為什麼會感覺這些想法變得更糟的原因，而不是因為你的想法建議你做什麼，你都真的會想去做。

這也不是因為你在背地裡很危險。這是因為抑制想法會使它們反彈。

另外，你想想：當你第一次有侵入性思維時，你的反應是什麼？很可能是從擔心到完全恐懼，這與採取行動的願望和動機相反！

我要重申這一點，因為我治療了許多長期忍耐侵入性思維的人，他們必須與這樣的想法共處很多年，卻從來不敢開口告訴任何人，他們被自己嚇得半死，完全孤獨。

如果你有令人不安的想法，這些想法並不意味著你這個人有什麼問題。或者是，它們也不表示你有多好、在你身旁會有多安全，或其他任何事情。你這個人並沒有改變。你不會突然變壞或變得危險。

事實上，這些想法是隨機的，但是它們讓你感到（不僅僅是）擔心，而且要對這種想法負（很大的）責任，所以這些想法揮之不去。

如果你曾經有過這樣的想法，並且一直背負著恐懼和恥辱的重擔，要知道，你這個人並沒有改變，你並不壞，也不危險。

> “一個可怕的想法出現的次數與你對那個想法採取行動的意圖，兩者之間沒有關聯。”

從抽離自己的想法開始做起

與你的想法保持距離，無論它們是否可怕。以下這些是「接納與承諾療法」（Acceptance and Commitment Therapy）中推薦的訣竅，也是羅斯．哈里斯（Russ Harris）在著作《快樂是一種陷阱》（*Happiness Trap*）中寫到的建議。

1. 重複這個想法，並在開頭補充說，「我注意到我有這樣的想法……」。
2. 用一首讓你發笑歌曲的調子來唱出那個想法。看看會怎樣改變你對這個想法的依戀程度。
3. 用愚蠢的聲音來重複這個想法。

現在就試一試吧。你的腦海中剛剛閃過什麼想法？是……嗎？**什麼？那太傻了**。如果是這樣，跟著我重複說：「我注意到我有這樣的想法，這太傻了！」但是，現在用〈聖誕鈴聲〉的調子唱出來，練習得愈多愈好。在手機上設定鬧鐘，每天提醒你要練習多次，長期下來會有很大的幫助。這個練習不是要輕忽你的感受或想法，而是為了使你與這種想法保持距離。

對於那些深陷侵入性思維的人：

1. **不要迴避這些想法。**當它們出現時，使用上述的建議。第八章將更詳細地描述迴避的影響，本書附錄將幫助你制定計畫，來克服這種情形。
2. **重複這個咒語：**「嘿，想法，我看到你了，（我正在學習……）你不過是一個想法罷了，我知道，很容易忍不住相信你對我有什麼含義，但事實並非如此。我很好，我很安全，我完全是我一直以來的樣子。」

3. **學習讓自己沉澱情緒，觸發放鬆反應，並練習察覺心念**，這些將在第三部介紹。
4. **如果情況變得太嚴重，請尋求支持。**治療師一直在處理這種問題，並取得了很棒的成效。

當侵入性思維變成強迫症的時候

當人們的侵入性思維從擾人的東西變成了僵化的東西，並讓人感到不堪重負時，治療師稱這種情況為強迫症。

我在本書中沒有討論過很多診斷會有的特徵，但是值得一提的是，當人們想到強迫症時，通常會想到強迫性地洗手、檢查門是否鎖好、燈是否關了，或強迫性地整理東西。

儘管諸如清潔、檢查和讓所有東西「井然有序」的儀式可能是強迫症的一部分，但還有許多其他形式的行為。

如果是侵入性思維和強迫症，則該想法是「執念」，而強迫行為包含以下的任何一種行為：

- 推開這個想法。
- 例如，透過重複一個特殊的詞或祈禱來抵銷這個想法。
- 這個想法出現的時候都會分散自己的注意力。
- 避免任何可能引發這種想法的事情。例如，如果人們擔心會傷害到嬰兒，他們可能會開始避免抱嬰兒；他們可能會把放刀子的抽屜給鎖起來，或者在家裡只放鈍刀；他們可能會避開火車月台，因為會產生「推人下去」或「跳下去」的想法。

人們有時候稱這種強迫症為「純強迫症」（Pure-O），因為你無法用肉眼看到這些強迫行為。然而，這些是強迫的衝動，只在腦海中發生。

對這種情況的治療通常是採用認知行為療法（更多資料見第十八章），包括管理焦慮，使用第十一章和第十二章中的沉澱情緒和呼吸的技巧，然後用讓你慢慢感到愈來愈安全的技巧，向你介紹你的可怕想法，再慢慢地放棄強迫的想法。你將會練習到一種地步，可以有意或無意間產生世界上最可怕的想法，並意識到「沒關係！」，然後看著這個想法過去。

> 別讓「感覺很傻」的想法，妨礙你嘗試可能真正對你有效的應對技巧。

與此類強迫症相關的想法有一些常見的主題：

- 傷害自己或他人。
- 無法相信自己的性行為。
- 如果你有對他人的性念頭，例如對嬰兒、兒童和成人，這是人們最害怕談論的主題。

如果你有這種經歷，而且它妨礙了你的生活，請向有這方面專業知識的人尋求幫助。當你終於能告訴別人你的想法和感受時，他們會說：「你很正常，你很安全，這就是我們要處理的事情。」這將是多麼棒的解脫。實際上，對強迫症已經有很好的專業理解，並且治療效果非常好。

新規則

- **所有的情緒經驗都可以被理解。**這些情緒經驗可能是可怕的，當你感覺到它們失控時，就令人恐懼，但焦慮並不意味著你瘋了或「會死」。你的每一種感覺，只要會讓你覺得與焦慮、憤怒、嫉妒、恐懼和其他任何使你感到威脅相關的東西，都是完全說得通的。
- **只要你的大腦認為在環境中發現了威脅，就會啟動「戰鬥－逃跑－僵持－討好」的反應。**你感覺到的反應強度，取決於大腦預測到的是哪一種威脅、威脅看起來的緊迫程度、威脅是否看起來可以克服，以及你過去如何成功地應對這樣的威脅事件。如果威脅看似迫在眉睫，你的大腦會直接做出反應，甚至不會給你一點時間注意到發生了什麼事，就像你的手會從灼熱的東西上縮回來一樣。但如果威脅離你很遠，或者環境中有讓你感覺理智和安全的東西，則這個過程會更慢。你將處於高度警覺或焦慮的狀態，直到威脅消失，戰鬥或逃跑反應結束，或等到你觸發放鬆反應，或冷靜地等情況慢慢好轉為止。問題是，感知到的威脅可能不是實際的威脅，可能是我們擔心會發生的事情，甚至是焦慮的感覺這件事。
- **在出現戰鬥或逃跑反應之時，可以用運動的方式來回應。**這是管理壓力的高度優先事項。戰鬥或逃跑的反應不僅僅意味著接下來會爆發出身體活動，而且因為運動是簡單又有效的方法，可以使神經系統冷靜下來、燃燒掉體內產生的緊張能量，代謝多餘的壓力荷爾蒙，而較低的壓力荷爾蒙意味著身體和心情更加平靜。
- **你的想法仍然有效和真實，但是……**我們需要找到一種方法來把自己與想法抽離，這樣想法就無法控制我們的生活，尤其是因為想法有時候是極其可怕的。

- **有可怕的想法並不意味著你是一個可怕的人或壞人**，這一點我需要重申。要不是我能夠百分之百地確定有可怕的想法，這並不意味著你就是壞人，不然我也不會從事這份工作了。有時候，我會坐上幾個小時，看到一個又一個經歷過這些事情的案主，用蕾哈娜的〈小雨傘〉（*Umbrella*）或比吉斯（Bee Gees）樂團的〈活著〉（*Staying Alive*）為曲調，翻唱出暴力的想法，例如，如果我用菜刀刺傷了我妹妹，怎麼辦？或者我想用菜刀刺傷我妹妹，然後改成用和我的案主八竿子打不著的名人聲音，說出這個想法。有時候，我實際上正站在他們的廚房裡，而他們手中正拿著一把鋒利的刀，做著同樣的練習。用這種方式來招供想法聽起來很奇怪，但我們做得愈多，案主愈是接觸到這種想法和恐懼時，就愈能明白這個想法不過是一串的文字罷了。而且當人面對恐懼時，恐懼所引起的焦慮先是會上升，但最終會下降。
- **如果你對此擔心很久，並想了解更多資料**，請看蘿絲．卡特萊特（Rose Cartwright）的著作《純強迫症》（*Pure*，暫譯），或看第四頻道（Channel 4）改編自該書的電視劇。對於有過這類經歷的人來說，看這種情況的書，並找出背後發生的原因，可以改變你的人生。而且看到其他人經歷過強迫症，並且現在活得和發展得好好的，也能改變你的人生。《純強迫症》由患有強迫症的作者所寫成，提供了侵入性思維的第一手經驗。預告片的第一句話是：「我有問題，這就像靈異第六感，但是我看到的不是死人，而是裸體的人。」接下來的畫面很精彩，有一輛公車開到旁白也就是主角的前面，當公車的門打開時，司機沒穿衣服，這就是侵入性思維和腦中的畫面所發揮的作用。
- **與你信任的人分享你的想法**。如果你不確定他們會有何反應，你可以先給他們看這一章的內容，假設性地談論這邊的內容，說：「這可有趣了？你知道有這種事嗎？哇，這對我而言說得通，你覺得呢？」如果談得順利，就與他們分享你的想法和恐懼，或去找治療師談。

- **如果有人告訴你，他們有侵入性思維或看到侵入性畫面，請支持他們。**請傾聽，並告訴他們，你知道他們沒有改變。然後，也許給他們看這一章的內容，向他們示範沉澱情緒的技巧和呼吸練習，如果他們準備好了，可以輕輕地建議他們大聲唱出一些想法，一遍又一遍地重複，或者支持他們找到可以和他們一起進行這些過程的治療師。
- **請記住，你的行為方式會讓你知道你是什麼樣的人**，大多數有可怕想法的人都知道他們寧願傷害自己也不願傷害他人，這告訴我們，即使你害怕自己是壞人，你也不是壞人。
- **你是人**，這意味著我們有大量的情緒經驗，而所有這些經驗都是可以的，所以你不必一直假裝快樂。
- **除此之外，如果你長期感覺不對勁，或根本感到害怕，請尋求幫助**。要知道，當我這樣說時，這不是「我認為你有點瘋了」和「你需要幫助」的暗號。這是因為我知道，治療師必須經過訓練，才能處理這些確切的問題。他們可以幫助你重新站起來，比起你單獨承擔這個負擔，治療師可以更快地讓你感到安全，而且因為我知道這種感覺會有多糟糕，我也曾經歷過，因此，即使我不認識你，我也知道你應該有一個可以傾訴，並得到真正聆聽的地方。

給你的信

你好！

你現在有沒有感覺到，身為人類，意味著經歷各種情緒的混合和想法，這些想法有時候會讓我們在讓人擔心的事情出現之前就開始在擔心了？

你知道這個世界塑造了我們，而我們反過來又塑造了這個世界，因為我們透過自己的視角，來看待並解釋這個世界嗎？

我們終於明白自己為了因應這個世界而做的事情了。從你來到這個世界的那一刻起，你所做的一切就是一種因應方式。當你是小嬰兒時會哭泣，為了因應生活中令人生畏的新經歷，所以要用哭的方式，叫人過來幫忙把事情變得輕鬆一些。你讓自己適應環境，與所愛的人保持親近，以便他們能保證你的安全。你根據媒體所顯示什麼是「足夠好」的標準和想法來塑造自己，這樣就可以感覺自己有所歸屬。

當人們的因應技巧不再奏效、當他們再也無法阻止痛苦或其他情緒、當他們可以看穿自己長期以來試圖保護自己而要抵抗的事情，這些時候他們就會來接受治療。因此，讓大多數人陷入困境的，並不是他們沒有任何因應技巧，而是因為他們的因應技巧不再有用，他們已經準備好學更好的因應技巧了。

我想幫助你確定這一點，並向你顯示向前邁進的方法。

蘇蘇博士 ♥♥

8・讓事情更糟的因應策略

因應策略是我們用來調節情緒的行為或行動，尤其是在壓力大的時期，因應策略是我們生活中，使自己感到理智，更加「正常」，並且讓我們安全的一舉一動。

想一想你每天會做的一些事情，以使自己保持平靜狀態：

- 在工作空檔喝杯咖啡，讓你的大腦和身體休息一下，也許可以從單調的生活中稍微解脫出來。
- 你滑 Instagram 或查看訊息時，試圖減輕孤獨或無聊的感覺。
- 當你播放你最喜歡的歌單，在你的房間裡跳舞，拋開一天的壓力和緊張。或者做瑜伽，隨著呼吸移動你的身體，一邊做動作，一邊冥想。
- 或者……每當你用電影、酒或毒品來麻痺或迴避焦慮。這些都是常見的因應方式，而每個人也都有自己的方式。

本書與大多數雜誌和網路上關於因應技巧的文章不同，我不會告訴你不健康與健康的因應機制之間有明確、一板一眼的區別。我不認為可以這樣區分，因為沒有完美的因應方法這回事。

有時候，因應方法是你突然流下眼淚、攤在地上、掩面哭泣，眼淚浸濕了上衣的那一刻。有時候，因應方法是把被子拉到頭上，把燈關掉，或者決定在午餐時間結束一天的工作，這樣你可以一直放空到第二天早上。其他時候，因應方法是一種呼吸練習和有條理的冥想方式。最後一種是「正規」認可的因應機制，但其他的方式也可以，我也會這樣做，只要不是每天都這樣。

根據我的經驗，大多數人的因應策略最終失敗的情況可分為兩類：

1. 從一開始就**防止**痛苦的發生。例如，有人可能會試圖控制他們面臨的每一種情況，或者避開過去讓他們感到痛苦的地方或人，或者對他們做過或沒做過的事情撒謊，或者反駁說：「問題不在我身上，是你有問題。」
2. 一旦痛苦出現就**迴避**。例如，有人可能會嘗試用酒或毒品麻痺自己，用電視或其他吸引人的活動來轉移注意力，或者完全否認他們內心的痛苦。

問題在於，當我們的因應機制僅依賴於防止或避免我們的情緒，以及引發情緒的情況時，這樣的方式通常日後會帶來負面的影響。

以下是我在診所看到的一些防止或避免困擾的常見方法。

控制

感覺到我們可以控制自己的生活，這對我們的幸福感非常重要。反之，感覺我們是自己生活中的過客，不知道接下來會有什麼事情影響到我們，這可能會讓人難以承受。

當我們有信心時，我們可以採取行動，來直接影響和改善我們的未來，例如，如果我努力工作，我就能得到我希望的結果。如果事情變得困難，我可以堅持下去，我會達到目的。我們不僅覺得自己有能力，可以掌控自己的生活，研究顯示，我們會比那些對自己的生活沒有控制感的人，更快地從令人震驚的事件中恢復過來。[1]

我相信，你能想到過去有一些時刻，若能控制住混亂和痛苦的情況，會很有幫助的。簡單的事情像是寫一份待辦事項清單，就可以在非常複雜和不確定的時期提供直接的好處。困難的事情像是選擇離開你一直約會的對象，你們的戀情分分合合，對方不對你做出承諾，或回覆你的談話要求，還給你「我不確定」這樣的答覆，沒有給你任何會改變的跡象，而離開對方可能正是你需要做的事，才能重新獲得對生活中感情方面的控制感，讓自己感到有了信心和能力，向前邁進，這會是苦樂參半的解脫。

整本書都試圖讓你對自己的生活有更多的控制權，為你提供了解自己所需的技巧和竅門，以及充分發揮自己和成為自己想成為的人所需的技巧。控制是一件好事……到某種程度而言。

當人們掌控自己一天中的每一分鐘、行程、環境和生活時，用這種方式來在這個世界感到安全，或者僅僅當做是一種感到平靜的方式，因為許多人被教導要這樣做，但是當不可預測的事情一發生時，問題就來了。而且，我很遺憾地說，不可預測的事情終將會發生，因為這個世界是不可預測的，人們是不可預測的。我們根本無法控制生活的每個方面。

二〇二〇年是一個明顯的例子，說明世界是多麼的不可預測。前一刻，我們都還繼續過著我們的生活，能夠出門、喝咖啡、上班、去聽音樂會、在熱鬧的餐廳用餐、坐火車、坐飛機、擁抱、擁吻（這是個好詞，甚至是很棒的消遣），過著我們熟知的生活。然後，出現了COVID-19。

全球各地都有人因而死亡，到處都有恐慌和不確定的情況，我們所知道的生活以我們無法想像的方式發生了變化。人們禁止探訪生病的親戚或向垂死的人道別，更不用說出門、上班，或進行任何的日常活動。

二〇二〇年，大多數人穩定的生活破壞了，奪走了我們的確定感和控制感。

你在二〇二〇年感到疲憊嗎？我們大多數人都是。不確定感會觸發我們的威脅回應，這意味著我們會迅速消耗掉情緒資源，讓我們精疲力盡。對於那些主要因應策略是控制的人來說，感覺就像野火在他們的神經系統中蔓延開來一樣。

當你的主要因應策略被移除時，無論採取哪種策略，都會感覺像沒有安全網一樣，好比有人把水拿走時你怎麼救火？你一直在努力避免，或從未經歷過的情緒往往會直接襲擊你……突然間，焦慮無處不在，每一個想法、每一次呼吸和每一次心跳（現在砰砰地亂跳），你都在焦慮。這就是為什麼有多種因應策略可以運用總是一個好主意。

雖然聽到有人告訴你「順其自然」，可能會讓你覺得很煩，但是確實有幾分道理。如果我們能找到方法，接受並適應生活出現在我們面前的事物，我們最終將感到更快樂。說起來容易，做起來難，這我知道。

如果你覺得自己只透過控制來因應生活或情緒，並且正在尋找改善的方式，我建議你：

- **今天：**在你的生活中選擇一個你通常會控制的一件小事情，然後決定不要控制，看看會發生什麼情況。如果家裡的家事主要由你負責，也許請別人煮一次飯；也許不收拾屋子，任憑房間變亂，沒錯，就讓它亂。對了，這樣做並不意味著會讓你有好的感覺，因為卸下這個責任甚至可能令人卻步。但是我需要證明給你看……你可以熬得過去的！我想告訴你的大腦，無論它預測若不加以控制時，會發生什麼樣的情況，結果都是可以控制的，你不需要在未來用同樣的方式使用你的舊策略，你需要更新你的記憶庫！

- **從現在起：**把察覺心念（第十三章）加入你的因應技巧中，因為這將幫助你練習接受和放手。繼續練習放棄控制，一次從生活中的一個小部分進行練習。**你並不是要擺脫對事情的控制**，你只是要創造靈活性，讓你感覺到當生活變得不可預測時，還是有很多方法來應對的。

完美主義

完美主義是一種常見的控制策略，也是人們為之感到相當自豪的因應技巧之一：「老實說，我是徹底的完美主義者。」這是社會認可的因應技巧，有些人把它當做榮譽的徽章。

完美主義者傾向於認為，如果他們能夠控制他們在意的一切事物，例如他們的工作、計畫、Instagram、外貌，以及他們在任何時候的表現，這樣將防止可怕的事情發生（例如被親人拒絕），確保會發生一些有意義的事情（例如，他們將獲得尊重、青睞和潛在的關愛）。

完美主義有許多種類型：

- **自我導向型完美主義（self-oriented perfectionism）：**以極高的標準要求自己，每當達不到要求的時候，就評判和批評自己。

> “當我們覺得這個世界的壓力，超過了我們因應技巧數量所能處理的範圍時，我們就會過得很辛苦。你可以運用的因應技巧愈多，你與世界壓力的抗爭就愈少。”

- **他人導向型完美主義（other-oriented perfectionism）**：以極高的標準要求他人，去評斷和批評他人。
- **社會期許型完美主義（socially prescribed perfectionism）**：相信他人和社會對你的要求非常高。也許你覺得生活中的人們對你有特別高的期望，也可能是我們在第三章中談到的情形，你的自我價值與媒體提出的社會期望息息相關。

這裡有沒有引起你共鳴的地方？

如果我們的完美主義是針對自己（自我導向型或社會期許型），那麼只要我們能夠「完美」，就可能會感到「事情在掌控之中」。當我們無法維持對自己的期望水準時，問題就開始出現了。

完美主義者是有極大的驅動力的，他們可能會成為非常優秀的人，因為他們堅定不移地專注於達到「完美」。然而，如果他們意識到，自己永遠無法達到「完美」，因為這種事並不存在，這股驅動力可能會讓他們感到焦慮和疲憊。

不幸的是，生活和所有事物都不完美，而完美主義者擁有不同凡響的「錯誤偵測系統」。他們甚至可以在一英里之外發現潛在的缺陷！在別人看來是完美無缺的東西，他們甚至可以從中發現瑕疵。如果你是一個完美主義者，或者你認識完美主義者，那麼你已經知道這一點。

「獲得九十分的論文仍然有十分是不完美的。」

「替一桌客人做出精美飯菜，但是義大利麵不夠彈牙。」

「沒錯，這件衣服令人驚豔，但是你看到我的下襬有摺痕嗎？」

你知道要對自己的工作或自己感到滿意會有多難，因為總會一些事情可以做得更好。即使完美主義者獲得獎項或加薪，或取得其他成功的里程碑，他們為自己設定的標準只會愈來愈高。

因此，對於那些永遠停不下手上事情的人，他們極有可能把自己累得半死，你乾脆跟他們說：「你知道嗎？像這樣就很好了。」一旦他們疲乏無力時，幾乎不可能讓他們的工作保持完美，而這意味著隨之而來會有更多的焦慮。

努力工作來達到完美

↓

害怕做得不夠，所以更加努力工作

↓

疲勞累積下來，無法像以前那樣努力工作了

↓

對不完美的恐懼增加

↓

繼續努力，因為放棄是不可接受的情形

↓

筋疲力竭

如果你是這樣，那也是我和其他許多人的情況，所以我沒有要批評的意思，請休息一下。

完美不僅是無法實現和不必要的，因為你已經很棒了，而且把自己逼得愈來愈緊，以實現更多的目標，這並不合乎效益。休息一下、照顧我們的心思和身體，人們是用這種方式來獲得向前邁進的幹勁。

如果我們的完美主義擴展到其他人身上，我們最終可能趕走那些成就低於百分之百的人。或者我們可能會發現自己接管了別人的任務，心想著，我最清楚情況，我乾脆向他們示範要怎麼做。令人難以接受的事實是，我們可能認為是我們在幫助別人，就短期而言是如此。然而，當我們持續這樣做時，我們很少會向人們示範「更好的方式」，往往最終只是向他們顯示，我們不信任他們的能力；或更糟糕的是，不信任他們。長期下來，這不僅會破壞我們的人際關係，還會破壞其他人的能力，因為我們會逐漸削弱他們對自己的信心。哎呀！

有趣的是，許多自我導向型完美主義者描述自己很矛盾，他們說：「很奇怪，在某些方面我非常追求完美，全心地投入任務，使命必達。然而在其他時候，我嘗試一下，然後我就放棄了。馬上就放棄，再也不會嘗試了。」

這並不矛盾，完全不矛盾。大多數完美主義者不能容忍自己在某些方面做得不好，因為這樣感覺太危險了。因此，當他們嘗試某些對他們來說並不自然拿手的新事物時，這種經驗會讓他們非常不自在（這還是含蓄的說法，其實可能會感覺非常有威脅性），所以他們會立即放棄；要他們做出改變也是一樣的情形。如果他們不確定自己可以完美地駕馭改變，則可能不惜一切代價，避免做出改變。

我有一位朋友經營一家非常成功的企業，他做什麼事都很厲害。我曾經帶他去一次騷莎舞課，沒過幾分鐘他就撅起了嘴來，再從撅嘴變成了沮喪，沮喪變成了（有點好笑）不友善。「這太蠢了。」他嘟囔著，跺腳離開舞池（用憤怒的面紗來勉強掩蓋內心的脆弱），再也沒跳過騷莎舞了。

他在烹飪、語言和其他技能方面也是如此，當現場其他人看起來很輕鬆就能做完的時候，他卻覺得自己才正要開始接觸，必須努力熬過困難的早期階段。這不是選擇性的完美主義，這是不能忍受不完美！

再說一次，我沒有要批評的意思，因為威脅的感覺並非出於選擇。威脅的感覺可能意味著他的大腦正在預測和模擬危險，並讓他重溫生命中第一次發展出完美主義時的不愉快或羞辱經歷。

如果你覺得完美主義讓你失望，並且正在尋找前進的道路，建議你：

- **今天：**選擇一件不完美的事情來做，看看會發生什麼事。就像本章中所有其他建議一樣，這是要告訴你，你的確可以在沒有完美主義的情況下生存，並告訴你的大腦，無論它預測如果你不「完美」會發生什麼事，結果都是可以控制的，所以你今後不需要以同樣的方式使用這種策略。也許你在廚房裡是完美主義者，如果是這樣的話，把培根烤焦一點，然後端上桌（不要告訴要吃飯的人你是故意這樣做的）。如果你在工作中是完美主義者，那就在發送給同事的郵件中打錯一個字。如果你對自己的外表是完美主義者，那麼也許今天就穿品質普通的衣服，或者只在一邊的眼睛上刷上睫毛膏。如果你要求別人完美，就故意與你通常批評不完美的人，分享你做得不完美的事情。
- **從現在起：**察覺心念（第十三章）和自我疼惜（第十五章）將成為你的搭檔，每天定期挑一些不完美的事情來做。實際上，說到朋友，最重要的建議是：讓你身旁的人是不怕有缺陷、敞開心胸的人，並且他們願意承認：「我是不完美的人，我認為那很好。」

討好別人

討好者竭盡全力滿足他人的需求，然而並沒有得到像完美主義者那樣的讚賞。很少有人會自豪地說他們是討好者，但許多人把討好別人當做一種安全策略，就像其他人會採用完美主義和控制一樣，討好者同樣也是有辦法和聰明的。要使別人感覺良好，向他們表示你的關心和經營人際關係是很棒的事情，這些人取悅他人會給世界帶來仁慈和活力。

我們注定要在群體中生存，所以想要討好別人並不是一件壞事，而且幾乎每個人都在乎別人的看法；我們天生就會這樣做。如果你認為自己是討好者，那麼你可以帶著一種自豪感去做。

然而，如果討好人的行為達到我們願意做任何事情來確保別人喜歡我們的地步，並且如果有人不喜歡，我們的情緒狀態就完全無法消受，感覺崩潰，那麼討好別人可能會有問題。因為這種感覺可能會讓人感到非常吃不消，用討好做為因應方式的人，可能學到從不拒絕別人，甚至對不喜歡的東西也說好，對沒有時間做的事情也說好。他們認為，拒絕別人會讓對方生氣，導致自己被遺棄，或導致另一種最嚴重的恐懼。

說「好」可以把焦慮減低至最小，然而最好的結果是，讓自己累（用其他人的優先事項填滿你的生活）和頗為無聊（必須做你討厭的活動）；最壞的結果可能極其危險（例如，你無法拒絕參與非法活動的要求，或你不想發生的性事）。

人們擔心使他人不悅，另一種避免的方法是，對他人的情緒經驗承擔全部的責任，如果看到對方不開心，就會感到內疚，並盡其所能去解決這個問題。

你曾經這樣做過嗎？你是否曾經參加過一個派對，但無法放鬆，因為你太在意跟你一起來的人的體驗，他們玩得開心嗎？你是否注意到，因為你對他人的在意，可能會使這晚從輕微的掃興，到完全搞砸了一切？或讓你替那些不屬於你的責任，並且你可能已經過分誇大的事情，進行道歉並承擔責任？

久而久之，不斷優先考慮他人需求，會導致討好者不確定自己在生活中想要什麼，因為他們長期以來忽視了自己的情緒和欲望。這也可能使他們筋疲力盡，因為他們已經付出了所有的時間和精力，沒有剩下什麼東西可以維持自己的生活。這也會讓他們感到忿恨不滿：為什麼他們從來不問我的情況？我感覺如何？或者我想要什麼？這是討好者鮮為人知的一面。

對於那些讀到這裡的討好者來說，是否引起共鳴？

不斷扮演次要角色會漸漸地把人消磨殆盡。

感覺就像我們被人視為理所當然。棘手的是，當我們不斷地優先考慮他人時，問他們想要什麼，他們需要什麼，當我們把談話從自己身上轉移開時，我們可能傳達給別人的是，我們永遠不想或不需要談論自己。

如果我們沒有意識到這一點，我們可能會預測其他人並不關心我們想要或需要什麼。我們真正需要做的是，要開始更加頻繁地發表意見，因此讓別人知道我們像他們一樣有自己的欲求和需求。「我今天很不順利，我們可以談談嗎？」這是一個很好的開頭。雖然你會怕怕的，但很棒喔！

現在該說一個令人難以接受的事實了：諷刺的是，不斷地討好他人，很少會使我們變得更討人喜歡。想一想在這個世界上你最喜歡的人，他們是順應你每一個願望的人，還是他們是自信的人，知道自己的想法？也許是時候拒絕討好別人，並嘗試一兩個新的界限了。如果你覺得討好別人讓你沮喪，

> “我們無法控制生活中的每個層面，我們不可能一直都是完美的，無法討好我們遇到的每個人。好消息是，我們不必這樣做。”

並且正在尋找改善的方式，我建議：

- **今天：**決定本週要拒絕一件事，一件小事。也許讓你的朋友聚在一起，成立一個「說不」的團體（或者如果「說不」會覺得沒有安全感，則成立「不行，謝謝」的團體）。你們要同意在本週和下週盡可能多說不，互相對自己的情況做出解釋，看看會怎樣。
- **從現在起：**我建議你要有強烈的自我疼惜（第十五章），並花些時間弄清楚你的人生價值（第十六章），以便你知道你想做的事，並且在做這些事的時候能夠善待自己。

避免引發情緒的地點和活動

有時候，當我們無法以其他方式阻止情緒或感覺出現時，我們就開始避免那些一開始就造成困擾的地方和事件，這是另一種要小聰明的舉動。

被獅子或蛇咬傷的人確實應該停止去獅子洞和蛇穴。同樣的，被另一個人殘忍對待的人，如果開始不惜一切代價避開施暴者，就是一個很好的決定。有時候迴避似乎是個好主意，但正如我們在第七章學習侵入性思維時所討論的那樣，事實證明這個策略可能有點無法長久持續下去。

如果你在公開演講、社交或外出時，感到恐慌或其他同樣不愉快的事情，你可能會注意到，自己選擇放棄事業上或社交上的機會（預測最壞的情況會再次發生），甚至可能會注意到，你再也不想出門，害怕如果你出門會發生什麼事，結果最後發現自己錯過了有趣和歡樂的活動。

問題是，你愈是迴避某事，就愈覺得它危險。你有過這種感覺嗎？嘗試另一場公開演講，把握新的機會，面對你的恐懼（熟悉正確的應對技巧）是你消除恐懼的方法。

你是否曾經因為覺得一件工作的挑戰性太高和太困難而退避三舍，或者因為一件家務事看起來很無聊而拖延不做，愈接近你根本無法再拖延的那一刻，你就愈是不情願，然後最後你根本無法再拖下去了，結果你做了這件事情，而且情況看起來還不壞？

我有一個很好的例子：我十八歲時候，在倫敦的地鐵恐慌發作。從那次事件後，每當我想到地鐵時，我（我的大腦）就預測如果我下去地鐵那裡會再次發作。因此，我不再搭乘地鐵。恐慌發作的感覺就像世界末日，所以避開那個讓我有這種感覺的地方，像是明智之舉，對吧？

是的！

也不是。

避開地鐵意味著我不再有機會恐慌發作，喔耶！在當下感覺好多了，但是有一個問題。我得走路或騎腳踏車去以前坐地鐵去的地方，有時候這會讓我的交通時間增加好幾個小時。但是還有更大的問題：我的焦慮並沒有消失，情況變得更糟，並開始蔓延到其他方面。為什麼？

避開引起恐慌的地方讓我的大腦知道，我能熬過這種情況的原因只是因為我避開了這種情況和感覺。記住了，我們的大腦從生死的角度來思考事情，所以在發現生命威脅時會產生焦慮。

我的大腦並不知道地鐵上是否有任何真實的生死危險；或者如果恐慌發作了，我是否能夠熬過來；或者如果我有適當的應對技巧，就可以允許讓恐慌發生。

突然間，地鐵在我的大腦中被標記為在日常等同於公開的戰區，一個要不惜一切代價避免去的地方。更糟糕的是，這樣會提高了我的大腦現在認為與焦慮和驚恐有關聯的危險程度，增加了我體內出現與焦慮相關的任何潛在症狀的恐懼。

很快的，任何一絲心跳加快或新的身體細微感覺（可能是任何正常、瞬間的身體變化），或談論搭坐地鐵的行為，都開始引起我的恐慌。

與大多數走過這條路的人一樣，隨著我的焦慮增加和我的迴避策略開始擴大，我的生活圈開始縮小，直到我幾乎無法去任何地方。到處似乎都伴隨著焦慮的威脅，因此需要加以避免恐慌像野火一樣蔓延。我的大腦在尖叫「一直有危險！」而我也在尖叫，有時候我確實在尖叫，「我應付不來！」

為了克服這個問題，我開始接受治療。我的治療師告訴我如何讓自己沉澱情緒，並在我的身體和認為與恐慌有關的地方重新建立起安全感。我逐漸讓自己接觸我所避免的恐懼，現在我可以去任何我喜歡的地方。

請記住：迴避的常見負面影響是，它們可能使我們最擔心的事情看起來真的在發生。

例如，如果你覺得在社交方面會焦慮，擔心別人會不喜歡你，你可能拒絕派對邀請、聚會和其他社交活動，以控制你的感覺。這可能會使你暫時感覺好些，但是當你這樣做夠多次後，就會向其他人發出一個訊息：「我對你們的聚會不感興趣」，因此其他人就不再邀請你參加之後的活動（他們認為這是在做正確的事）。那麼你的大腦又如何解釋其他人會音訊全無呢？這又向你證明了人們不喜歡你，否則，他們肯定還會邀請你參加活動的。

> “慢慢地讓自己接觸生活中害怕的事物，這是學習應對我們所害怕的事情的最快方法。”

我就說嘛，我們的因應策略會對我們有負面的影響！

如果你覺得迴避事情讓你感到沮喪，而你正在尋找改善的方式，那麼我建議：

- **今天**：決定一件你可以做的事，讓你面對一直以來都在迴避的事情。一件小事就好，不需要是什麼大事。如果你一直在拖延某事，在你放下這本書後，把這件事當成今天要做的第一件事。如果時間很晚了，就決定明天早上去做，不要讓這件事阻礙你。決定來測試一下你大腦的預測，看看結果是否像大腦想像的那麼糟糕。如果你有社交焦慮，請向朋友發送簡訊，問問他們的情況，然後主動交談。如果你長期以來會恐慌發作，而且你現在躲避的地方不是真正的蛇穴或獅子洞，那裡沒有任何實際危險的人，你今天的任務就是練習第十一章中的54321技巧，以及第十二章中的呼吸練習，不用去你一直躲避的地方。有了這些技巧可以運用之後，想一想你可以向那個地方邁出的最小一步。

- **從現在起：**第三部介紹沉澱情緒、呼吸和自我疼惜的技巧，會幫助你在迴避中摸索前進。慢慢來，對自己好一點。對於那些迴避某些事的人來說，如果焦慮掌控了你的生活，請尋求治療師的支持（有關建議請見第十八章）。如果你感覺不能夠做到這一點，附錄中為你提供了循序漸進的計畫。

需要他人再三的保證

當發生讓我們焦慮的事情時，我們可能會覺得必須向別人尋求保證，類似的焦慮問題像是：「你覺得怎麼樣？」、「這樣對嗎？」、「這樣錯嗎？」、「你喜歡我的衣服嗎？」、「我的新約會對象怎麼樣？」、「我的新工作怎麼樣？」、「我的表現如何？」、「我做的菜怎麼樣？」、「你喜歡我嗎？」、「你愛我嗎？」、「你會留下來嗎？」、「你確定嗎？」、「不是啦，說真的，你確定嗎？」、「我／一切都會好起來嗎？」

你做過像這樣的事情嗎？當然有，我們都有，而且這麼做很聰明。我們注定會有人際關係，因此向人們尋求建議和支持是非常符合人情的，是我們都應該做的事情。

然而，當需要他人再三的保證是我們常用的因應策略時，它可能使我們陷入愈來愈恐慌的心態。長期下來，我們可能會注意到，頗具諷刺意味的是，我們要求的保證或檢查的情況愈多，我們就愈不確定。

再說一次，這是因為我們這樣做時，我們教會了大腦什麼樣的內容。

當我們要求他人的再三保證時，大腦學到，我們之所以維持安全，只是因為別人幫助了我們，給了我們建議。它並沒有了解到，一開始是否有任何真正的危險，或者我們是否可以靠自己的力量生存下來。當我們一直這樣做時，我們的大腦就會知道需要其他人來讓我們安全，而我們無法因應焦慮的感覺，也無法相信自己可以做出決定。

當不確定性再次出現時，這是一定會的，因為我們的大腦現在認為，我們無法獨自應付這個世界，所以我們的大腦切換到警報模式：警報！警報！有不好的事情正在發生。我需要別人幫助，我自己無法應付。有危險！情緒的浪潮再次來襲，如果身邊沒有人可以來檢查，它就會迅速而又猛烈地湧現。檢查的需求變成雙倍、三倍、成倍數地增長。

與需要他人再三保證的類似因應機制，是檢查。

檢查門是否鎖好了，或者瓦斯和電燈是否關好了，即使你已經檢查過了，並且知道你從來沒有忘記過這些事。檢查你的親人，看他們是否安全，儘管他們幾分鐘前才離開家，或者你今天已經和他們說過很多次話。檢查你的作品中的每句話，以確保其完美無缺，以防你被人揪出來，並被評論為不完美。對於有過恐慌發作的人來說，常見的是檢查自己的脈搏是否加速，或是兩個手指放在脈搏跳動位置上，檢查血壓是否升高。

我們愈檢查，就愈是覺得需要檢查：

擔心某件事情

↓

去檢查一下

↓

暫時感覺好一點

（因此，你的大腦知道，你只是因為有了檢查的保證，才保持安全的）

↓

又開始恐懼了

↓

再檢查一遍

如此循環下去。直到你最後必須多次檢查門有沒有關好後，才能出門。

當我們檢查或要求別人的再三保證時，我們這樣做，可能是因為我們很早就學會了不信任自己，或者必須聽從他人。我們一味這樣做，是因為焦慮和需要別人再三保證的模式已經開始失去原本的控制。我們可能會檢查事情，因為我們擔心犯錯，擔心被人認為自己不好。

如果你覺得檢查或尋求別人的再三保證讓你失望，並正在尋找改善的方式，我建議：

- **今天：**選一件你不會檢查的事情。也許你在擔心自己的衣服？在擔心你做出的選擇？在想別人對你的感覺如何？不要向任何人問意見，我知道這聽起來很可怕，但我只想向你慢慢提出這一點。下定決心，依靠自己的判斷，看看結果如何！

- **從現在起：**在你不斷抵制尋求他人保證的衝動，或檢查你焦慮的事情時，沉澱情緒、呼吸和自我疼惜的技巧將幫助你管理你所出現的焦慮。如果你注意到焦慮正在掌控你的生活，也就是你花了幾個小時來檢查門是否鎖好、瓦斯關了沒，而且你無法擺脫這些行為，治療師將能夠為你提供支持（相關建議請見第十八章）。

麻木

我們都會不時地讓自己麻木，看Netflix、吃些紓壓的東西，和埋頭於工作中，這樣我們就不會感受到生活中的任何其他壓力。有時候我們會喝酒，然後一連喝好幾天。有時候我們的大腦會讓我們麻木，例如，當我們受到驚嚇或處在僵持反應中。與一般的看法相反，當我們感到情緒麻木時，很少是因為我們沒有情緒。恰恰相反，正是因為我們感受到太多情緒，所以我們才會麻木了。這是一種反應，而不是因為缺乏。

但是，有時候麻木可以從暫時的緩解變成因應策略，這些策略曾一度感覺不錯，但已經成為問題。

酒和毒品會很快麻痹你的情緒狀態。他們減少了焦慮、羞恥和孤獨，然後使你感到自己可能變成像你希望的那種人：無拘無束、放鬆，也許自由。這個世界突然感覺可以承受，甚至令人興奮。如果你失去了對你重要的人、想到了可怕的事情、感到社交焦慮或經歷了通常來說令人不快的事情，這可能就是你想要的緩解方法。

問題在於，這種緩解只是短暫的。它不過是一個時間上的空檔，讓一切感覺更好。然後空檔過去了，留下來的是宿醉或落魄的問題。這個世界似乎更加灰暗，可能充滿了即將來臨的厄運。如果這種惡性循環感覺太強烈，那麼你可能突然需要愈來愈多你選擇的麻醉劑。

結果可能會開始另一個循環，這種心理上的依賴，會多出一件你需要應對的事情。如果這種情況持續得夠久，你的大腦自己會改變成需要這種物質才能感覺正常，而這就是我們所說的上癮。

我們是如何「上癮的」

我們的大腦總是希望維持不變，它不希望每天發生劇烈的活動。

當我們喝酒或將其他物質（咖啡、酒、尼古丁或藥物）吃進體內時，可能會神經化學活動激增（通常若不是出現強烈的興奮感，就是放鬆的感覺），然後崩潰。心情先是亢奮，然後低落。如果你持續使用這些物質夠久，你的大腦就會發生變化，因此你不再會有這些亢奮的情形。

如果你使用一些能讓你興奮的東西（尼古丁、咖啡因、某種形式的興奮劑，如搖頭丸或古柯鹼），你的大腦會減少通常會釋放的化學物質份量，因為這些物質會讓你感覺清醒、興奮和心情好，因為它不希望出現劇烈的腦活動。發生這種情況時，你需要香菸、咖啡或派對藥物才能感覺正常。如果你繼續這樣使用讓你興奮的東西下去，你的大腦會跟著繼續適應，漸漸的，你對這種物質的需求會愈來愈多，這就是為什麼我現在幾乎一直嘴巴黏在咖啡杯上的原因。

同樣的，如果你使用一些被認為是放鬆的物質（例如，酒精或某種形式的「鎮定劑」，例如抗焦慮症藥物「煩寧」（Valium）），你的大腦會減少釋放通常會使你鎮靜的化學物質。還是那句話，你將需要愈來愈多的酒或鎮定劑來讓你度過難關。

如果這種情況持續夠久，而且酗酒量很大，那麼當你不喝酒時，就會開始出現焦慮、顫抖或更糟的情況，因為你的大腦無法自然地釋放出足夠的「放鬆物質」來阻止這種情況。這就是為什麼在沒有諮詢醫生的情況下，不應該戒掉長期的習慣。

無論你依賴什麼東西，戒斷都會是一個過程。無論是咖啡因、酒，甚至是社群媒體應用程式，你都需要時間來戒除，並可能還需要支援，這並不可恥。

我告訴你並不是為了嚇唬你，我之所以這麼說，是因為人們認為喝酒或其他形式的麻木是「一種問題」。人們把它們視為獨立的問題，但它們往往不是，一開始它們是因應的機制，然後開始失去原本的控制。我們需要知道這一點，才能停止對喝酒和其他形式麻木的羞辱說法。這樣，當人們想要擺脫這些行為時，就能得到合適的支援。

如果你剝奪一個人的應對能力，會發生什麼事？表面下的東西就會大量湧出。因此，如果你想擺脫麻痺行為（坦白說，或任何其他行為），並確保你最終不會復發，或用另一個擺脫困境的方法來替換，你需要的是知道表面下的恐懼是什麼。

有了合適的支援來減少或停止過度酗酒，或其他麻痺行為，以及解決潛在痛苦的正確工具，你就會向前邁進。

不斷地問你的因應機制背後潛藏著什麼事情

你是否透過麻木來避免悲傷的痛苦？你是否在避開某個地方，為了躲避恐慌發作？你是否在檢查門鎖好了沒，以免一直覺得沒有鎖門，儘管你每天都這樣做？你是否確定一切都很完美，以避免你擔心別人會看到你有缺陷？你是否掌控一切，因為感覺如果不這樣做，天就要塌下來了？還是因為這些事情是你喜歡做的，所以是單純地做這些事情？

你對這些問題的答案很重要。

在我們挪除因應策略之前，如果你要避免的是一個很大的情緒，我們需要知道你還有其他可以幫助你因應的東西。

某些我們所做的因應事情並不完全可以歸類為本章中的單一類別，其中有些行為會每種類別都牽涉到一點點，食物就是一個很好的例子。

很少有人意識到這一點，但是食物不再單純只是食物了，不再是了喔，許多人吃東西不只是為了讓肚子不會餓，我們也會為了發洩情緒而進食。

人們經常改變他們的飲食方式，以便在混亂時感受到控制感；或者在被人忽視時，滋養自己；或者透過吞嚥，轉移自己對痛苦的注意力，而且這樣有點小聰明。

食物通常與愛、歡樂、慶祝、傳統，以及我們生活中許多其他美好時刻和回憶有關：吃東西可以讓我們重溫嬰兒時期被寶貴的照顧者抱著餵食的感覺；那個時候我們一起煮阿嬤的食譜，一起歡笑，感覺像是一個團體聯繫在一起；那頓替我們安排的生日大餐，還有蛋糕，和受到極大的關注；那個每天放學後去搶食物的家庭習慣；或把辛苦賺來的零用錢拿去買散裝糖果。

即使我們沒有這些經歷，我們仍然可能把食物與愛聯繫起來，因為我們可能已經看到朋友或電影中的角色經歷過這些時刻，並渴望自己也能這樣。

食物也填飽了我們的肚子，給我們一種在身體裡的感覺，離開我們的頭腦，遠離討厭的想法，理智地回到當下，讓我們在任何感到情緒失調的時候，都可以把吃東西當做一種可理解的選擇。

問題是食物已被飲食文化嚴重破壞。遺憾的是，食物往往也等於羞恥、罪惡和懲罰，至少可以說，這意味著我們在成長過程中與食物的關係很複雜。我們可能會吃些東西來紓壓，但隨後會感到羞恥，因此我們吃得更多，或者限制食物的攝取量來懲罰自己。這是一個很難停止的循環：紓壓、懲罰、紓壓、懲罰。尤其是當你內心的批評聲量變大，與你對抗，進一步羞辱你的時候。

當人們在我的診所時，談論他們如何厭惡自己的飲食方式、為自己吞噬食物的方式羞辱自己、為自己在不餓的時候吃東西而羞辱自己，我們治療師引導出他們與食物、自己身體的關係，以及他們在成長過程中看到食物和身體的關係。

我們寫下食物對他們的所有含義，包括與飲食和身體有關的所有美好回憶和最糟糕的時光。我們描繪出了這種模式如何創造安全感、如何幫助他們得到安全感，又如何阻礙他們得到安全感。順便說一下，對於你察覺到自己使用的任何因應策略，你也可以這樣做。把所有這些內容寫在一張大紙上。

我們治療師還討論了情緒，如何以及在何處感覺到或沒有感覺到情緒。我們致力於解決任何

> **“我經常聽到有許多行為被批評成「選擇了不良的生活方式」，例如情緒化進食*、酗酒或吸毒。這些根本就不是「選擇了不良的生活方式」。它們是在沒有其他管理情緒方式的情況下，被當做因應技巧才開始的行為。”**

* 譯註：情緒化進食（emotional eating），因為飢餓以外的原因產生的食慾。

嚴重的苦難和（或）創傷的根源，而不是針對食物。

慢慢的，久而久之，人們意識到，在沒有其他方式來照顧自己的情況下，他們以前其實做了一些非常聰明的事情。然後案主的羞恥感開始解除，如果他們仍然希望繼續治療，我們治療師會思考用適合他們的方式，滿足他們在每一刻的情緒需求，來打破這種循環。而且，如果吃東西是幫助他們在受到創傷後保護自己，我們會注意處理這一點。

我們需要解決潛在的恐懼。我們需要解決悲傷、恐慌、不確定性，和你認為自己還有所不足的問題（而你絕對肯定是有能力的）。有很多方法可以做到這一點，透過本章中的建議、本書後面的因應策略、透過與我們的親人分享我們的痛苦，可能還有透過治療。

如果你試圖停止一種被證明是因應技巧的行為，就會被你的舊情緒和創傷所影響，需要更強大的東西來讓你堅持下去。因此，要不斷問自己，你的因應策略對你有什麼作用。

然後，如果你願意，可以找到新方法來解決該需求，慢慢的，一步一步地做出改變，進而開始嘗試新的東西。

最後一點：要預備好你的舊因應策略會重現

如果你成功地取代了自己的因應策略，如果在壓力大的時候，重複這些策略的衝動和驅力突然湧現，不要感到驚訝或擔心，這是正常的。在感到危險的時候，你的大腦會恢復到在過去知道能幫助你「生存」的東西。

COVID-19就是一個很好的例子。許多人已經擺脫了過去用吃喝玩樂控制各種情況的因應模式，突然發現自己又回去找過去的方式。這不是因為人們故態復萌，而是因為世界已經改變了。

他們的大腦又回過頭去，尋找過去有用的方法。

因此，如果你遇到這種情況，請不要擔心。對自己說句仁慈的話，告訴自己這是完全正常的，這是日子壓力大的跡象，首先要做的是照顧自己，遠離這種行為。如果你不知道第一次是如何做到的，請深入研究本書的第三部，找到適合你的方法。

你以前做到了；你可以再次做到，我相信你。

新規則

- **情緒就像海浪**，來來去去，潮起潮落。即使是最令人不安的情緒，感覺它們會達到高潮，最終也會消逝。當我們嘗試阻擋這些情緒時，就像在阻擋海浪一樣，這樣做並不會阻擋海浪，或分散其力量，只不過是暫時把海浪擋回去，保證海浪又會回來的。這並不表示你必須一直面對所有的情緒，而是意味著放下你心中的屏障，並允許情緒進入（透過本書結尾的因應技巧），這將幫助你管理情緒，甚至是管理感覺類似海嘯的東西，使海浪更有可能通過。
- **沒有完美的因應方式**，允許混亂的事情偶爾發生。
- **了解你做了哪些事來因應**。問問你可能試圖避免，或保護自己免受什麼東西的傷害。
- **如果你要擺脫以前的因應方式**，**就採取小步驟前進**。不要突然就戒掉癮頭，採取一次一點、好控制的步驟，也就是容易上手的步驟，只有當你知道在宛如你的兵火庫中有很多其他工具可以來應付時，才會採取更大的步驟。

- **要知道，你舊的因應技巧一定會死灰復燃的。**這不要緊，如果你的大腦認為你處於危險之中，它會鑽研它所知道的過去的有效方法，而不管現在的技巧是否對你有效。因此，即使做出了改變，也要預期舊的東西會出現。
- **製作一個裝有因應方法的罐子！**我們並不一定需要「有科學依據的因應技巧」來幫助我們度過難關。我們大多數瞬間的壓力都可以透過一個很小的動作來解決，這個小動作會使你感覺良好、被擁抱、活躍，或者使你擺脫可能已經陷入的困境。我調查了我的好朋友和家人，看看他們每天採取什麼小動作使自己感覺更好，這些舉動是你在心理學書籍中找不到的。我在這裡為你總結這些舉動。不過，更棒的是，我把它們寫進下面的方框裡，你可以把這些方法抄在便條紙上，再折起來，扔進一個罐子裡。只要你需要小小的鼓勵時，把手伸進去，看看你會抽到什麼方法，然後照著做那件事！加入任何你已經知道對你有幫助的東西，並請你的朋友也提供驚喜的小紙條。如果你無法書寫或視讀，則可把這份清單錄製成語音筆記，存在你的手機或其他設備上，當你想使用時，可以按照喜歡的感覺，用快轉、暫停，然後撥放的方式，挑選抽出你的因應方法。然後就開始做吧！

大聲喊叫！如果你不能大聲喊叫，你可以對著枕頭大叫。
在最近的公園散步。盡可能緩慢地移動，注意自己的身體，並傾聽周圍的聲音。
做十個開合跳。如果無法做到，那就做任何形式的運動，讓你的心跳加速。
製作一個音樂播放清單，以反映你的心情，或想要的感受。

向別人尋求幫助	用東西把自己包起來，然後躺下來五分鐘。要包得很緊，讓你感到被擁抱，可以是被子、毯子或毛巾。	畫點東西或者幫東西塗上顏色，不一定要弄得漂亮！
放出你所知最吵的音樂，然後跟著搖擺。或者……你可以找到最安靜的音樂，並跟著搖擺。	尋找藍色、綠色或開花的東西。你能找到什麼？天空、大海、樹木、植物？	計畫一個慵懶的夜晚，但只做你認為非常輕鬆的事情。確認手邊要有零食和你最喜歡的書、Netflix影集或老電影。
傳訊息給某人，告訴對方，「嗨！我剛剛想到你，我認為你很棒，我最喜歡你的地方是（插入你最喜歡關於對方的事）。」	玩玩泥土或赤腳走在草地上，因為當我們的皮膚接觸到大地時，土壤中的細菌會讓我們釋放血清素，這是讓人感覺良好的荷爾蒙。回歸自然！	煮飯或吃一些能讓你想起你所愛的人的東西。你是否有祖父母或其他心愛的人曾經為你烹飪的食譜？
把你的感受發洩到日記中，即使你只寫了一個句子。重讀、重聽、撕掉、刪除。	專注於房間裡的單一聲音，或是專注於你今天所在的地方。也許你可以聽到孩子的笑聲？或者，你可以聽出收音機裡一首歌的一個特殊音色。	與你喜歡和（或）愛的人聚在一起。

9．內在判官和負面的自我對話

當你坐在一邊批評一棵樹時，不會讓它長得更快，而你也不會成長。

——珍．哈迪博士（Dr. Jenn Hardy，心理學家）

「你不夠好。」

「看看你，竟想做那件事。」

「笑死人了。」

「事情可能現在看起來很順利，但你等著看吧。」

聽起來有點耳熟？

內在判官之所以讓人如此痛苦，是因為它跟我們二十四小時全天候都在一起，是我們個人的質問者，整天跟著我們，而且它聽起來就像我們自己的聲音，這意味著我們大多數人都相信它所說的每一個字。

你能想到，最近有哪些時候內在判官在大聲說話嗎？它在對你說什麼？它只針對你生活的一個方面，還是對很多事情發表評論？有時候是關於你的外表，有時候是關於你說的話，或是你的舉止，或是人們似乎對你有何反應？有時候是關於你的工作嗎？

你是否在想，我的內在判官到底是什麼？

如何辨識內在判官

有些人比自己想像中還更了解內在判官。然而，其他人只聽說過內在判官，並且不確定如何辨識出他們的內在判官。

如果你是這樣的人，以下是你內在判官出現的跡象。

- **內在判官通常把話說得很絕對**，沒有灰色地帶。你是「魯蛇」、「白痴」、「豬」、「無聊的」、「蠢的」。它的說法沒有平衡、沒有細微差別、沒有好奇心，也沒有例外。
- **它一直很負面。**
- **它真的很喜歡使用「應該」這個詞。**像是你應該更好／更聰明／更有錢／更性感。你怎麼都沒有呢？
- **它說出的懲罰幾乎與罪行不相稱**，例如，如果你沒有通過考試，你沒有及格。這是事實，但這並不能證明你是一個失敗者。這只不過是你沒有通過考試的一個瞬間。然而，你的內在判官可能會告訴你，你總是失敗，所以這次失敗一點也不令人驚訝，而且你的未來完全注定沒希望了。

我們內在判官通常會貶低我們的價值，指出所有的錯誤，而且從不提供如何向前邁進，或建議將來可以做些什麼事來改進。

泰拉·摩爾（Tara Mohr）在她的著作《妳就是大器》（*Playing Big*）中，提到了內在判官的另一個特性，會用「兩段式批判」來攻擊你：

一、它先傷害了你，然後；二、讓你打從一開始對自己有這些想法感到羞愧。例如，「我好失敗」接著是「我應該做的比這樣更好，比這個更厲害，為什麼我要這樣做？我敢打賭其他人不用擔心這樣的事情，我有什麼問題？有人連飯都沒得吃了，而我卻在擔心……」

內在判官使你羞愧得難以復加。做人有時候會很累，不是嗎？我們被挾制，需要達到的標準不是常人所能達到的。

內在判官的話從何而來

像所有的想法一樣，我們的內在判官所說的某些事情是由以下內容組成的：

我們是如何理解他人的行為，或如何理解他們對我們的態度。常見的例子有：

他們是好人，所以我一定是壞人。如果我更棒一些，我會得到更好的待遇。如果我更棒一些，他們不會離開。對很多人來說，他們對內在判官的第一次經驗，可能是小時候在想，如果我不像這樣，他們會更愛我。

別人對我們說的話，尤其是負面的或批評的話。常見的例子有：

不要那樣做。你沒辦法的，糟糕耶！懶人！你為什麼要這麼做？你有什麼毛病？丟臉。如果你被欺負，或遭受過任何形式的虐待，那個時期的話也可能被內在判官選用。即使沒有了施虐者，你也要繼續虐待自己。

社會、媒體、你的信仰和其他權力結構，它們傳播了關於我們應該如何做人、行事、生活和外表的資訊。常見的例子有：

照片中的那些人值得稱許、討人喜愛，而我看起來不像那樣，所以我是失敗的。手淫是一種罪過，而我在想這檔事讓我是個罪人。脂肪和橘皮組織很可恥，因此，我的身體令人厭惡。

這些事情都不是真的。

大致上，我們的內在判官是我們聽到的所有話語和訊息的混合體，或者更確切地說，被我們解釋為別人所說的話。每當我們覺得，糟了，我有問題！大腦就會把這一刻給記錄下來，所以內在判官是我們大腦的大雜燴。

你不必在殘酷的環境中成長，就可能接收到這樣的訊息。

如果你在關心和憐愛你的人周圍長大，但是這些人對自己卻過於挑剔，他們消極的自我對話和自我批評的態度可能會感染到你。例如，許多人看到他們的照顧者對衰老或發胖感到恐慌，可能就會注意到，如果他們也開始衰老或發胖，他們的內在判官就會開始攻擊他們，甚至在開始衰老或發胖之前就開始攻擊。

人們常會用諸如「更努力」、「你只會讓自己失望」、「不要偷懶」、「不要那樣，只要專心」之類的話來激勵孩子。這些話是為了我們的共同利益，但是對一些人來說，最終會成為我們消極自我對話的另一部分，像是「別再偷懶了，你是怎麼搞的？」

兒童在成長過程中通常會經歷同儕的壓力：「別當懦夫」、「只有膽小鬼才害怕」，「如果你為我做〇〇〇，我會更喜歡你」，這些話導致許多人都有內在判官，只要我們想抗拒別人建議的活動時，就會羞辱我們，擔心如果我們不遵守，別人會不喜歡我們。

史戴芬·艾德（Staffan Ehde）在他的TED演講「誰決定了你的想法？決定的人不是你」中說，一般孩子在十八歲之前會聽到「不」、「你不能」或「不可以」，以及其他類似的負面陳述，大約十四萬八千次，這相當於平均每天二十三次。

即使我們在溫暖和關愛的環境中長大，即使是在成年後，那種消極的偏見和直接的「不行」、「不准」、「不可以」也可能會妨礙我們。

這並不意味著我們都完蛋了，實際上相反。這意味著我們大家都可以開始明白，我們的內在判官可能並沒有反映出當下的情況，沒有反映出我們真心相信的事實，也沒反映出我們應該聽取的現實情況。這意味著我們可以開始說：「嘿，我看到你了，判官！而且我不覺得我是否能同意你的看法！」

快速練習：了解自己的內在判官

在接下來的四十八小時內，注意自己的自我對話，注意你對自己的正面和負面評語。你可以隨身攜帶一本便條紙和一支筆記錄你的評價，或輸入到手機的記事本裡。四十八小時後，再回來把它們寫在這下面。

我對自己的正面評語是：

我對自己的負面評語是：

有很大的不同嗎？在二十四小時內，是正面或負面的想法出現的比較多？你對這個結果感到驚訝嗎？

接下來，瀏覽一下負面的評語。主要的主題是什麼？是「你不夠好」、「你需要改變」、「你在某些方面很差」、「要更努力」？這些聽起來像誰的話？過去有人對你說過這些話嗎？你第一次這樣想是什麼時候？請具體想一想，這些想法是否與你的照顧者說過的話有關，或者是說這些話的人你覺得比你更有權力？

返回到本書第一部和第二部之間的內容，以及你對自己應該是什麼樣的人的信念清單，還有別人對你說過的三句最討厭的話。有重疊的地方嗎？如果有，那是非常正常的，證明我們內在判官是針對個人的。

為什麼內在判官會這樣呢？

儘管我們每個人都會有專注於我們生活中不同主題的內在判官，但大多數人內在判官的共同主題是：「你不夠好」、「你不可愛」或「你在某些方面很糟糕」。

為什麼會這樣呢？

沒有人喜歡我這樣說，但是，就像羞恥一樣，內在判官實際上可能是我們為了保持安全而發展出來的東西。

如果你的反應是，「什麼？**保護我？**我的內在判官所做的都是傷害！」我聽到了！但是，請耐心聽我說。想想你的內在判官……它什麼時候變大聲？它什麼時候最大聲？是當你走出舒適圈的時候嗎？或者當你即將這樣做的時候，無論是在一段戀情中、在工作中，還是在你生活的其他方面？是在你已經冒險，或即將冒險的時候嗎？例如，不要這樣做，你只會做得很糟。會出錯的。你以前犯的那個錯誤，證明你會把整個事情搞砸了。

內在判官出現的時候，是不是當你注意到自己的某些事情可能會影響他人對你的評價？是不是當你和別人在一起時，別人說了些什麼你正在猜測的事情？他們認為你是個白痴。你何必多說什麼呢？他們現在可能討厭你了！

或者，當你做了一些你小時候不被認可的事情時，即使可能批評你的人根本不在場？只有懶人才會整個早上都躺在床上；你很懶惰，會一事無成。

我們的內在判官通常會在它認為我們處於危險之時大聲說話。我們現在談論的是我們在第一章中討論的那種危險，是我們做了某件事會導致我們不被照顧者或我們所愛的人喜歡的危險。

在我們成長的過程中，我們的大腦會內化，並總結所有告訴我們誰是「理想」孩子的資料。

這提供了一個藍圖，說明如果我們要在照顧者、社區、信仰和我們周圍的世界眼中被視為「完美」或「好」孩子，我們認為自己「應該」是什麼樣的人，及我們必須制定什麼樣的道德標準。

每次我們偏離完美的「標準」類型時，內在判官就會提高嗓門，可能會使用你遇過最辱罵人的話來鞭策你，讓你恢復原本的樣子。這也是真正受過別人施加痛苦的人，或者被人忽視的人，他們的內在判官會如此無情的眾多原因之一。

內在判官就像全視之眼一樣，像是警察、法官、陪審團和劊子手集於一身。它想保證你獲得贊同，它就像別人一直在看著你，提供給你它認為你需要的資訊，以保護你免受他人的評判。

它實際上是想保護你免受羞辱，免於「我不好」這個信念的影響。問題是，內在判官不會用客氣的說法，「哦，順便說一下，那件事……也許不要做，因為你可能會有麻煩，或者你可能會失敗，然後我們所愛的人就不會高興。」這是因為特別在我們小的時候，使用強烈的語言來塑造我們的行為或抑制我們的衝動，會更為有效。

想想看：你可能會伸手去拿那個被禁止的食物（那是你的照顧者說會讓你變胖的東西，他們以前看到你吃時會叫你「胖子」），或者你可能會開始哭，和他們分享你的痛苦（當你的照顧者明確告訴你哭是「娘娘腔」），這時你會聽到內在判官的聲音，但是你說：「不會啦，沒事的，我還是這麼做。」結果，內在判官發起了攻擊，它評斷你，懲罰你。

它的判決：你很糟糕。你很爛！壞孩子！壞～壞孩子。它使用以羞辱為主的語言，可能會變成對你實際的折磨。

由於我們討厭這些感覺，而且很少知道如何去處理這些感覺，我們傾向於避免造成這種感覺的情況，或者拼命嘗試改變內在判官所說關於我們的事情，結果內在判官戰勝了你。

你可能會開始避免吃餅乾，或者一想到你很想吃餅乾就感到羞恥。每當這類情緒上來時，你可能會難受或覺得很羞愧。

一旦我們了解到理想樣式應該是什麼模樣，並學到一套自己的私人監督方式，就會發生其他事情。我們可能會推開自己許多不在可接受範圍內的部分，把它們拋棄在黑暗中，並一直延續到我們的成年生活。

例如，如果你被訓練成「好女孩」，你可能試圖推開自己任何可能被視為「壞」的部分。等你是大人後，你可能會有這樣的時刻，心想，去他的，我要放縱一下，你度過了一段美妙的時光。然後，第二天，評判的聲音就變大了：你又來了；好女孩不會那樣做。丟臉，你在想什麼啊？你是個大人，你真是個失敗者，現在其他人也都知道了。你發誓不再有這樣的夜晚。

直到你又做同樣的事了。

一個循環可能看起來像這樣開始的：

好女孩

↓

很少得以放鬆，但突然有自由/狂野的喘息片刻

↓

內心的批評突然增加，伴隨著羞恥感

↓

恢復好女孩的身分（暫時）

現實是，對於許多經歷過這個循環的「好女孩」來說，她們暗自想要更自由、更自我，並且一生都在這樣做，但每當她們在做自己的時候，她們內心的批評就會變得更響亮（並且經常聽起來疑似小時候的某位家庭成員或其他權威人物，這不是巧合）。她們沒有意識到，試圖遵從內在判官（或者在這種情況下，可能是內在照顧者），並避免這些自由或「狂野」的行為和衝動，只會增加再次叛逆爆發的可能性。

如果這部分的內容與你有關，要擺脫這個「好女孩」循環，答案不是要停止狂野的時光，而是要體認到，你的內在判官實際上可能是你的照顧者的內化版本（或任何其他訓練你「要乖」的人），並且那個不斷發出的聲音仍然試圖要你聽從這些以讓他們留下好印象，你仍然在努力成為他們眼中的「好女孩」。

但是，你不僅只是一個「好女孩」，你現在已經是大人了，並且還有更多需要探索的方面。

這是直接允許你停止為照顧者或你腦海中的其他聲音行事的許可，而這些人很可能已經不在你身邊監督你了！迎接「壞」時光的到來吧！值得興奮啊！

如果你受的是宗教教導的方式成長，你可能被教導要「貞潔」而不要「犯罪」。在這種情況下，內在判官發展成讓你在家人、宗教領袖和（或）神的眼中，保持「好的樣式」。你可能一直想堅持自己的信仰，及其關於性、手淫和（或）要當異性戀的信念，因此你可能會嘗試把自己的這些部分推開。

但是，然後你「犯錯」了。你發生了性行為，或有了另一種形式的親密關係，可能是與你自己或是跟你「不適合交往」的人發生性關係。

當你衝到淋浴間，羞恥感湧上心頭，感覺無法快速地把自己弄乾淨，內在判官一直在吵：你是罪人，會直接下地獄，水還不足以洗盡你的罪過。因此，你保證再也不這樣做了。一直到，嗯，你知道接下來會發生什麼事。

再次強調，如果你是這種情況，自慰、親密關係和性行為並不可恥，無論你認定自己是異性戀還是多元性別族群，也並不可恥。你是一個很棒、值得支持的人。而且你不需要潔淨自己，因為你並不骯髒，除非你真的變得非常混亂，但那完全是另一回事。

如果你被教養成要當「真正的男人」、「阿法男」（alpha male，譯註：在團體中最具權威、處於領導地位的人），一個不表現出情緒、總是什麼都懂的領導者，你可能會推開自己的情緒和不確定的部分。當悲傷或恐懼出現時，內在判官就會提高嗓門說：你很軟弱，控制好自己的情緒。這種情緒會被推開，推到更深的地方，壓制到以後的日子再冒出來。

當別人表現出的知識或技能可能超過你時，你的內在判官會警告你，你這算什麼樣的男人？貝塔男（beta male，譯註：在團體裡專門替人做事、努力奉獻的人，沒有權威）嗎？因此，你重新表現自己，以其他方式展現自己的力量和才能，跟人較勁誰會的東西多。

如果你從小就相信男人是強勢的性別，必須保持主導地位，那情況就特別是如此。每當有女人對某個話題講得一副很懂的樣子時，你都必須重新表現自己，甚至可能重新解釋她們剛剛說的話！內在判官是有毒的男子氣概支持者，一旦明白這一點，就可以克服。

因此，內在判官以自己的混亂方式，經過演變來幫助我們，讓我們宛如能在媽媽／爸爸／另一個權威的眼中發光。但該死的是，如今它真的會把我們搞得一團糟！

找出你的內在判官對你的要求

問問自己，我的內在判官想讓我做什麼？我知道大多數人的第一反應會是，它想把我給毀了，所以下面我列出由傑伊・厄雷（Jay Earley）博士和註冊臨床社工邦妮・魏斯（Bonnie Weiss）在他們的《啟動你的內在支持者》（*Activating Your Inner Champion Instead of Your Inner Critic*，暫譯）一書中，提出的「七種內在判官類型」。

圈出以下七種任何與你產生共鳴的判官類型。注意它們這樣做的原因，然後問自己：但這有用嗎？

完美主義者：害怕如果你不完美，會被人評判、拒絕或拋棄。這種內在判官永遠不會讓你相信，你的工作或任何任務按原本的樣子就已經是圓滿完成了。它將不斷尋找缺陷，認為這樣的努力會讓你安全。

內在控制者：害怕你可能會失控，過度放縱，因此被社會所拒絕。這種類型的內在判官試圖控制你的衝動，例如酗酒、飲食、性生活，使你適應社會。它認為，自己在對付的是一個內在放縱者，如果沒有嚴格的譴責，是無法管理這個放縱者的。

監督者：擔心你可能被當成懶惰、不可接受的平庸或失敗者，這個內在判官會不斷催促你繼續前進，無論如何，一旦你考慮停止或休息，它就會羞辱你。

削弱者：害怕你會失敗，或者擔心成功後被人「看到」、被人評判而無法應對，這個內在判官會攻擊你的自我價值，所以你不會承擔任何風險。

內疚者：害怕你會重複過去的錯誤，這個內在判官傾向於活在過去，把你拖回到過去，提醒你做錯的一切，從不原諒你。

順從者：害怕你可能變得太自由、太叛逆、太自我，而不是你家庭所要求的，每當你試圖表達真實的自己，而不是規定的東西時，這個內在判官就會把你整頓成該有的樣子。

破壞者：專家說這是「最削弱人力量的判官」，它往往來自幼年的創傷和忽視。這個判官會讓你覺得「自己不存在還比較安全」，不斷地攻擊你的自我價值，告訴你自己已經頹廢不堪，不值得受到尊重或一點理解。如果你對此有所共鳴，請從本書之外獲得支持，因為忍受破壞者的痛苦真是傷心慘目。你應該得到某人的支持，他可以支撐住你的經驗，並幫助你抽離這種情況，幫助你知道你值得存在，世界因你的存在而受益。

這些類型中，哪個引起了你的共鳴？有讓你恍然大悟嗎？是否釐清了你的判官可能試圖幫助你的方式？根據我們內化的觀點，我們可能有一個或幾個內在判官。

可以改變內在判官嗎？

可以！

隨著我們年齡的增長，內在判官似乎不會長大或更新它對我們的看法。它可能繼續讓所有事情針對個人，似乎發生在我們身上的一切都是我們的錯，並且繼續以好的／壞的二元角度來思考。

但是，我們可以改變。我們可以在以下方面變得更好：

- 使用察覺心念和第 219 頁的抽離技巧，觀察而不是落入我們的想法中。
- 注意到我們內在判官非黑即白的觀點，可能會有遺漏的東西。
- 體認到我們現在可以控制自己的生活，不需要一直取悅他人內化在你心中的聲音。
- 相信我們自己的聲音，那種聲音不是屬於我們的內在判官，以及我們相信關於世界和我們自己的真實看法（第十六章專門幫助你找出你的價值觀）。
- 自我疼惜，這是針對內在判官的解方，在第十五章有解釋。

當我們能夠做到這一點時，我們就可以學會尊重生活中對我們重要的事物。我們可以賴床，或者休息一天，當我們的內在判官說我們很懶惰時，我們不再說，「喔，該死，你是對的」，我們可以停下來，深呼吸，記住我們為什麼要做我們在做的事情，然後說：「等等，我需要休息，我可以休息一下。」

我們可以開始一個新的嗜好，犯點錯誤，當它說我們很愚蠢時，我們可以說：「實際上，犯錯是學習的最佳方法之一。」

當一個自以為是「好女孩」的人，在要去找樂子的路上進入酒吧時，聽到她的內在判官突然出現，她可以觀察它，並說：「謝謝，我聽到了，但是我正在做對我有用的事情。」

當一個有信仰的人找到使自己的信仰與個人價值觀保持一致的方法，聽到內在判官在他要去約會的路上突然出現時，他可以承認並感謝這些話，知道自己正在努力使自己變「好」，也知道自己在做對自己和信仰都合適的事情，因為他帶著自信的微笑來迎接約會的對象。

當一個男人從小被教養成要避免顯露情緒，並始終表現出主導地位和領導力，他意識到他不同意這些過時的想法時，他可以聽到他的內在判官出現，並說，「我聽到了，我知道我的男子氣概不是受到我的情緒、知識、能力或主導地位的挑戰或定義。我已經是一個真正的男人了。」

我很希望在這裡結束這一章。但是，我們需要介紹一件事。

“我……

~~不完美~~ 合乎人情

~~失敗~~ 合乎人情

~~痛苦掙扎~~ 合乎人情

~~前後不一~~ 合乎人情

~~頹廢不堪~~ 合乎人情”

對自己好一點

我有一個案主，他把察覺心念的練習做得很好。他能夠觀察自己的情緒出現，然後逐漸消失（就像在看天空中飄過的雲一樣，知道它們只是暫時的）。然而，他在處理批判自己的想法時，這類想法卻不會動搖消失。當我們研究這一點時，發現有一種鬼鬼祟祟的信念在阻礙著他。

我的案主就像我們遇到的很多人一樣，相信他們需要自我批評的聲音，這樣才能在別人之前批評自己，並激勵自己成為最好的樣子。他們認為放下自我批評意味著停滯不前，增加了風險，會讓別人看到「真實的他們」，這樣的他們不夠好或不值得注意。

你有這種感覺嗎？你是否覺得自我批評會阻止你的行為，免得他人看到你的真實缺陷？你是否感到若沒有批評，你最好的情況是停滯不前，而最壞的情況是會真正失敗？

我曾經相信這一點。我鞭策自己變得完美、精疲力竭、痛苦，以為幫了自己什麼了不起的忙。如果我們想克服內在判官的痛苦，這些信念是我們必須解決、挑戰和取代的。如果我們不這樣做，即使你討厭內在判官，我就算教給你所有最好的方法，來斷開和克服內在判官，仍然不會帶來任何改變，因為在內心深處你依然相信，你需要保有內在判官。

因此，讓我們測試一下這種信念，自我批評有用嗎？

想像一下，一個小孩在學習騎腳踏車。起初，他們不知道從何做起。他們坐上腳踏車，開始嘗試。接下來，每當他們犯錯時，你就對他們大喊：「不對，你這個白痴，不是那樣的。你當然會做錯。你都這樣，笨死了，笨死了。你一開始怎麼會認為自己可以做得到？」

你認為會發生什麼事？你認為所有這些叫罵和打擊的行為，會幫助這個小孩學會騎腳踏車嗎？不會，當然不會了。第一，你所做的只是指出錯誤之處。你沒有解釋他實際需要做什麼事。第二，持續的批評會使孩子愈來愈焦慮，每當他們想到或做任何與騎腳踏車相關的事情，都會產生這種焦慮。這種焦慮會使他們想逃避這種情況，與之抗爭，或可能使他們裹足不前，使他們無法思考和行動。

現在再次想像這種情況。

這次你沒有批評孩子，而是注意到他們在安全騎車之前，需要學習許多步驟。你會注意到首先需要改進的地方，你會面帶微笑，對進展順利的部分給予鼓勵和稱讚，然後就需要改變的部分提供建議和保證。你認為這與前一個場景有什麼不同？

當你批評自己時，你就是第一個例子中的大人。你沒有鼓勵人尋找需要改進的地方，然後建設性地提供進步的方法。你使自己走上焦慮之路，所以你會封閉起來。需要更多的例子來說服你嗎？別擔心，我已經準備好了。沒有人會在聽到一個例子之後，就改變持續一生的信念。

想像你在工作，你犯了一個錯誤，是一個很嚴重的錯誤，會給組織中其他人帶來麻煩，所以需要來解決問題。你非常擔心自己所做的事，以及即將發生的事。

現在，假設你有兩個老闆，都很擅長於他們的工作。其中一位老闆很容易生氣和挑剔；另一位做事界線分明，辦事嚴謹，而且這個人更有建設性。

你知道，如果你去找一號老闆，他會向你大吼大叫。他會大聲喊出所有你已經對自己說過的話：「你這個白痴，你怎麼會讓這種事發生？當然都是你把事情搞砸的。你都這樣，給我解決好，現在就解決好！」等等。

你知道，你離開這樣的談話後，你會因焦慮、難過和羞愧而感到不知所措，並且不知道下一步能怎麼做。即使想在會談後有工作成果，你也知道你不可能集中精力。你還知道可以去找二號老闆，你知道他也會很生氣，畢竟，你確實把事情搞砸了。但是，你知道他會說，「哇，那真的很糟糕，真的太慘了。但是，我們需要理好頭緒。我們有幾分鐘來弄清楚是什麼地方出了問題，然後來解決。讓我們把事情弄清楚，這樣問題就不會再發生了。」

如果你想克服這個問題，二號老闆顯然是你要去求助的老闆。二號老闆能夠注意到缺陷，對此也會有情緒，不過仍然提供建設性的協助。儘管你可能仍會感到焦慮、難過和羞愧，但與第二號老闆講話，沒有像與第一號老闆講話那麼痛苦，而且結束時你會獲得解決計畫和支持。

對自我批評的新態度

自我批評使我們無法成長，反而妨礙了我們認為需要它來達成的目標，也許你已經知道這一點。也許你已經注意到，如果你的內在判官說：「那不適合你，你在痴心妄想什麼啦？」你就會避免去從事某些工作或去新的地方。

也許你已經注意到，即使你想去健身房，你愈是批評自己不去：「你怎麼還不去？天啊，你有什麼問題啊？」你是否就更不願意去了？

你還有什麼選擇？

通常，人們認為，如果他們不苛責自己，那麼就無法實現預期的目標。這是一個全有或全無思維的完美例子，我們都有這樣的想法，就像好與壞一樣極端。

全有或全無思維是在一種情況下，你只有兩種立場可選的想法。在這種情況下，這些立場是：一、他媽的非常重要，或是，二、對自己過分保護或放縱。但其實，還有更多立場可選。

我故意讓二號老闆處於這兩種立場之外。二號老闆能夠堅定、誠實地處理錯誤，但仍然明白事情的本質是一個錯誤，這是所有人都可能發生的事情。然後，二號老闆設法接受已經發生的錯誤，並找到了前進的方式。

現在你對自我批評有哪些的新信念來選擇？花點時間來想一下。並非你決定了一個新的信念，然後大腦就會直接同意，絕對沒有那麼簡單，這需要時間，也需要練習。

這裡有一個可行的新口號，你也可以試一試，我經常會分享給我的案主

> “善待自己，努力接受自己並不等於放棄或停滯不前。恰恰相反，這提供了一個機會，讓你擺脫自我懲罰的負擔，並過著充實的生活。”

（我本人已經用過很多次）：

我正在學習，雖然感覺隨時苛責自己會有幫助，但這實際上可能會讓我變得焦慮，無法從事我想要／需要完成的任務。因此，也許自我批評並不像我想的那麼重要。也許更重要的是，在批評自己時，逮住自己不要這樣，並決定花點時間對自己說些讓自己平靜下來的話，然後設定如何前進的計畫。

你試試看，把這段話寫在你可以重複多次接觸到的地方。盡可能多讀這段話，看看當你對自己說這段話時會發生什麼事。當你採取新信念中所描述的步驟時會發生什麼事，你會有不同的感覺嗎？

> “如果你多年來一直在苛求自己，負面的自我對話會讓你感到安全、可預測，就像家一樣。改變這一點，可能會讓你覺得可怕、陌生和未知。”

克服內在判官的快速技巧

1. **當你注意到你的內在判官提高嗓門在說話時，問問自己：**「你會用對自己說話的方式對朋友說話嗎？」如果答案是「不會！」（通常答案是不會，再加上「如果我按照對自己說話的方式對他們說話，我就不會有朋友了」），那麼……想像你的朋友正在經歷你所在經歷的事情，擔心你所擔心的事情。你想對你的朋友說些什麼？你想如何對待他們？你想給他們泡杯茶嗎？給他們一個擁抱？告訴他們，他們有這樣的感覺是完全有道理的？一旦你決定了你會說什麼和做什麼，就對自己說這些話，對自己做那些事。

2. **替你的內在判官取一個名字。**為了讓你和內在判官之間建立距離，問問你自己，如果它是你身體之外的一個立體東西，你會叫它什麼，它會是什麼樣子，它的聲音聽起來像什麼，它會以什麼形狀或形式出現。我知道許多人的內在判官就像電影《辣妹過招》（*Mean Girls*）裡的瑞吉娜．喬治（Regina George），是一個尖酸刻薄的青少女，她自己的不安全感和羞恥感使他們遭受欺負和傷害。我知道其他人認為他們的內在判官就像史丹利．庫伯力克（Stanley Kubrick）導演的電影《金甲部隊》（*Full Metal Jacket*）中的新兵訓練士官長，他有句台詞是大喊：「白癡，你最廢物的地方是什麼？」還有些人認為他們的內在判官就像一團霧或一個影子，大小會隨著聲音或效果的增大而增加。我一直把我的內在判官想像成我自己最討厭的版本，她看起來像我，聽起來像我，幾乎沒有什麼細微的差別，但她一點同理心或好奇心都沒有，我稱她為「那個女孩」。當你的內在判官跳出時，請想像這種樣式的內在判官。然後（與上一頁的技巧一樣）大聲說出你的想法，但用你為內在判官創造的聲音說出來。

3. **誰是你的內在啦啦隊？**在第47頁，我請你說出讓你感受到支持和安全的人（或寵物或地方），幫助你生存的人或事。在第一部末，我讓你寫下任何人對你說過最好的三句話，以及你生命中最重要的三個人（或存在），以及他們給你帶來的感受。你的內在啦啦隊是其中之一嗎？它是這些人的混合體嗎？它說的是這些人的支持話語嗎？還是你的內在啦啦隊是一種角色？你可以選擇是什麼樣子。當你的內在判官跳出來時，把你的注意力轉移到內在啦啦隊會說出的回應。

里程碑和自我批評

每當我們未達到人生的「里程碑」時，我們往往最容易受到內在判官的影響：我二十歲了，我應該知道我的人生在做些什麼；我今年二十五歲，我應該振作起來；我三十歲了，我應該有一間房子和一些錢了……等等。（順便說一下，我已經三十多歲了，我覺得我還沒有完全做到這些事情！）

在第167頁，我請你寫下你認為在你人生的某些時刻，你應該達到的程度。時間表和目標很重要，對不對？使我們能夠把精力集中在對我們重要的事情上。

然而……

很多我們努力爭取的事不是我們所能控制的。

別人經常教導我們，說我們的目標很容易實現，如果我們集中精力，一定會實現我們希望的目標。然而，事實並非如此。

我們無法控制會遇到什麼人，也無法控制我們會與誰融洽相處，但我們假設我們會約會，並找到愛情，而且我們大多數人都期望這會在二十多歲或三十多歲時發生。

我們無法控制或知道我們是否能生育，或者我們是否能夠足月順利生產。然而，許多人被教導要有小孩和（或）必須生小孩。

談到工作方面，我們可以盡力而為，但是當我們找工作時，我們無法控制別人對我們的看法；也無法控制世界上會發生什麼經濟狀況。

有時候人們會選擇我們，有時候不會。有時候機會對我們有利，有時候則不然。而且我們生活中發生的很多事情都取決於運氣和特權，但我們卻為無法控制的事情而自責，尤其是考慮到一些不可預見的事件，例如疾病、事故和國際大事，這些事情可能突然發生，讓我們偏離軌道。

很多時間表都有年齡歧視。

我們都聽說過諸如「剩女」、「喜歡幼齒男的熟女」、「裝嫩的婦女」之類的說法。這些論調使人們相信，到了一個特定的時間點，人們一定要有伴侶，並有不同的表現。我意識到這最後一點是嚴重的性別歧視，這是有原因的：許多年齡歧視的時間表其實是嚴重的性別歧視，並偏袒男性，他們可以成為「魅力熟男」、「單身漢」，並永遠愛和誰上床都可以。只要看一下電影中的選角就知道了。

年齡歧視是非常有害的，它傷害了我們，再加上我們內化的時間表，讓很多人覺得自己一直很失敗。

雖然我們人生中的某些部分確實有時間限制，例如，隨著我們的卵子數量和品質的下降，生育能力確實會下降，這會使尋找潛在伴侶的競爭變得更加激烈（因此，為什麼現代有愈來愈多的女性正在奪回控制權，提早冷凍她們的卵子，以便她們隨時使用），很多人認為期限一到他們就沒有機會了，而實際上他們把期限想像得比實際情況還要早很多。

日本登山家三浦雄一郎在八十歲時第三次登上聖母峰，英國參與諾曼第戰役老兵查爾斯・貝蒂（Charles Betty）在九十五歲完成了歷史博士學位。在本書撰寫之時，喬治・柯比（George Kirby，一〇三歲）和多倫・柯比（Dorren Kirby，九十一歲）這一對佳偶，根據紀錄是「最老的新婚夫妻」。

另一位曾參與諾曼第戰役老兵派翠夏・戴維斯（Patricia Davis）在人生早期覺得表達變性的願望不安全，終於在九十多歲時做了變性手術！加油，派翠夏！

許多人都在為實際上並非自己的理想而奮鬥。

每當我聽到有人說：「我應該……」我總是問：「誰說你應該？」因為很多時候，是媒體告訴他們應該去健身房減肥；是社會告訴他們每週都應該達到一個新的里程碑。

我的一名案主花了六年時間申請念醫學院，每年都沒有通過面試而責備自己，然後才意識到，他不是在追逐自己的夢想，而是在追隨他父親的野心。很可能正是因為這個夢想是他父親的而不是他自己的，所以他從未投入心思於申請的過程中。

當我們完全相信我們的時間表，把目標和價值建立在我們的成就上時，我們的幸福隨時處於危險之中。我們把自己的理智建立在可能發生，也可能永遠不會發生的人生重大事件上。這就是為什麼我個人已經休息了幾年，依然完全沒有規畫任何時間表的原因。我目前唯一的時間表是與我合作的人和公司所設定的工作期限。

在沒有個人時間表的情況下，如何安排自己的時間和精力？努力實現以生命價值為中心的生活方式，這一點我迫不及待要在第十六章中與你討論。

> “結婚、買房、擁有亮眼的職位頭銜、一大筆錢，甚至一艘船，這些可能都很好，但它們並不能讓你成為更好的人，這些東西不能反映你的價值。”

思索里程碑的快速習題

回到第 167 頁，回到你的時間表。

1. 你認為自己的價值是建立在實現這些里程碑的基礎之上嗎？
2. 有沒有什麼里程碑是你還沒實現的？如果有的話，你是否因此批評過自己？
3. 有沒有什麼里程碑是你透過批評自己而實現的？
4. 哪些里程碑可能會受到你無法控制的因素所影響？
5. 你逐步地實現每個里程碑，是誰告訴你「應該」實現這些目標的？是誰的主意？如果不是你的主意，你還想要做這些事嗎？
6. 你是否相信過了一定的年齡後，要實現這些里程碑就太晚了，或者要嘗試新東西就太晚了？是誰告訴你會太晚？

人生時間表的快速提示

要探索對時間表不同的思考方式，請到第十六章來研究你的價值觀。

新規則

- **當你還是個小孩的時候，你的內在判官是為了讓你「聽話」，並被認為是「好孩子」而出現的。**它的想法已經過時了，成年後你不需要聽它的。如果這個聲音沒有試圖阻止你，你會決定自己想成為什麼樣的人，以及你會成為什麼樣的人。你會找其他的工作嗎？參加戲劇的徵選？你會更狂野嗎？你會有更多的性生活嗎？你會嘗試冒險的活動嗎？你會怎麼做？
- **每次你注意到你的內在判官出現時，回到這一頁，**詳盡地想像你的內在判官，用你給它指定的聲音（最好是愚蠢的聲音），重複它的話。跟它說「嗨」，向它點點頭，感謝它試圖保護你的安全，然後想像自己離開它，讓它漸漸消失。或者想像讓它坐在你旁邊，然後你把注意力轉回到任務上時。或者，這真的是我最喜歡的一招，想像你的內在啦啦隊，和它們會說的好話，把這些話記在心裡。
- **在短期內，如果你覺得內在判官讓你不堪負荷，請與你的朋友聯繫，**分享你的感受，沉澱情緒，進行呼吸或察覺心念練習，運用本書第三部中任何對你有用的方法。
- **從長期來看，你需要為內在判官造成的痛苦創造解方。**你需要培養同情的聲音，並建立起內在的啦啦隊。如果自我疼惜對你來說很吃力，請參閱第 270 頁的練習，來找到起步的地方。
- **要有心理準備，至少在短時間內，內在判官可能會變得更大聲。**當我們開始找到自己的聲音、自己的價值體系，並以我們想要的方式行事時，我們可能會發現內在判官更頻繁地攻擊我們。發生這種情況時，沒關係。我們只需要繼續練習與我們的想法抽離，可以使用愚蠢的聲音，或第七章的歌曲建議。

- **無論你做什麼，都不要對抗內在判官。**當我們對抗它時，它往往會變得更大聲。請記住，對抗可能並不構成「好的行為」，所以它會變得更加殘忍。
- **要知道，無論你的內在判官說什麼，你都是一個具有多種面向、非常棒的人，超乎它所承認的樣子。**當你的朋友稱讚你時，要開始相信他們，因為他們是最了解你的，你可以聽他們的話。
- **如果你的內在判官聽起來像虐待你的人，請與治療師或你真正信任的人交談。**對於遭受過他人虐待的人來說，可能會感覺到虐待者仍然在他們的腦海中。如果你是這樣的人，請與其他能夠支持你度過難關的人談論此事，也許是治療師，因為他們知道如何幫助有這些經歷的人。更多有關這方面的資訊，見第十八章〈接受治療〉，當中介紹的「內在家庭系統」（Internal Family Systems）可能會適合你。
- **每當你相信你「應該」達到人生的某個地步時，問問自己，「是誰說我應該的？」然後用「可以」替換「應該」這個詞。**當我們使用「可以」一詞時，我們就切換到選擇的立場，這會自動賦予你更多的力量。與其說「我應該去健身房」，不如說「我可以去健身房」，這樣讓你對自己的行為有更多的選擇，並確保你做自己想做的事情，而不是你覺得別人認為你應該做的事情。
- **許多人批評自己沒有「不斷成長」**，然而正如珍妮・奧德爾（Jenny Odell）在著作《如何「無所事事」：一種對注意力經濟的抵抗》（*How to Do Nothing: Resisting the Attention Economy*）中所說的：「在健康和生態的框架中，成長不受控制的東西常被認為像是寄生蟲或癌症一般。但是，我們現在居住的文化卻給予新奇和成長特權，凌駕於循環和再生之上。我們對生產力的概念是以生產新事物為前提的，然而我們往往不像原本那樣，把維護和照料視為具有生產力的事情了。」你不需要改變就已足夠了，無論你是否達到你的里程碑。

- **負面自我對話和內在判官的解方就是自我疼惜**。第三部的第十五章談到了這個問題。如果「自我疼惜」一詞對你來說太過空泛，你可以為它選擇另一個標題。我編造的標題幫助我實際上冒險一試，叫做**「如何不用混蛋的方式對待自己」**。

給你的信

你好！

本書第二部已經接近尾聲了。

在第一章中，我們談到了人際關係，那些我們沒有選擇，但讓我們走上人生道路的人際關係。現在，經過一番周折，我們又回到原點，再來討論人際關係。

然而，這一次，這些關係是我們選擇的，也就是在約會和愛情中的關係。

下一章將從現代的約會經驗開始，並以影響我們是單身、約會中或有固定關係的共同因素來做結尾。

感覺說到這邊很適合結束這部分的旅程了。

蘇蘇博士♥♥

10・現代愛情

愛情，以及對情感連結的希望，也許是最人性化的經歷。在我的診所裡，人們訴說自己在尋找愛情的過程中感到困頓。

「約會是如此痛苦，哪裡出了問題？」

「我的戀情一再失敗收場，我一靠近，對方就走遠。」

「是我太獨立了，不能談戀愛嗎？」

「對方跟我想的不一樣怎麼辦？」

「愛情到底是什麼？」

這些問題來自各種人，那些正在約會或暫時發誓不要約會的人，還有戀愛中的人，無論是新戀情，或是已經在一起多年，兩人的關係就像你最喜歡的舊套頭毛衣，穿到很柔軟，都變得跟你的身形一模一樣了。

本章將幫助解開約會和愛情中一些最常見的障礙，詳細告訴你交友App的陷阱、我們的依附類型如何影響我們的戀情，以及如何找出愛情對你的真正意義。

交友App

現在約會比以前方便太多了，若你在午餐時間決定要開始約會了，下載一個應用程式，然後當天晚上就可以與你約會的對象一起用餐。

約會是與他人交流的機會，看看你們怎樣為對方的生活帶來快樂。然而，你是否曾經因為想要了解其他人而興奮地開始約會，但在約會的片刻（或幾次）後，注意到你突然從，我對這個人有什麼看法？轉變成，我夠格嗎？對方對我有興趣嗎？我對他有吸引力嗎？我需要做什麼，或展現什麼才能確保自己是「真命天女／天子」？

你是否曾經忘記要好好地了解自己的約會對象，反而變成全神貫注於他們是否會選擇你？如果是這樣，並不是只有你會如此而已。

這並不是因為我們都「沒有安全感和神經質」，而我許多朋友正是這樣毫不仁慈地（和不準確地）描述自己。

我們約會時（以及我們在長期的關係中）的感受，是由各種複雜的因素造成的，例如我們以前約會時的經歷（如果有人劈腿或傷害你，你下次開始約會時可能會保持警惕）；我們在上一章中談到的時間表會讓人們恐慌，認為他們只剩有限的時間來找到合適的人；我們是否把我們的感情狀態視同於我們的價值（如果你是這樣，請記住，你的價值不是根據你的感情狀態，你已經很棒了），以及本章中的所有其他資料，例如交友App。

現代交友App替約會增加了便利性，但也增加了複雜性。

你登入後，燈光閃爍，並希望配對的對象也閃現出來。在「右滑代表喜歡」

> “交友App可以讓你找到你一生的摯愛，也可以使你感到焦慮、被人甩掉和不知所措。請保重了！”

的交友App上，滑動和配對是相當於社群媒體上的按讚和分享。又是另一個互相評分的機制，像Instagram一樣，會讓一些人感到痛苦，很容易相信我們得到的「分數」就是自我價值。因此，更多潛在的多巴胺高峰和低谷，很可能讓我們以第三章中討論過的方式上癮。

交友App是非常聰明的設計，但你不會想沉迷於此。

根據研究顯示，交友App的使用增加，會加劇身體滿意度下降、身材監控（不斷在意自己的身材）[1]、社會比較，以及相信自己要符合媒體設定的社會對美麗的理想。

這些應用程式因為提供了「選擇的弔詭」（paradox of choice，譯註：太多選項造成消費者選擇上的困難，反而無法輕易做出購買決定的現象），反而其道而行，讓有些人更難找到對象，也許只需輕輕一滑，就能找到適合我的人！也許下一次會滑到更好的人，或者再滑三次。

這與我們想像的可能不一樣，選擇增加了並不一定是好事。

每當我去的餐廳菜單上有一百種東西時，我突然不知道從哪裡開始。我暫時決定吃義大利麵，然後同桌的人說他們要吃牛排，我突然就很苦惱。天哪，如果那是更好的選擇，怎麼辦？如果我選錯了，怎麼辦？

當選擇太多時，決定吃什麼可能已經夠難了，而這個決定的影響只會左右我們生命一天中不到一小時的時間。因此，想像一下，交友App提供數不清的選擇，多麼會影響我們認為可能左右自己後半輩子的決定。

當大海裡似乎有那麼多魚時，如果你遇到某人，但沒有立即建立起情感的連結，何必還要多留點時間看看是否談得來，因為可能下一個人就會讓你心動？如果雙方有分歧，何必要逐步解決問題，因為下一個人可能馬上就與你的價值觀更一致？

重點是，情感的連結並不是每個人都可以立即建立起來的，有時候需要努力，或決定投入心思，才能共同建立感情。

選擇的悖論也有可能貶低了 App 上每個人的價值，因為人都是可以立即被替換的。而且，許多人確實表示，約會時會覺得容易被甩，他們認為頻繁地替換約會對象，這與他們的外表、個性和社交技巧有關，其實這些條件混合在一起時，會讓情況很複雜，所以會這樣也是正常的，並非每個人都能與他們遇到的人打成一片。再加上現代的「選擇的弔詭」，這意味著許多人發現很難和某個人安定下來。

交友 App 還意味著我們可以有一個勾選清單，來尋找符合標準的人：「我想要一個喜歡戶外活動的紅髮男」、「我想要一個關心政治的嬌小金髮女生」，然而我們認為我們想要的，可能不是我們真正想要的，甚至不是我們需要的。

誰會讓你心動，情況並不一定明顯。你可能會遇到一個人，並不符合你的金髮和身材曼妙或高大黝黑和英俊的條件，但出於某種無法解釋的原因，你想和對方直接上床，或者和對方一起過未來的生活。你可能會遇到一個符合你所有條件的人，從理論上看起來完美，卻讓你毫無感覺。也許戶外活動或關心政治是首選，但如果某個人的興趣在其他方面，但會給你帶來情感的連結和快樂，而這個人在等著你，怎麼辦？

“約會不像逛街購物，你可以看到一雙鞋的照片，瞬間就知道你喜歡這雙鞋，只要在你穿上去時合腳，嘿，就像變魔術一樣容易似的，這雙鞋就是你的了，可是你不能對人這樣做。真正的情感連結是要花時間和精力去了解一個人，並學會接受通常會讓你討厭的事情。”

此外，許多人都沒意識到，我們會不自覺地被我們知道的東西所吸引。

如果真正讓你心動的人，是重現你某些早期生活經歷的人，請不要感到驚訝。順便說一下，這是正常現象，對擁有正面童年關係的人來說，這很棒。對於我們這些經歷過拒絕、混亂或虐待的童年人際關係的人來說，我們需要注意到，有時候我們可能會被那些最初看起來並不像我們的照顧者的人所吸引，然後，在接下來的日子裡，突然似乎讓我們感覺到自己小時候的情況。如果你是這樣，問自己，你是否注意到你的約會方式有任何模式。如果你發現任何的模式，問自己，你的伴侶拒絕、混亂或虐待的第一個跡象是什麼。把那些事情添加到你的危險徵兆清單中。當你約會時，請注意這樣的情況，並找你的朋友來支持你，以便他們也可以注意到此事。這是我們某些人需要戒除的模式，而這可能需要其他人的支持才能實現。

當我輔導正在尋找戀情的人時，我不只是教他們關於他們的依附類型（我們即將重溫），還教他們常見的約會經歷，像是約會對象讓我們感覺在跟照顧者一樣的人約會。我教他們關於選擇的弔詭，以及在約會時感覺會被甩，並不是因為他們「失敗」。我幫助他們明白，他們將可以從提前了解這些情況中受益：

- 你希望得到怎樣的對待，這樣你可以在約會時尋找這一點。
- 你的危險徵兆是什麼，這樣你知道什麼時候要走人。
- 使用 App 需要嚴格的界限，例如規畫你何時查看 App，以及何時忽略 App（一項調查顯示，人們每天在 App 上花費長達九十分鐘，這意味著它會占用你的時間和注意力）。
- 在處理約會的情緒起伏時，如何練習自我疼惜（見第十五章）。

但同時，你對伴侶在長相、共同嗜好和人生目標等方面的期望也很重要，並且可以稍微保持彈性。敞開心扉，去和那些可能會讓你驚喜的人約會，或許是一個重要的前進方向。

當我們約會時，會對未來產生幻想

無論你在哪裡認識約會的對象，還有一件事需要注意。

當我們喜歡某個人時，我們的大腦會把關於眼前這個人的一點點資訊拿來填補空隙，創造出幻想。

你是否曾經見過某人一次或兩次，覺得你與對方心有靈犀一點通，然後他提到和你有一些相似的興趣，突然間你陶醉在與對方在一起的想像中？哦，天哪，我喜歡露營／大自然／在公園的長椅上喝蘋果酒（我以前的擇偶條件，不要批評我！）／我也很愛小眾的德國極簡電音！我們很有機會發展下去！

你有沒有注意到，你很快就開始跟腦海中對那個人的想像在約會，而不是跟你面前的人約會，你有多快就陷入了對未來的幻想中？幻想你們將一起做什麼事、你們要去哪裡、想像你們未來出國旅行，到時候你們會一起吃一盤義大利麵，吃到同一條義大利麵，然後在麵中間相會親吻，就像迪士尼的動畫電影《小姐與流氓》（*Lady and the Tramp*）的經典浪漫畫面，或者幻想到其他你喜歡和希望的東西？

如果是這樣，這很正常！但是，我們必須設法注意到這種情況，因為我們很容易迷戀上對人的想像和對未來的**想像**，而不是喜歡上當下現實中和我們在一起的人。

這可能意味著，我們忽略了當前正在發生的事情，使我們更有可能忘記需要去了解更多關於此人的事情，而不是依賴我們的預測。

這意味著，當那個人不符合期望和希望時，或者沒有和你一起看到夢想時，或者甚至當他們只是比平時多花一點時間才回你簡訊的時候，我們都會覺得要抓狂。

如果這段關係最後還是結束了，我們不僅會感到結束的痛苦，還會因為失去了所期望的未來而感到悲傷。

與其說這種痛苦是關於失去對方，還不如說是關於自己的幻想破滅。

我曾當過投射者，也當過被投射者。我曾與人約會，卻忘記對方還是陌生人。我曾經一見傾心，陶醉在幻想中，嚴重高估了我們之間情感的連結，以及以為我們是多麼的「天造地設」。我還責怪都是蘋果酒和公園長椅惹的禍！

我也曾與人們的「潛力」約會，我試圖把對方塑造成我在我們的未來所看到的人和那樣的關係，這是一個可怕的舉動。

這樣的塑造對我來說很悲慘，對他們而言真的不公平。我幾乎不認識這些人，但我一直在嘗試改變他們，以為自己是在幫助他們，其實我並沒有。

我也曾遇過有人與對我投射的想法約會，他們陶醉於對期望的投射中，我很早就被捧得高高在上，但從那時候起，我就一直讓他們感到失望，那種感覺很糟糕。

我們很容易在不認識對方的情況下認為自己認識對方。當我們約會時，請記住對方還是陌生人，這對一些人而言，是一個簡單但重要的步驟。

快速建議：與你面前的人約會，而不是他的潛力

- 約會時，**既**要讓自己興奮，**也**要提醒自己，你還在了解這個人。
- 檢查你對他們有沒有了解，而不光只是你的大腦告訴你他在未來可能會是什麼樣子，多問問題，深呼吸，一步一步來。要為了對方現在是什麼樣的人來約會，而不是因為他們以後可能是什麼樣的人。

戀愛中的依附類型

在談到約會時，你的依附類型可能會預測你多快被迷住或落跑，還可能預測你與交友App互動的情況。研究開始顯示，焦慮型依附的人比迴避型依附的人花更多時間在滑動選取的交友App（例如Tinder）上面。

在談到長期關係時，你的依附類型可以預測你對爭論的反應方式，以及你需要與伴侶維持多親密或多疏遠的關係。

在第一章中，我告訴過你，我們最早的人際關係構成了我們後來的藍圖（即我們對人的預測、我們在人際關係中會感到焦慮／不焦慮的程度，以及根據上述所有內容我們會如何回應），透過這些經歷，我們發展出一種依附類型，這是貫穿我們一生，與他人和自己相處的方式。

我告訴過你：

> “這是慾望，還是只是一個被啟動的依附系統？”

- **安全型依附的人**在他們生命的最初幾年，就學會了人們想要並且將會待在他們身邊，而且人際關係是可以依賴的。因此，他們在人際關係中往往感到安全、冷靜和自己是有價值的，並且可以自在地給予和接受關懷與愛。如果你是安全依附類型的人，你可能不會感覺到我上面描述的焦慮。
- **迴避型依附的人**學到人們可能會拒絕和疏遠。他們藉由變得非常獨立（這招聰明）來適應這種情況。因此，他們似乎非常獨立，並以這種方式描述自己，既想要建立情感的連結，又推開任何太接近的人，因為「太接近」會引發潛在的緊張或恐懼感（別人不能或不想陪伴他們），他們在童年時期就透過保持距離和依靠自己來處理這些問題。
- **焦慮型依附的人**了解到，人們可能會斷斷續續地滿足他們的需求（即他們可能某一時刻在情緒上與他們同在，但在下一刻就不在了）。對於許多人來說，這意味著他們學會了，如果人們離開他們，他們就必須去靠近，抓住一切機會建立情感的連結（也是聰明的選擇）。他們可能會形容自己黏人或依賴人，如果你是這樣，請不要用這些標籤來批評自己。這不是缺陷，這是一種生存技能，幫助你在童年時把滿足你需求的機會提高到最大。

安全型依附和約會

假設安全型依附風格的人沒有發生過任何重大的破壞性事件，那麼他們會在人際關係中保持安全和冷靜。如果你是這樣的人，你可能會相信別人會在你身邊，你值得被愛和關注，這樣不是傲慢，而是一種冷靜的明白和安心。

交朋友和約會對你來說可能很容易。你可能會認為，其他人的行為並不能反映你的價值（太棒了！）。你不會傾向於耍心機或舉止「忽冷忽熱」的行為，因為你不會感到焦慮，也不會用任何必要的手段試圖讓你的神經系統平靜下來。

在約會時，你可能會很快跟別人「配成一對」，在你選定某人（或某些人，如果你是多重伴侶關係）之前，你可能不會和很多人約會。

如果你（我們，因為我也屬於這一類）是不安全的依附類型，你的戀情經驗可能與那些是安全依附類型的人有很大不同。你可能會感到焦慮或沮喪，每當你遇到一個新的對象，或在你的關係中有任何不確定性時，你的「戰鬥—逃跑—僵持—討好」系統就會啟動。

迴避型依附和約會

在約會的世界中，迴避型的依附以一種特別有趣的方式發揮作用，因為你的大腦透過永遠不要和任何人走得太近的方式來保護你，避免你被人拒絕。大腦做到這一點，靠著不斷尋找戀情會不成功的所有原因。這就是為什麼會動不動就因為一點小事而失去興趣；或者如果你是我，看到對方穿很醜的鞋子就放棄了，我知道，這樣太妄下斷語了！我也有要改進的地方呢！

當你開始約會時，你可能會相信自己想要一個伴侶，但是發現一直有事情在妨礙你建立成功的關係。你可能會認為性是與人建立感情連結的一種安全方式，而犧牲了在情感上建立親密感。

久而久之，人們可能會告訴你，你已經樹起高牆，或者你在情感上很疏遠，甚至冷漠。他們可能會說你在玩「推拉手段」：一會兒主動與某人接觸，你是真的想投入感情中；然後，當對方接近開始與你建立起親密感，或者說一些強烈或深情的話時，你的焦慮就會上升，突然封閉起來，把對方推開，讓對方感到困惑和渴望得到你情感的滋養，其實這種推拉行為也不是那麼曖昧的。

推拉手段的發展模式

如果你正在與迴避型依附的人約會，推拉手段可能會用以下方式發展：

你去睡覺，迴避型依附的人看著你的眼睛，告訴你，你有多麼的棒，「你真懂我，你好棒，我一直在想你，我們趕快計畫一起去做點開心的事情吧？」你醒來後，卻發現這個人現在情緒上可能封閉起來了，甚至可能會疏離你好幾天，彷彿那晚的事情從未發生過。

如果這種行為真的歸結為迴避的依附類型（而且不只是對方不把你當一回事），那麼這個人就會與你保持距離，還要看他需要多久的時間來讓他的依附系統穩定下來（心理學顯示，這種人的情緒反應直接與戀情相關）。然後對方會回來，讓他把注意力放在你身上，直到他覺得在情感上過於親密，並再次暫時地把自己封閉起來。

你（迴避型依附的人）可能認為，其他人會剝奪你的獨立性，因此你可能會不自覺地尋找無法與你建立任何形式長期連結的人。

如果你和一個明顯想和你在一起的人約會，你可能會發現，如果對方允許你與他保持一定距離，或者允許你出現，然後消失，那麼這樣的戀情是可以處理的。但是，如果與你約會的人讓你感到他需要你，你可能會開始感到被困住。你可能想暫時消失，或者想結束這段關係，覺得他已經證實了你不能約會的信念，因為世界上其他人都是這麼黏人，而且耗費時間，卻不知道在你背後真正害怕的是被人遺棄、不被支持，以及如果有人接近你會發生什麼事。

你的內在判官會支持你的想法和恐懼，它可能會告訴你：你不需要任何人，不能信任其他人，只能相信自己；或者告訴你：要保護自己，否則會受傷；它可能會說：別人不會對你許下承諾；或者相反：他們會剝奪你的獨立自主。你的內在判官並不正確，它以自己的怪異方式仍然試圖保護你，但是在這個過程中，可能會使你感到無法與他人建立深厚情感，並可能使你感到孤立。

此外，如果你與某人發生爭執，你很可能在爭執結束後記住對方所有負面的地方。是的，用迴避來保持安全的人，他的大腦一直在努力把親密的機會降到最低。如果這個人對你有特別的意義，請記住這一點，並要自覺地提醒自己對方的正面之處，以免你相信大腦往往會把人推開的那些鬼話。

或者當你和某人分手時，你的依附系統會冷靜下來，這意味著你的大腦不再需要透過指出所有的負面因素來保護你。這可能意味著你對前任的看法突然發生了變化，讓你想起了所有美好的部分，並希望對方回心轉意。

如果迴避型依附的人與安全型依附的人約會，則可以變得更有安全感地依附，因為安全型的人允許迴避者推拉，而往往不會受到影響。

因為我知道所有這些事情，再加上與安全型依附的人約會對我有極大的幫助。我的迴避傾向意味著在長期戀情當中，我有時候必須斷開感情的連結，我會自己去旅行，有我獨自的愛好。我會消失了一會兒，然後又再出現。不同的是，現在我了解迴避型依附，我知道自己在做什麼，我不會在沒有解釋的情況下離開。我解釋我需要什麼，並制定如何滿足我這種需要的計畫，同時也滿足其他人的需要；有時候對方需要我每天打電話或發簡訊給他，有時候對方需要我不要在早上消失。

當一樣是推拉型的關係，但這次有所妥協的時候。

即使只有一小部分人屬於迴避型依附者，但他們卻構成了約會人群中最大的部分，這是因為他們經常在情場上進進出出，意味著他們會定期回到約會關係中。[2]因此，如果你不是迴避型的人，但你感覺有人在和你一起推拉戀情，也許對方是迴避型的人！這並不意味著你需要甩開對方，而是你需要懂得溝通，從約會開始就傳達你的需求。如果對方能夠滿足你的需求，那就太好了。如果沒有，就把對方給甩了吧。

焦慮型依附和約會

如果你是焦慮型依附的人，你可能會認為戀愛關係很可貴，所以你也許會注意到自己的心思很快就被別人占據。這完全是因為你的大腦在你小時候一直讓你把注意力集中在照顧者身上，從而確保了你當時的安全。

你也可能會在你遇到的每個人身上看到他們極好的一面，「哇，他們太棒了。我等不及要告訴你所有有關他們的事情，我好興奮喔！」這是一件美好的事情。但是，這可能意味著，幾乎每個人都會讓你失望，因為你的希望和標準從一開始就很高。

你也可能注意到，你開始不斷地預測會被人甩掉和拒絕，一直用這種眼光來看待事情，包括訊息中未提及的內容。當你焦慮時，如果你感到某人可能正與你漸行漸遠，你就會想到任何你可以做到的方式來建立情感的聯繫：「哦，他會喜歡這本書／這篇文章／我拍的照片，看起來很像我們曾經談論過的東西。我想我會傳給他看，我不是想引起他的注意，只是好心做一件事罷了。」

實際上，焦慮型依附者可能表現得像一個興奮的（可能是過分熱心的）園丁，有時候會給新關係的種子澆了太多的水。他們對這段關係感到興奮，於是向前靠近，給這段關係全部的注意力（水）。對方似乎要離開，於是他們更靠過去（更多的水），「要更多的水嗎？更多的陽光？更多的光照？可以幫助你成長的音樂播放清單？你需要什麼？我確定我可以提供。」

如果你的約會對象表現出關心，而你（焦慮型依附者）也喜歡他們，你會注意到你開始感到冷靜，建立起情感連結，並能夠減緩戀情的進展（不再過度澆水）。但是，如果他們冷漠或進一步拉開距離，你可能會注意到，你不僅會出現焦慮，也會憤怒起來。你可能會覺得，你需要表達這種情緒，這樣對方才能知道你的感受，從而使你放心。或者，你可能覺得你不能這樣做，以免對方極力躲避。問題在於，情感會變得如此強烈，甚至從你身上爆發出來，而你最終會在憤怒與對寬恕和愛的要求之間搖擺不定。

你的內在判官也會助長你的恐懼和信念，所以要注意你的內在判官。例如，它可能會告訴你：你太黏人了，他不要你也就不奇怪了；或者內在判官會說：他對你沒興趣了，這很明顯。如果他真的愛你，他會……當這種情況發生時，第七章中的想法抽離技巧和第十五章中的自我疼惜練習將是你的好搭檔。

好消息：如果你是焦慮型依附者，並且有人清楚地向你表示他們會支持你，並且堅持陪伴著你，那麼這些警示鐘就會關閉，你會感到真正的被安慰、被關懷，並準備好接受真實深入的親密關係。

壞消息：如果你和迴避型依附者約會，你可能會發現自己變得更加焦慮，對方也變得更加迴避。你一靠近，他就拉開距離；如果你靠得更近，他就拉得更遠，可能還會封閉起來，然後又重新出現。你需要親密感才能感到安全，而對方需要距離，這種感覺既難受（含蓄的說法）又強烈，只能透過對每個人的需求進行明確的溝通，戀情才能進行下去。

很難知道對方拉開距離，是因為對你沒有興趣還是在迴避。一個簡單的方法是直接問：「你對我有興趣嗎？」

成年後如何擁有更安全的依附關係

成人的依附類型是穩定的，但也可能發生變化，可能是變好或變壞。如果你很有安全感，但是有人傷了你的心，或破壞了你對人際關係的信念體系，那麼你的依附關係可能會變成不安全的類型，若不是暫時的，就是長期的，直到你接受了治療為止。

同樣的，有安全感的人可以幫助治療在依附關係中沒有安全感的人，讓他們有足夠的安全感，可以卸下自我保護策略，展現自己。

想想你的人際關係，會有某些人和某些地方讓你感到安全和放鬆，例如，你在柏拉圖式的友誼中，可能會覺得比在浪漫的關係中更有安全感；你對某些同事感到非常焦慮，但與老闆在一起時卻自信得不得了。

然而，在有壓力的時候，往往也就是約會的時候，我們通常會恢復到自己最早的依附類型。

> “我們需要更懂得告訴別人，我們在關係中需要什麼。我們也需要更能離開那些一直對我們不好的人，以及那些在我們解釋過我們真正需要從他們那裡得到什麼東西後，卻依然沒有改變、也不會改變的人。”

適合你的依附類型的練習步驟

1. **辨識你的依附類型。**盡可能地了解你的具體類型，使你的感受和行為恢復正常，有許多線上測驗可以幫助你了解自己是哪一種類型。

2. **想想看那些給人安全感的榜樣。**列出所有你知道有安全感的人，他們會從容應對人際關係，既不會「過度澆灌」，也不會把人推開。這樣的榜樣可以是朋友、同事或家人。想像一下他們在你周圍說過和做過的具體事情，讓你和其他人感到平靜和情感能有所交流。想一想他們在人際關係中的表現，他們如何對待你和他人。這些榜樣可靠嗎？容易感受到別人的需求嗎？很會傳達自己的需求嗎？他們會提供支持，還是能夠與人妥協？他們在人際關係中注意什麼事，他們會忽略什麼事？他們使用有效的溝通方式嗎？寫下所有這些問題的答案。當你和那種人在一起時，你有什麼感覺？你希望仿效他們的哪些特徵？練習按照他們的方式行事。

3. **列出你過去戀情的清單。**阿米爾．樂維（Amir Levine）和瑞秋．赫勒（Rachel Heller）寫了一本關於依附和尋找愛情的重要著作。[3]他們建議畫出一個七欄的表格。在第一欄中，列出你的前任和你目前正在約會的對象。在第二欄中，寫下你對每段關係中記得的主要特徵和議題。在第三欄中，注意每段關係中的特定時刻，這些時刻讓你感受到威脅和焦慮，或安慰和情感交流。在第四欄中，寫下你對這些時刻的反應，你是否情緒失控？你是否懲罰了對方，希望這能使他們親近或疏離？在第五欄中，寫下這些行為是否與焦處型或迴避型依附有關。在第六欄中，寫下你從這些行為中失去或獲得的東西。現在，查看這個表格，是否出現任何可循的模式？未來你需要注意什麼？最後，想像一下，這些情況若換成是你的安全型榜樣，他們會如何回應，寫在第七欄。把這些寫下來，做為你的新潛在回應方式。想像一下，你真的這樣做了。透過練習，你會發現更容易以這些方式自然地做出回應。

4. 尋找安全型依附的人，注意戀情中會產生衝突的依附類型。要知道，非安全型的依附者經常會相互吸引，因為我們許多人把被啟動的依附系統與激情甚至是愛混淆在一起。說真的，有時候這種情慾或慾望的感覺實際上只是一種複雜、未被正視的焦慮形式。要問自己一個很重要的問題：我這是情慾，還是焦慮？反過來說，當我們與那些沒有觸發我們的依附系統，並使我們焦慮的人約會時，我們可能會把這種缺乏焦慮誤認成缺乏吸引力。所以，要給別人一些時間。如果你遇到某人，他以其他方式使你快樂，並且吸引了你，請給對方一個機會。這樣的感覺可能會發展成深刻、情感交流的關係。

5. 學習溝通你的需求。許多人聽過，當我們遇到合適的人時，對方會知道我們想要和需要的東西，根本不是如此。雖然別人可以與我們有同感，但他們畢竟不是我們。如果你對某事感到焦慮，請告訴你約會的對象。問對方是否可以與你一起解決這個問題，如果你希望對方向你傳更多簡訊，就跟他說要傳更多簡訊！如果你是會自我封閉的人，並且需要經常有空間來重新調整自己，也要向對方提出來！這樣一來，你就可以給對方機會，讓他支持你，而且你可能會更快地發現你們的戀情是否應該繼續走下去。

另外，當你受到傷害時，要學會如何表達，否則你會以所謂的抗議行為來表現出來。這裡有一個有趣的例子：我那很棒的作家經紀人艾比蓋兒，她有一隻美麗的義大利靈緹犬名叫盧卡。每當艾比蓋兒離開時，盧卡就會不高興。然後，當艾比蓋兒回來時，盧卡就不理她，在周圍其他人身邊東聞西嗅的，緊緊地依偎在別人身邊，鼻子和頭都轉過去不看艾比蓋兒。這是教科書上標準的抗議行為，我們偶爾都會這樣，透過行為來懲罰對方，而不是說出我們需要和想要什麼。

6. 對自己要非常仁慈！記住，你的依附類型其來有自，可能是你的焦慮，或你的迴避。對自己好一點。

給大家的忠告：遠離那些讓你覺得自己正在與吃角子老虎機約會的人，你知道我在說哪些人，那些人一開始會在，然後消失，然後就在你要放棄他們時，給你傳訊息。突然間，你覺得自己好比中了大獎，眼睛裡出現了心形的貨幣符號，儘管這確實是對方至少能做的事。你興奮地回應，然後他又消失了。如果這感覺不只是迴避型的依附，因為對方還沒有告訴你他喜歡你，卻把你擱在一邊相當久了，你就必須要求對方不要再消失了，要變得更可靠。如果情況沒有好轉……就讓他出局。

很快地來看一下你的情形。你的頭還好嗎？你的心還好嗎？你現在有出現什麼狀況？如果你需要暫停，沉澱情緒，稍後再回來，當你準備好時，我仍然會在這裡等你，所以去做你需要做的事吧。如果你需要跟朋友傳訊息、打個招呼，提醒自己並不孤單，現在也可以這樣做。

愛到底是什麼？

> 我們從小就得知愛。無論我們是生在幸福的家庭還是問題的家庭，家庭功能正常還是失調，這都是起初學到愛的地方。
>
> ——貝爾．胡克斯（Bell Hooks，女性主義教育學者）

難怪約會和人際關係會感覺如此困難。影響的因素有很多，特別是在現代的約會中。無論你處於約會的哪個階段，我都想解決一個極大的問題……

愛到底是什麼？

說真的，你認為愛是什麼？你對這個問題的答案將影響你在人際關係中的表現。

如果你認為這是一種生理上的經歷，你可能會等到身體裡有某種感覺時，才來告訴自己戀愛了。如果這種生理感覺消失了，你可能認為你的愛也消失了，想當然地認為這是關係已經走到盡頭的跡象。

如果你相信愛是要占有，你可能會把某人嫉妒你與他人的關係，以及他控制你的社交日程的渴望解釋為真愛，當做是真正的承諾。如果你認為愛是狂野、無法控制和充滿激情的，你可能會把排山倒海而來的情緒和爭吵解釋為戀情中的正面跡象。

如果你相信「愛是綁著鐵球的鎖鏈」、「愛會傷人」或「愛會讓你軟弱」，或者如果你曾經受到懲罰，並聽到別人說「我這樣做，只是因為我愛你」，你可能會相信愛是痛苦的。

如果你認為愛是服侍，而你應該得到別人的服侍，你可能會希望伴侶在做家事時，你可以坐在一旁，由對方拿給你你想要和需要的一切東西。當然，如果你相信，一旦墜入愛河，你就應該是那個提供服侍的人，則情況可能是相反的。

如果你看過迪士尼的電影，並且得知男人把女人從貧窮、卑微、受困的生活中解救出來，男人懷抱著純潔長久的愛，迅速就讓女人變成了公主，那麼你可能……嗯……對戀愛的感覺有不切實際的觀念！

我們對愛的信念源於我們對愛的了解。在你的家庭中，愛是什麼樣子的？能滋養人嗎？帶著感情嗎？是否無論如何家人都會支援你？如果是這樣，你從中學到的愛，對你來說可能是什麼樣子的？你是否從電視節目和電影中學到對愛的期望？有可能。大家都是如此。你對這些問題的回答對你現在對愛情和人際關係的感覺有何影響？

我輔導過一名「非常想要一段戀情，並找到愛情」的人，然而她陷入了困境。每當她開始一段有機會成功的新約會時，就會突然「想退出」，或者，恰好奇怪的是，她發現約會的對象是「永遠的單身漢」，就是那種明確表示永遠不會定下來的人。

當我們研究這個問題時，她意識到，表面上她已經相信了迪士尼版本的愛情，她認為這就是她一直在尋求的愛情。但是在背後她的信念是矛盾的，因為她在家裡看到的關係充滿了衝突。對她來說，「愛」是不友善和痛苦的，當她想到這一點時，會出現幽閉恐懼症的情況。

當戀情進展順利，真正有可能建立情感的連結時，舊的恐懼開始出現，她就會驚慌失措把對象給推開，這是令人困惑的混亂情形：「我喜歡你，想和你在一起，但請離我遠點，因為我無法承擔重演我成長過程中看到的風險。」這也意味著她經常和永遠不會跟對她做出承諾的人約會，因為她反而會覺得，「呼，危險解除了，他不會把我給綁住。」

我的案主和許多人一樣，需要拋開舊的信念，需要提升對愛的理解。關於愛的描述我最喜歡精神科醫師摩根．史考特．派克（M. Scott Peck）寫的一句話，他說愛是**「為了滋養個人或他人的心靈成長，而擴展自我的意願」**。

愛是一個動詞

愛是我們每天每一刻都可以選擇去做的事情，是為了使我們自己、另一個人或許多人受益和滋養的事情。

無論你用什麼字眼來形容人之所以為人的核心部分，如果你的角度是從滋養自己或其他人的心靈、人格、靈魂、我們／他們的本質，這樣來思考愛，是否會給你帶來一些變化？這對我來說會產生變化，對我的案主也是如此。這樣來思考愛，可以把概念給簡化了，突然意味著，我們把關係視為產生連結和滋潤的地方。愛是一段旅程，每一刻都是表達愛的新機會。

當我在談感情時，這使我思考：怎樣才能以適合對方的方式滋養他，以及適合他在生活中想要的東西？我現在如何與他交流，並讓他知道我的存在？這讓我意識到，與其試圖讀懂對方的想法，不如問對方要什麼和需要什麼。突然間，我有了一個機會，獲得了最人性化的經歷，那就是我有了希望，我可以找到，並創造愛。

最後的新規則

人們經常說，為什麼要針對約會和戀情制定計畫？不是應該順其自然嗎？如果約會對你來說是這樣，那就太好了！但是，我們很多人落入了老套的陷阱：我們把焦慮與情慾和愛情混為一談；我們追逐那些推開我們的人，卻推開那些奔向我們的人。因此，我們必須做好計畫的工作！這是最後的新規則：

- **立即被吸引並不表示對方是「真命天女／天子」**，這可能是你的依附系統被啟動的徵兆。
- **沒有所謂「唯一」的真命天女／天子**。你可能有「很多個」真命天女／天子，這有多棒啊！
- **約會時，請注意你會有對未來產生幻想的情況！**漸漸地發掘對方是什麼樣的人，實際上是約會的樂趣之一。不要讓你過去的經歷和你的大腦一心想要對未來幻想，而毀了眼前的這一刻。
- **你可以「贏得」安全的依附模式**，透過了解你的童年經歷（我們在這本書中一直在努力這件事），了解那些經歷如何影響你在戀情中的感受和行為，並選擇練習察覺心念來注意和拋開舊模式。要立即開始練習察覺心念，請翻到第十三章。請閱讀阿米爾．樂維和瑞秋．赫勒的《依附》一書，以更深入地了解依附關係。
- **約會是雙向的**。你去約會，不是為了知道你是否得到了這份工作，或證明對方應該選擇你。你也是在面試他們，並發現真實的他們是什麼樣的人。
- **如果在頭幾次約會後，你不喜歡對方，不要跟他們玩「人間蒸發」的把戲**。我知道告訴對方你沒有很喜歡他，這很難啟齒，但是搞失蹤會讓別人很痛苦，而且不必要。如果你不想再見到某人，只需向他傳訊息並說：「嗨，很高興認識你。我喜歡你提到的＿＿＿＿＿（加進你在約會期間喜歡聽到的事情，例如他們的樂團、他們在COVID-19封城期間嘗試做卻失敗的糕點）。但我現在沒有那種我想尋找的來電感覺，我想你也覺得沒有。你看起來像是一個很棒的人，祝你未來一切順利。❤❤」如果有需要的話，可以直接把這段話複製到你的訊息裡。另外，固定要去約會可能會讓人覺得心很累，所以在你做這件事的時候，務必對自己好一點。如果你讓約會幾次的關係搞砸了，沒有完美地和對方結束關係，也完全沒關係的。

- **如果在與某人約會時，你開始覺得對方不喜歡你**，請讀薇恩・伊瑪・托托（Vean Ima Torto）這名睿智優秀的詩人所寫的這段話：「當你不是他們的菜時，不要把自己變成他們的飯。保持真實，保有自我。」
- **在約會時，確保你持續努力投入你的各方領域**，否則你可能會變成把全部的心力都放在戀情上，這樣會讓你走偏。如果你可以專注於自己的各個面向，以及可以滋養你的事情上，那麼你將能維持更理智。而且，知道自己喜歡什麼的人最性感了。
- **所有的關係都需要努力**，需要投入時間和關心。儘管如此，並非所有的關係都需要「大量」的努力，這是另一個「既／也」。如果你不付出任何努力，你的戀情顯然會失敗。但是，這並不意味著所有關係都很難經營，或應該帶給人實際的挑戰。因此，人際關係需要努力，但不應該困難到讓你一直疲憊不堪，承受極大的壓力。
- **我們都有不同的經歷，這些經歷會影響我們對戀情的期望、愛情的含義，以及我們的願望**。問對方期望什麼，在他們成長的過程中，愛是什麼樣子的。還有一些明確的規則：占有慾和（或）嫉妒並不能「證明」對方確實非常、非常喜歡你。如果你想更深入地探索愛的意義，貝爾・胡克斯（Bell Hooks）的《關於愛：一種新的觀點》（*All About Love*，暫譯）是必讀之作。

- **一對一不是唯一的方式，你可以選擇你們的關係是什麼樣子。**你可以是一對一，可以是容許第三者的開放式關係，可以是多角戀關係，可以是搖擺不定的關係。戀情可以透過多種方式進行，重要的是你和你的伴侶（們）都很高興，並且在情緒上感到安全。
- **慾望可能會消退，但這並不意味著戀情已經結束。**如果你遇到這種情況，可以進行修復，對話是關鍵。與你的伴侶討論你希望和他能有怎樣不同的情況，並制定計畫。安排一些時間過性生活，或溫柔的撫摸，或其他形式的接觸，並看情況進展的如何。具體指導，請參考凱倫·葛妮（Karen Gurney）的《男女性趣大不同》（*Mind the Gap*，暫譯）。如果你們的性慾沒有商量的餘地了，你們可以協商，如果你們願意，可以開放你們的關係，用其他商定好的方式來滿足性需求。
- **沒有人能讀懂我們的心思，所以在戀情中說出你想要和需要的東西。**如果我們不告訴伴侶我們想要或需要的東西，或者我們希望用什麼方式被關心和支持，就不能指望他們會知道。許多人因為別人不知道如何提供支持而生氣，但是別人又不是我們，我們可能需要向他們表明！
- **結束的感情不是失敗的感情。**人們說他們的婚姻「失敗了」，或者為一段感情的結束感到羞恥。但是，如果這段感情在當時是好的，雖以分手收場，但沒關係呢？在我的案主中，往往是那些經歷過婚姻和離婚的人，會繼續擁有最細膩和深刻的戀情。也許他們意識到，以前被洗腦的那套「從此幸福快樂」的說法不適用於他們身上，並開始尋找更真實的生活，讚啦！
- **人會成長和變化。**這意味著對方也可能跟你分道揚鑣，這沒關係的！
- **了解戀情中的危險徵兆和警示，**過去發生的事情讓你意識到這個人會引發舊的恐懼、舊的模式，讓你感到飢餓。與朋友分享戀情的情形，這樣你們就可以互相支援，來注意可循模式。當你看出有不好的模式時，就結束這段關係。還有，如果你想念對方，不要自責，這種情況是有的，這非常合乎人情。

・**記住，你的價值不是由你的感情狀態來決定的**，單身可以是非常棒的事。

最後一句話：你值得擁有愛情，一直都是如此。

別忘了愛自己

摩根・史考特・派克的做法就是把愛想成一個動詞，這樣網路上那些關愛自身的文章似乎是可以做得到的……

「就是愛自己。」

「我愛上了……我！」

「就是有愛，寶貝。」

……那些句子看起來很假、逼死人的正能量、「直白」，或太難讓人相信，但實際上確實有幾分的道理，即愛（包括關愛自身）隨時都是一種可能性和一種選擇。

對許多人來說，現實是每天每一分鐘都無法感受到對自己的愛。但是，把愛當做是一個持續的機會，而不是一種感覺，這代表我們不必一直期望對自己感到快樂和窩心。

對我來說，這意味著當我感到不安、不確定、不快樂、生氣、自我批評的時候，我知道我隨時可以選擇給自己愛。

我不再問，「我怎麼了？為什麼我有這種感覺？」我反而問，「我現在需要什麼？什麼能讓我現在感到放鬆，喝一杯茶嗎？去散步？和朋友聊天？泡個澡？我需要對著枕頭大喊大叫、『用日記發洩』或去打拳擊？」

無論我在那一刻需要的是什麼，我可以給自己一個關懷的行為或靜止的時刻。

你也可以這樣做。

如果你對「我現在需要什麼？」這個問題的回答是，「我不知道」，這是把你的手伸入我們在第八章中談到的因應技巧罐子中（第250頁）的絕佳機會。

當我們來到這個世界時，我們沒有選擇誰來支持我們，或者他們如何支持我們。我們盡了最大的努力來吸引他們，用我們最有感染力的的笑容、我們最可愛的笑聲。但是，我們無法控制他們是否能夠以我們需要他們的回應方式，來滿足我們的需求。

身為成年人，我們可能會感覺到人生早期遺留下來的影響，我們仍然無法控制其他人對我們的感覺，或者他們會如何對待我們。

但是……

- 我們可以決定給自己應得的愛，而且，我們值得擁有愛！

> “這裡提出一個與大眾相反的看法，在讓別人愛你之前，你不需要愛自己。因為不管你現在感覺如何，你都值得被愛。”

- 我們可以決定與我們選擇的、我們知道關心我們的人在一起。
- 我們可以決定詢問別人希望如何被愛，我們可以用他們希望我們在他們身邊的方式出現。
- 我們可以決定向我們關心的人傳達我們的願望和需要，我們可以選擇留在那些能夠配合我們現況的人的身邊。

當我們感到焦慮、不知所措、悲傷或其他感覺時，我們可以像小時候一樣與他人一起調節情緒，與朋友聚在一起，喝杯茶（英國人的主要應對技巧），互相擁抱，可能還大哭一場，我們可以成為自己一直需要的那個人。

從我們第一次呼吸的那一刻起，我們就可以提供自己非常需要的紓壓和愛。

給你的信

你好！

你已經讀完了第一部和第二部！你現在擁有關於自己以及身為人的本質的資訊，比起大多數人一生所知道的還要多。哇！

是否有些地方讓你在字裡行間內看到了自己，而在其他時候，你發現自己在想，是嗎？

會有人這樣？或者甚至是，這個作者在說什麼？沒有關係！

我想這三種情況多少都有一點。告訴你一個小祕密：直到不久之前，我都還不相信童年的事情會影響到我們的現在，我也不認為談論童年有什麼意義。過去的事已經過去了……為什麼有些治療師如此沉迷於過去？

我花了許多年的時間來研究和閱讀論文和書籍，才學到我在本書中與大家分享的內容；並且我看到我和其他人藉由過去來了解自己，所獲得的好處是了解自己是正常的，我們會有某些感受是有充分的理由。我意識到，重溫過去和痛苦並不會「令人沮喪」，也不會像我之前所想的那樣，「讓你困在過去」。相反的，這樣可以解放你。

所以……如果這裡的一些內容對你來說不太容易相信，對我來說也曾經是如此。沒關係！

也許有一天你會突然想，哎呀！我讀到的東西確實與我正在做的事情相符，也許你不會繼續這樣做下去了。這本書在這裡是要幫助你，讓你採用你需要的資訊，使你的生活更有意義。而且你隨時有需要時，都可以回頭來看這本書獲得幫助。

在我們繼續讀下去之前，我想用幾句話總結一下本書到目前為止的內容。

人生中的某些事物塑造了我們：童年的家、學校，以及青少年時期影響我們身分認同發展的人、每天接觸到的媒體，和每天影響我們的體制、偏見和信念，以及突然發生的人生重大事件。而所有這些事情每一件都會影響我們的內部經歷、情緒、想法、因應技巧、我們與自己對話的方式、對自己的期許，以及我們和別人約會和相處的方式，然後這些又會影響我們如何解釋他人的行為，以及我們如何對待他人，如此在我們周圍的世界產生了連鎖反應。

由於我們的大腦喜歡讓我們維持自動駕駛狀態，因此我們大多數人都沒有意識到大腦的這些作用。有時候，我們一生就這樣糊里糊塗地過下去。而且由於長期以來，心理學的內容一直沒有被公開，很少有人擁有改變的工具，即使有些人意識到，並想知道怎樣能符合自己想要的方式行事，而不是依照別人說應該想要和相信的事情。

但是，你不必一生糊里糊塗，你可以選擇，而且你的工具是你可以控制的。

現在你可以輕鬆掌握所有這些資訊了，你打算怎麼做？你要把這本書放下，到外面的世界冒險一下嗎？你要直接進入第三部，用我希望當年學校就能教我的因應技巧來裝備自己嗎？只要是能對你有用的東西，對我也有用。

非常愛你，蘇蘇博士♥♥

第三部

如何向前邁進

新的最佳錦囊妙計

真正持久的變化，是一步一腳印累積而來的。

——露絲．拜德．金斯伯格（Ruth Bader Ginsburg，前任美國最高法院大法官）

了解自己，以及我們為什麼以特定的方式思考、感受和行動，對我們的生活有著深遠的影響。但是，如果不加入行動，就不會有真正改變人生的經驗。閱讀心理學或自我成長書籍後卻不採取行動，就像了解一個國家的所有情況，而沒有真正去過那裡一樣。這意味著你永遠無法知道你所學到的東西是否真的是事實，是否真的值得導入你的生活中。

我也曾犯過這樣的錯誤。我在不久前意識到，閱讀這類書籍可以是另一種逃避的形式，因為我們可以用它們來使我們的經驗理智化（intellectualise，譯註：指個人利用抽象理性的字眼來分析或描述情緒受威脅的情境，使情境變為超然，以逃避該情境所帶來的焦慮），而沒有採取任何必要的行動來克服實際的痛苦或改變事情。

有時候，購買一本新的自我成長書，或安排聽自我成長領域的Podcast節目，這樣的行為就足以使我們感覺好一些。這也意味著我們沒有解決需要解決的問題，當不安感再次出現時，我們就準備找下一本書或別的Podcast節目。

你現在已經度過那種情況了，做得好！這就是真正發生變化的地方。

我按照自己認為對學習第三部中的技巧最有用的方式，來編排各個章節。首先教你，當你的情緒可能給你強烈的衝擊時，如何沉澱自己的情緒。雖然有些技巧，例如把臉泡進冰水中（是的，我建議這樣做）會立即讓你沉澱情緒，但其他技巧則需要時間和練習。

你可以逐章學習本書的這一部分，以獲取全面的技能組合。或者，你可以自由選擇，讀取你當下所需的內容。

如果你要停止躲避讓你恐慌的地方，或停止躲避其他令人恐懼的情緒，請記住，本書附錄中提供了循序漸進的指南，其中包括如何運用你的想像力來啟動這個過程。

為什麼我們要練習、練習、再練習

幾乎每次案主第一次裝備好他們需要的知識，在離開我的診所時，都會興奮地離開……然後他們回來說：「沒有用。」

你的大腦一開始會抵制你的一些新策略。為什麼？因為幾千年來，它一直使用戰鬥－逃跑－僵持－討好的反應做為因應和生存的技能。

因此，大腦可能會觀察你的新策略，並說：「等一下，我們家門口有一隻老虎，你想用心神專注的呼吸方式來擺脫這種生死攸關的情況嗎？哇哩勒！我已經以這種方式做了幾千年了，而你那個呼吸練習才做了幾次，什麼，兩次？我哪可能會讓你那樣做！」

然後大腦可能會暫時加倍對你的控制，增加你身體的恐懼感或負面的想法——**這樣行不通的，永遠不可能！**因為大腦試圖要奪回控制權，這是正常現象，無需擔心。

我記得在頭幾次嘗試用呼吸練習來控制恐慌發作的時候，我吸個兩口氣就會停下來，因為感覺恐慌似乎愈來愈嚴重了。情況似乎變糟，這是有道理的，因為這是我第一次讓自己專注於我的胸部（恐慌發生的地方，是我不惜一切代價試圖避免注意的地方），而這種注意使我的恐慌更加嚴重——**哦天啊，胸口好緊喔，我的心跳加速，這太糟糕了。**

有人告訴我，如果你讓恐慌發生，恐慌總是會過去的，所以我決定把我的恐慌（和其他情緒）想像成大海中的海浪。當我做呼吸練習時，我的感覺變得愈來愈強烈，我想像海浪會愈來愈大，因為我知道，如果我繼續呼吸，海浪最終會達到波峰，然後恐慌會開始消退。這個方法第一次發揮作用時，我簡直不敢相信。我的治療師說得對！呼吸練習似乎一開始會使情況變得更糟，但是當我堅持使用下去後，我知道這些練習可以，而且會為我發揮功效。從那時起，我做這些練習就彷彿我的生命要靠它們一樣，這並不誇大，我非常覺得我的生命確實依賴於呼吸練習。

每當你嘗試一種新的因應策略時，都應該知道，一開始你的感覺可能會加劇，但是這種感覺都會過去。要知道你將需要練習、練習和更多的練習，你會成功的。

當你感到平靜時，練習你的新策略。特別是與沉澱情緒、觸發放鬆反應和察覺心念相關的策略。在你心情平靜的時候反覆練習，會使這些技巧更容易運用，並且在困難時期當你需要它們時，會更有效。不要等到你需要它們的時候才來練習。

請避免在你情緒激動或焦慮時，才衝動地想練習。你可能會想，但是我現在感覺很好，我不想做任何讓我想起自己難過時的事情。這樣的觀點很合理，但這個常見的想法妨礙了人們投入自己所需要做的練習，這個練習將幫助他們因應，以長遠的角度來看，會讓他們不再感覺如此糟糕。

如果你等到苦苦掙扎時才開始練習，那會更加困難，因為你的大腦會處於「自動駕駛」狀態，運作的模式是「戰鬥—逃跑—僵持—討好」的反應，這個模式下似乎不可能成功練習新策略。然而如果你的恐慌發作，或者通常真的壓力很大，感覺你沒有心情平靜的時候，那也沒關係，即使這樣你也可以馬上開始練習。一旦這些技巧逐漸成為你的第二天性，就可以很容易加以運用。

把你的機會最大化

每當我們開始新技巧，並嘗試養成新習慣時，都需要動力和決心。

寬恕也是如此。

是的，我希望你在開始任何生活中的新習慣之前，先**原諒自己**，因為**有時候你會失誤**，而回到舊的方式，尤其是當你壓力很大的時候，但是那沒有關係的！

假設你希望在察覺心念和呼吸練習中培養新的技巧，前一刻你還在用呼吸的方式來解決你的情緒或生活中的壓力，下一刻你可能會發現自己把壓力發洩在你最親近的人身上，甚至強迫性地在滑 Instagram，可能在查看你前任的 Instagram 帳號，這絕不是個好主意！

當你這樣做時，不要自責。只要注意到你沒有在練習你的新技巧，然後就開始練習吧！

下列的情形，最有可能幫你養成新習慣：

- **你感到精力充沛。**盡量有充足的睡眠和營養，在你沒有太多其他任務同時爭奪你的注意力和精力時，試著開始新的習慣。
- **你要承擔責任。**找到其他可以和你一起開始新習慣的人，對彼此負責，並在提不起勁的日子裡互相支持。
- **你已為障礙做好準備。**看看在你的日記中，有哪些內容可能會干擾你的日常新練習。例如，如果你想每天開始練習察覺心念，但有家人來你家住，你知道你就沒辦法有自己的時間，所以提前計畫，決定你要怎麼處理這個問題。
- **記錄每一次小小的成功。**你的大腦本身可能不會專注於小小的成功（因為它經常預測和記住負面的東西）。每次事情進展順利（例如，你進行呼吸練習或沖了個冷水澡，減緩了你的恐慌反應），就花十秒鐘專注，好好地思考這個成功和感覺。
- **你要獎勵自己。**當一項新活動本身沒有趣味，或沒有獎勵時，我們就不會有所期待，並且很容易對我們的練習放任不管。在每次做完察覺心念、呼吸或讓你心情好的其他練習後，選擇一項可以立即做的事情。獎勵不必很大，我的獎勵通常是打電話給朋友，在我的房間裡隨著響亮的音樂跳舞，還有去狗狗公園看看那些毛小孩。我永遠不會成為在早餐後做五十個仰臥起坐的女人，但是如果有適當的誘因（金錢、賄賂、小狗），我就有可能會去做。你的獎勵必須對你有用，而不是每個人都必須同意它們是否是「好的」。

例如，你可能擔心你的獎勵會適得其反，例如在跑完步後，喝一杯鋪上鮮奶油的拿鐵，或吃薯條和漢堡。但是，如果你跑步是因為重視要活動筋骨和對嗜好的投入，那麼喝一杯鮮奶油拿鐵，使你快樂和犒賞自己是一個很棒的選擇。最重要的是，獎勵要在新行為之後立即發生，你的大腦便能學會把這兩件事連結起來。在將來，這種獎勵有希望可以激勵你去練習。

- **從一個非常小的步驟開始**，然後從那裡慢慢累積起來。

要讓類似習慣的練習堅持下去，你必須讓這個練習夠小，使它從一開始就能可靠地連貫下去。一次只用牙線清潔一顆牙齒、做兩下伏地挺身、步行三分鐘、每天只喝一杯水、寫一個段落，或者只練習一小節的音樂五或十分鐘。[1]

——B．J．福格博士（Dr. B. J. Fogg，美國行為科學家）

用牙線清潔一顆牙齒！為什麼？因為貫徹執行是這裡最重要的事情，而我們卻往往一開始就想把事情做得太大。這就是我每天看到的情況，人們一開始會認真執行，例如第一天，他們寫了四十五分鐘的日記；第二天和第三天他們同樣做到了；到了第四天，他們真的沒有四十五分鐘，所以他們完全跳過了這件事；第五天，寫作四十五分鐘突然看起來像個大任務，然後就放棄了這個作法。

每週五天，每次花五分鐘到十分鐘做一某件事，會比每週一次或三次做個四十五分鐘還要來得更好。

無論你選擇做什麼，把你希望在生活中看到的變化分解為好處理、且符合現實的幾個步驟，專注於練習的頻率，而不是持續的時間。當你可以持續地重複第一個步驟時，然後再逐漸加重任務。

從很小的地方開始，讓第一步幾乎沒有打亂你的平時生活，這樣開始累積起來。現在就開始吧！

11．沉澱情緒的練習

這些練習可以……

- **立即產生沉澱情緒和安全的感覺。**如果你覺得自己**處於情緒的緊急情況中**，那麼這些技巧就是為你準備的。
- **對於所有類型無法消受的情緒**，包括恐慌發作、憤怒的感覺、解離、不愉快的往事、其他創傷反應，以及管理與藥物使用和自殘相關的衝動。

當我們開始對自己的情緒或想法感到無法消受時，我們會感覺彷彿自己在一列失控的火車上，沿著鐵軌疾駛，速度愈來愈快，沒有慢下來的方法。

當這種情況發生時，就好像我們已經失去了與現在的聯繫，好像我們周圍的一切事情都暫時失去了意義。文字突然變得難以處理，句子難以編造，因為我們腦海中只剩下我們當時所感受到的情緒。當我們處於這種狀態時，再多的「思考要擺脫困境」都行不通，因為我們的大腦不再思考，它處於生存模式，只有戰鬥、逃跑、僵持、討好的反應。

在那些不堪重負的時刻，無論吞噬我們的是什麼情緒，不管是焦慮、憤怒、嫉妒、絕望，無論你是在解離（身心感受與周圍環境分離）或想起了不愉快的往事，我們都需要有某種東西來讓我們回到當下，快速地回到安全的情況。某種可以幫助我們踩下剎車的東西，可以把我們那輛宛如失控的火車停在鐵軌上。

本章將為你提供做到這一點所需的沉澱情緒技巧。這裡每一個策略都需要你不把目光放在自己身上，轉移到你自己之外，遠離情緒的經歷。後面章節提到的呼吸和察覺心念的練習要你向內關注，要求你專注於呼吸和體內的細微感覺，而本章的技巧則相反。

有時候，向內關注只會增加痛苦。這對經歷過創傷的人來說特別常見，以他們的情況而言，專注於自己的呼吸和身體可能會觸發創傷記憶，導致更多的恐慌和吃不消的感覺，而不是減少。因此本章的技巧多使用外部特徵，例如，你可以看到和觸摸到的東西，來避免重新觸發創傷，安全地把你帶回至當下。

我們從沉澱情緒的練習和其他技巧開始，幫助你對情況踩剎車，原因有兩個：

1. 我們都需要能夠知道，即使在最黑暗的時刻，我們有方式獲得安全，希望能在發生這種需要之前，就可以知道。
2. 如果沒有感覺到我們已經站穩腳跟，我們就永遠不會有足夠的安全感，無法採取第三部中詳述的其他因應策略，這些策略在長期而言會幫助到我們。

以下是你對失控的火車踩剎車的方法。

運用周圍環境的 54321 技巧

我最喜歡的因應技巧是 54321 技巧，因為除了當時你身邊的東西之外，你不需要使用其他東西。和所有因應策略一樣，如果你提前練習會最有效，換句話說，在你真正需要用到之前，你就要練習了。

54321 技巧的作法示範

看看你的周圍，不要著急：

說出你能看到的5樣東西。大聲說出來，或對自己說。認真地看，慢慢來。它們可以是你視野中的任何東西，沒有正確或錯誤的答案。例如：我可以看到一輛公共汽車，我可以看到一張桌子，我可以看到一個……

說出4種你可以觸摸的東西。選擇不同的物品，觸摸它們，用你的手指感受它們。注意這種細微感覺，說出你觸摸的物品，並描述它們的感覺，例如：我能感覺到桌子的木頭，感覺很光滑；我能感覺到我上衣的布料，柔軟而蓬鬆；我還可以感覺到……

說出你能聽到的3樣東西。根據你的位置，你可能必須非常努力地聽聲音。你可以注意你的呼吸、心跳。注意這些聲音，對自己說出是哪些聲音。如果你腦裡出現了評判，注意有這種情況，就移至下一樣東西。例如：我能聽到鳥兒在樹上唱歌，我能聽到飛機飛過頭頂，我能聽到……

說出2樣你能聞到的東西。刻意地去聞你附近的東西，如果你身旁沒有容易取得和（或）可以聞的東西，那就聞你手或上身的味道。如果你需要經常這樣做，你也可以隨身攜帶一些氣味強烈的東西。說出你可以聞到的東西，例如：我能聞到用大蒜煮飯的味道，我可以聞到花園裡的玫瑰花⋯⋯

說出1個你能嘗到的東西。刻意去嘗某樣東西，如果你沒有飲料或其他東西可以嘗，請注意你的嘴巴是否有味道（如牙膏）。或者，說說你最喜歡嘗到的東西，例如：我可以嚐到我的茶，裡面加了鮮奶，但是很濃；我喜歡吃阿嬤做的烤薯塊。

如果需要，請重複這個步驟，要做幾次就做幾次。你沒事的，你只是需要與當下重新連結，而這項技巧將幫助你做到這一點。

可適應的變化：如果你有一種感官無法使用，不用擔心，只需跳過該步驟，進入下一個步驟即可。

為什麼54321技巧有效？

當你被情緒淹沒時，你的大腦只會專注於一件事，它認為你處於威脅中，所以要讓你生存下來。透過把注意力轉移到環境中安全的物品上，你開始向大腦發送信號，顯示你也是安全的。不僅如此，你還可以運用各種感覺來做到這一點，並回到當下，走出自己的情緒反應，再次回到這個世界。

把54321技巧個人化

如果你知道你需要提前讓自己沉澱下來，例如，在工作壓力很大的一週裡，或者在你一直感到焦慮的演講之前、期間或之後，或者如果你決定今天要做那件你一直在逃避的事情（倫敦地鐵是我的剋星，但你會有自己的剋星），或者僅僅是因為你知道你最近的焦慮或可怕的想法很糟糕，先準備好扎實的因應技巧總是好的，你知道這樣可以幫助到你。

我建議你在一張紙上寫下54321步驟，照張相片，截圖起來，當做你的手機螢幕背景。這樣當你的「戰鬥—逃跑—僵持—討好」反應在驚慌失措時，你就不怕想不起這個技巧。

你還可以隨身攜帶一些有助於沉澱情緒的物品，使你的54321沉澱情緒經驗個人化，這樣你就一直有你認為可以沉澱下來的東西能隨時運用。

有些人的口袋裡裝著光滑的石頭或柔軟的東西，在撫摸它們時會感到紓壓；也有些人會在手腕上戴上鬆緊帶，當他們突然情緒上來時，可以折斷鬆緊帶，把他們從可能讓他們吃不消的衝動中拉開來，例如他們在努力戒酒時有了喝酒或自殘的衝動，因為這些衝動行為在過去是他們釋放情緒的方法。

有些人帶著薰衣草精油，有些人帶著香水或任何舒緩他們心靈的芳香物品。如果你這樣做，請確保每隔一段時間就更換一下香味。例如，你可以這週使用薰衣草，下一週使用檸檬，再下一週使用佛手柑。若一直使用同一種香味，可能意味著你開始把壓力與這種特定的氣味聯繫起來，這樣會使它在未來對你沒有幫助。避免這種情況的方法是使用一些不同的香味。

你可以獨自或與你信任的人一起做這個練習。

事實上，如果你讀到這裡，想到你認識的某個人有時候需要對他們的情緒狀態踩剎車，就和他們一起做這個練習。小孩子真的很喜歡５４３２１技巧，所以這不只是專屬成年人和他們的情緒所用的技巧。

把臉浸在冰水中

這會使你更快地沉澱情緒，可能比５４３２１技巧更快，因為，沒錯，你猜對了，這要把你的臉和（或）身體浸入冰冷的水中。

如果你感到恐慌要發作，或憤怒在你的血管中流竄，或想再喝一杯、爆打東西來發洩，或其他形式的快速緩解方式，泡冷水會有所幫助的。

浸冰水的作法示範

在水槽或水盆裡裝滿冷水，加入冰塊，水不需太冰冷（保持在攝氏十度或華氏五十度以上）。憋住呼吸，身體向前傾，把臉浸入水中約二十至六十秒，具體時間取決於你憋氣的能力。頭抬起來、呼吸，必要時重複繼續做。

如果你不能這樣做，或者知道把你的臉埋在水裡會引發更多的痛苦，你仍然可以向前傾，並屏住呼吸（如果這樣做感覺安全，否則就不要做），但這次在你的眼睛上放一個冰袋，或者用冰箱裡的其他東西。有人需要一袋豌豆嗎？

你可以拿著一個冰塊，看看它在你手中的感覺，看看它是如何融化的。如果你沒有這些東西，用冰水沖澡一下也行。

我知道這些聽起來都不有趣，但它們有效，這才是最重要的！

為什麼浸冰水有效？

對於那些會游泳的人來說，你是否注意到，跳入游泳池、湖泊或大海的時候，會迅速緩解你的內心狀態？想一想上一次你特意跳進水裡時，手指或腳底先碰到水，然後是你的臉……你感覺怎麼樣？

我絕對不是動作優雅的人，所以我不是很會跳水，但是即使像我跳水笨拙到肚子先著水，也可以改變我的感覺。這是因為溫度的突然變化，和與水的接觸啟動了哺乳動物的潛水反射。

哺乳動物的潛水反射很不可思議，所有呼吸空氣的脊椎動物都有這種反射，例如海豹、水獺、海豚和……你！

這是當做一種生存策略而發展出來的能力。當潛水反射被觸發時，我們的呼吸會變慢，心跳也會變慢，氧氣被輸送到大腦和心臟，這意味著，如果有生存的必要，你在水面下憋氣的時間可以比在水面上還久。

每當我們屏住呼吸，並且水接觸到我們的鼻孔和臉時，就會觸發這種反射。

而接下來是重要的部分，我們選擇在感覺最不願意做的時候，讓自己承受冰冷衝擊的原因：它可以使我們的心跳下降一〇至二五％，[2]這是一個極大放鬆的轉變，讓血液從四肢送回心臟。如果你還記得我在第七章說過，這與威脅反應時的戰鬥或逃跑時發生的情況正好相反。原本那種肌肉緊張，伴隨著不堪負荷的顫抖和疼痛的反應，突然之間下降了，顯示泡完水後的確可以讓人忽然平靜下來。

有些人相信每天都用冰冷的水淋浴對身體有好處，這可能就是其中的原因之一。

在安心之處冥想

這種引導式冥想包括想像一個讓你感到安心、理智和平靜的地方，一個當你感到害怕或情緒上不安心時，隨時（在你的腦海中）都可以去的地方。

有些人用其他專注於呼吸、身體或其他內部事物的冥想方式時，會做得很辛苦，而這對他們來說就是特別有用的練習。

就像本書中的所有技巧一樣，你練習這個技巧的次數愈多，就能愈快地在你的腦海中找到一個地方，在你需要的時候創造一條繩索讓你平靜下來。

我建議在做其他事情之前，先閱讀引導詞，並根據你的需要進行調整。唸看看，聽起來感覺怎麼樣，注意並刪除（劃掉）任何會讓你感到害怕或不適用的內容。

然後想想你要選擇哪裡當做你的安心之處。我不建議選你的家或你的床，原因有二。

首先，你的安心之處需要盡可能單純和平靜。家裡和臥室有時候並不單純是平靜的。我們可能會在那裡爭吵，在那裡感到焦慮，在那裡徹夜難眠，這讓我們的安心之地突然變得不那麼令人安心。

其次，即使家庭和床對你來說是完全美妙的，沒有任何負面的關聯，我們也不希望開始把你的床和家，與你在練習此技巧時可能感受到的壓力聯繫起來。

安心之處可以在其他任何地方。如果你能想到一個讓你感到安心的戶外場所（事實證明，大自然能自然地撫慰我們），那麼會是一個很棒開始的地方。也許是海灘、森林、湖邊的一片草地、花園或公園；也許這個地方是在室內，是你曾去過的地方，會讓你想起一個特別的時光。順便說一下，你不必去過那裡，這是一個給你創造的地方，而創造什麼由你決定。

每次你運用這個冥想時，都可以添加更多細節。你可以在上面建房、種花、種樹，或者增加房間，只要感覺好就行。你也可以隨時邀請某人或寵物進入這個畫面，這個人是讓你感到安心和平靜的人。

如果這個地方開始感覺需要更新了，例如，它漸漸讓你感受到焦慮，你可以隨時創造另一個新地方。

一旦你決定了自己的地方後，請刪除後方引導詞中不適合自己的部分。

如果可以的話，拿起你的手機或筆電，把你自己大聲讀講稿的聲音錄下來，這樣你就可以每天聽，並接受引導詞的帶領，因為在深陷情緒中時，要記住引導詞是不可能的。

或者，找一個讓你感到舒服的人為你讀出來。我總是為案主錄製這些內容，因為這代表著他們可以把我們療程中紓壓的要素帶到外面的世界去。所以，如果有人可以為你做這件事，請提出要求。我知道，如果我的朋友請我為他們做這件事，我會感到非常榮幸。

如果情況真的很困難，請每天聆聽安心之處的畫面語音，根據需要，一天聽多少次都可以。

你準備好了嗎？下面是練習內容。

在安心之處冥想的引導詞示範

在舒適的地方坐下或躺下。如果你是坐著的，請確保你有被支撐的感覺。

你可以閉上眼睛，或是把目光朝下，讓你的眼睛還是睜開的。如果你在任何時候感到害怕，或者不知所措，只需睜開眼睛，看著你面前的一塊地面，或者看著讓你感覺舒服的地方。

呼吸，然後提醒自己，你是安全的，並且可以控制這個練習，你可以隨時喊停。

如果感覺安全，請緩慢深呼吸三次，緩慢吸氣，並完全地吐氣。

想像一個讓你感到平靜、安寧與安心的地方。第一個想到的地方是哪裡？如果是你以前從未去過的地方，或者是你純粹為自己創造的地方也沒關係。

無論你選擇何處，都要知道，沒有你的允許，其他人不能進入這個安心之處，而且這個地方將永遠在你身邊，並永遠為你帶來安寧。

也許你選擇了外面的某個地方，像是花園、公園、海灘、田野或山中的某個地方。不管是什麼地方，讓你自己開始注意那裡的情況。你來到這個地方的次數愈多，就能在畫面上增添更多的細節。

你能看見什麼？你可以看到什麼顏色和形狀？

如果有葉子、花朵、植物、樹木或沙子，請注意看，它們看起來如何？

附近有人嗎？有朋友和你在一起嗎？心愛的寵物？或者你是一個人？如果有人和你在一起，請注意他們，感受他們在場的溫暖。

如果是你一個人，請注意當你自己在場時，所感受到的安心程度。

現在是一年中的什麼時候？是夏天嗎？是秋天嗎？還是其他時候？

你能聽到什麼？你周圍有什麼聲音？附近有鳥鳴嗎？你能聽到微風或流水聲嗎？哪些聲音最遠？哪些聲音比較近？這裡很安靜嗎？

你能聞到什麼？如果附近有花，你能聞到嗎？空氣中的氣味如何？新鮮嗎？有花香？鹹鹹的？

你能感覺到什麼？你的皮膚能感覺到溫暖或涼爽的微風嗎？

你腳下的地面是什麼感覺？你是站在土壤上嗎？在沙子上？在草地上？還站在是別的東西

上？你是穿了鞋，還是赤腳？如果附近有水，水在你的皮膚上有何感覺？

注意你的所有感官，以及這個地方如何使你感到平靜和理智。

如果你願意，想像在你安心之處坐著或躺在地上。注意坐在地上或躺在地上給你帶來的感覺；注意地面的溫暖，以及它如何讓你溫暖；注意地面是如何支撐著你，讓你比以往都更加安心和放鬆；注意當緊張的感覺被釋放到地面上時，緊張感是如何離開你的身體的。

你還能聽到周圍的聲音嗎？

你還能聞到那些氣味嗎？

當你現在躺在那裡，還能看見天空嗎？天空是什麼顏色的？太陽出來了嗎？你能感覺到太陽在皮膚上的溫暖嗎？你的上方有樹嗎？還是天空中的其他東西？注意天空有什麼東西。

如果你想的話，給這個地方取個名字。給它一個名字，這樣你可以用來提醒自己這個地方，並在將來需要的時候，回到這裡。

想在這裡待多久都可以，你在這個地方感受到的安心和平靜。

當你準備離開時，只需把眼睛完全睜開，把注意力轉移到房間或你所在的地方。

你可以隨時回來，這是你的安心之處。

為什麼在安心之處冥想的方法有效？

在安心之處的冥想中，我們利用想像力的力量，在腦中顯現出許多在生活中使我們感到安心的事物。

在想像的那一刻，我們也使用所有的感官讓自己理智，這樣讓我們感覺我們真的在那裡。最後讓我們的大腦有機會說，終於安全了。深深地吐一口氣，這是我們當之無愧的。

你知道嗎，光是思考過去鍾愛的記憶，就能喚起正面的情緒，因為重溫那些時刻，懷舊之情湧上心頭。運用我們的想像力和記憶力有助於改變我們的情緒，當我們想像安心時，就會讓安全感增加。

根據報導，這個練習可以減少痛苦，並增加人們的控制感，對任何經歷過創傷的人來說都是非常重要的，因為創傷幾乎一向包括嚴重的失控，這讓他們了解，自己有一個可以逃避的地方，在那裡他們會感到平靜和安心，[3]即使我們的世界不是完全穩定的。

12・呼吸練習和放鬆技巧

這些練習可以……

・幫助引發身體和呼吸的放鬆狀態，並關閉戰鬥—逃跑—僵持的回應。

・對於管理壓力、焦慮、憤怒、恐慌發作、睡眠不足，以及侵入性思維和健康狀況等其他導致極端困擾的經歷，特別有用。

注意：有些人在專注身體或呼吸時，情感上或身體上會沒有安全感，若是這樣，請不要從這裡開始，改成從沉澱情緒的練習做起。

當我們的戰鬥—逃跑—僵持—討好的反應被啟動時，我們的整個身體狀態就會發生變化，從放鬆、平靜和開闊的感覺，轉變為準備戰鬥、逃跑、僵持或討好。

我們的呼吸會發生變化，變成又快又淺，收集我們為性命而戰鬥或逃跑所需的氧氣。

我們的心臟加速，把氧氣輸送到我們的肌肉，使我們胸口有些悶悶的，可能還會發抖，因為身體內部累積起壓力。

為了停止威脅反應，我們有兩種方式，一種是需要立即行動起來，快速用力反應，因為這會向大腦發出信號，表明你已經戰鬥和（或）逃跑，而且倖存下來，這意味著大腦可以關閉威脅反應，或者我們需要觸發放鬆反應。

本章的練習並不只是針對那些感到極度焦慮或痛苦的人，現代生活的壓力意味著許多人即使不會自稱焦慮或痛苦，卻在不知不覺中用著產生壓力的呼吸方法。

你的呼吸方法錯誤嗎？

讓我們來看看……

注意你的身體。

現在深吸一口氣，然後充分吐氣出來。讓你的肺吸飽空氣，然後全部吐出來。再做一次，吸氣和吐氣。

有什麼部位移動了嗎？你的肩膀先抬起，然後放下了嗎？如果是這樣，下一次吸氣和吐氣時，盡量讓肩膀不要動。

現在，把右手放在上胸部，左手放在下肋骨。這次呼吸時，要注意雙手。

充分呼吸，充分吐氣。

哪隻手移動得最多？是上面那隻手，還是下面那隻手？

大多數生活忙碌或緊張的人都動用到他們的肩膀和胸口（上面那隻手的範圍）來呼吸，這顯示我們的肌肉緊張，而且我們的呼吸似乎是有壓力的。

如果你這樣做了，不要擔心，這很常見。

現在花點時間讓你的肌肉放鬆一些。刻意地讓你的肩膀向前轉，然後向上轉至耳朵的方向，在你吐氣時，讓肩膀向後或向後垂下。再做一次，讓肩膀向前、向上和向後轉。現在，輕輕地向左傾，回到中間，然後向右傾，然後再向後傾。讓肩膀再繞一圈，最後檢查你的下巴；放鬆下巴，鬆開舌底，讓舌頭和上顎不要貼在一起（也許甚至可能伸出舌頭，並擺動一下）。

我們的肩膀、頸部和臉部承受著很大的壓力，因此，如果可以的話，把這些小動作加入到你的日常生活中。

呼吸淺的習慣以及許多人生活中壓力大的情況，意味著我們需要積極學習運用全部的肺活量來呼吸，這種方式向大腦發送我們是安全的信號。我們在生活裡可能還需要更多的休息，但這完全是另一個話題。

對於那些感到非常焦慮或有壓力的人，需要學習引發放鬆反應的方法，這一點甚至更為重要，下面會介紹兩種簡單的方法。

請記住，如果你一直在避免焦慮的身體感受，那麼第一次嘗試時，你可能會感到焦慮激增，因為你不習慣於專注於你的身體。你可能會加倍注意到自己的心跳或胸口緊繃。這是正常現象，並不意味著有什麼危險。

用練習刷牙同樣的方式來練習這些技巧，放心地知道你沒有危險，這些練習會減緩你的心跳，並放鬆你的肌肉，這可能只需要時間和練習。這些技巧具有超強的功效，但你必須加以培養，才能從中受益。

呼吸練習

你已經知道改變呼吸會改變你的感覺。想想你在感到崩潰、疲倦和沮喪時發出的嘆息，在這之前先是深呼吸，然後是咳聲嘆息，這讓你感覺比前一刻更平衡一些。打哈欠是你的身體試圖讓體內吸收更多氧氣，使你振作起來。

有幾種方法可以積極地改善呼吸，這將有助於改善你的情緒。

第一部分告訴你，如何把空氣吸入橫膈膜，這是與你肺部最低部分相連的區域。

第二部分告訴你如何用鼻子吸氣，用嘴吐氣（讓吸入的氧氣量可以穩定）。

第三部分把所有內容結合起來，告訴你如何確保你以正確的速度呼吸。

我發現，用錄好的聲音檔來做這個練習，對我來說效果最好。如果你也一樣，把練習步驟讀幾遍，然後錄到手機或電腦上。同樣的，你可以請一個你認為聲音療癒的人為你錄音。

第一部分：用正確的地方來呼吸

- 讓自己輕鬆自在，你可以坐下或躺著來做。
- 把一隻手放在胸部中央。
- 把另一隻手放在你的下肋骨部位，如果你的手一半放在肋骨上，一半放在你的腹部上，你就做對了。
- 閉上嘴巴，用鼻子慢慢呼吸。
- 把注意力轉移到你的手上。注意，當你吸氣時，哪隻手移動得最多。你呼吸時主要是用到上面手放的部位，即你的胸部？還是主要用到下面手放的部位，即你的橫膈膜？

- 讓你下一次呼吸把空氣吸入你下面那隻手的部位。首先刻意地把空氣吸入肺下部，使下面的手移動。如果你一開始做不到這一點，別擔心，你可以想像把你吸的空氣送到那裡。
- 繼續呼吸。

第二部分：以正確的方式呼吸

- 繼續把空氣吸入到你下面那隻手的部位。
- 用鼻子吸氣
- 噘起嘴唇，想像你要吹一首曲子，或者你面前有一支蠟燭，你想要輕輕吹氣，讓火焰微微地擺動，所以輕輕地吐氣。
- 重複一遍，用鼻子吸氣，用嘴巴吐氣。
- 注意你的呼吸在什麼地方感覺最鮮明。你能在鼻尖感受到它最強烈嗎？還是在喉嚨的後面？只要注意呼吸即可。

第三部分：把步驟結合起來，延長吐氣，這是4—1—6—1呼吸法

- 檢查你是否仍在用下面那隻手的部位呼吸。
- 用鼻子吸氣，慢慢數到4。
- 屏住呼吸，數到1。
- 用嘴吐氣，數到6。
- 維持數到1。

- 根據需要，重複幾次都可以。每次練習時至少做十回。

每天至少重複這個呼吸練習兩次，最好每次做五到十分鐘。但是，如果你趕時間，做個八回也可以。記住：要養成習慣，用比喻的方式來說，每天都用牙線清潔一顆牙齒，會比清潔整口牙齒，但只做了一次，前者的效果會更好。

當我的恐慌發作情況嚴重時，我幾乎一直在做這種呼吸練習，這代表習慣成自然。即使戰鬥或逃跑的反應已經挾持了我的大腦，我也能夠做到這一點。這個呼吸方式在我的潛意識裡，我不需要有意識的控制就可以做到！

如果要你用這種方式把注意力轉移到呼吸上，感覺會很奇怪，或會引起你的恐慌，我強烈建議你與信任的人一起做這個練習，特別是如果那個人讓你感到平靜。請他們大聲唸出上面的引導詞，然後在對方呼吸時，就跟著呼吸。

若你是照顧者，你也可以教小孩這個方法，你可能只需要調整吸氣和吐氣的時間，來配合他們的呼吸長度。你可以嘗試吸氣，數到2，吐氣數到4，或者任何吐氣比吸氣長的重複過程。

再次強調，這並不是要把練習做到完美，重點在於練習。

4—1—6—1呼吸法有其他的替代方法。人們總是有自己喜歡的呼吸練習，因此這裡還有一些其他的類似方法：

- 4—7—8呼吸法：吸氣數到4，閉氣數到7，吐氣數到8。
- 盒式呼吸（box breathing）：吸氣數到4，閉氣數到4，吐氣數到4，閉氣數到4。

盒式呼吸的吐氣時間沒有更長；但是，它仍然會減緩呼吸，並停止過度呼吸的情況。由於所有數字都是一樣的，這也可能是最容易記住的呼吸法。

呼吸練習有效的原因

這些呼吸練習之所以有效，是因為它們與戰鬥或逃跑的呼吸方法相反。它們不像戰鬥或逃跑的呼吸方法短而淺，而是間隔長而深。它們不光只吸入氧氣，而是限制了我們吸入的氧氣量，並使我們呼出的二氧化碳量最大化。

如果你讀到這裡時在想，但是當我驚慌失措時，我覺得我沒有吸到足夠的氧氣。我為什麼要限制我吸入的氧氣呢？答案是恐慌會讓我們感覺無法呼吸，好像我們需要更多的空氣。這是因為我們沒有完全把空氣吸到我們的肺部，我們胸部周圍的肌肉緊繃，使我們感覺自己在費力地呼吸，其實並沒有。因此，緩慢、穩定、慢慢吸氣，然後再緩慢、穩定，慢慢吐氣。

腹式呼吸也會有效，因為它刺激迷走神經（貫穿全身，負責戰鬥—逃跑—僵持反應的神經），並觸發休息和消化反應，這也是我們睡眠時所需要進入的狀態，所以，如果你難以入睡，請記住這個練習。

漸進的肌肉放鬆

這個練習針對「戰鬥—逃跑—僵持—討好」的反應在體內所產生的緊張感。

當你的身體處於緊張狀態時，會開始一個循環：

大腦在體內產生緊張感，讓你準備好對感知到的威脅進行反應

←→

大腦把體內的緊張感解讀成威脅，從而產生更多的肌肉緊張度

要停止這個循環，漸進式肌肉放鬆需要先讓肌肉緊繃，然後放鬆不同的肌肉群，從腳底一直往上到頭頂。每當你放鬆一塊肌肉時，體內的緊張就會減少，並且向你的大腦傳送訊息，現在是放鬆的時候了。

這就是為什麼我喜歡在睡覺前做這個練習的原因。

這個練習不僅可以使你在當下感到更加放鬆，還可以使你更加察覺到體內的緊張是什麼樣的感覺。這一點很重要，因為許多人都忽略了緊張的最初跡象，只有當我們的肩膀都拱了起來，頭和脖子在痛時，才注意到我們壓力大或焦慮不安。

有了這種新發現的身體意識，你就能在注意到出現緊張的那一刻，進行減壓練習（透過練習上面的呼吸練習、活動身體或散步），以防患於未然。

注意：不要把身體的任何部位拉緊到疼痛的程度。同樣的，也不要繃緊你身體受傷的部位。如果你受傷了，請在嘗試這個練習之前向你的醫生諮詢。

肌肉放鬆的作法示範

在你知道你不會分心的地方，坐下或躺下。讓你的手臂垂放在身體兩側。閉上眼睛，或朝下看你的鼻尖。

閉上你的嘴巴，用鼻子慢慢呼吸。刻意地練習用橫膈膜緩慢而深入地呼吸。

把注意力轉向你的呼吸，當氣體進入鼻子，順著喉嚨進入肺部時，注意呼吸的細微感覺。然後注意氣體回到你的鼻子，接著從裡面出來時的細微感覺。注意吸氣時的氣體稍涼，而吐氣時的氣體稍暖。

把注意力轉移到腳上。

吸氣時，腳趾向下壓，繃緊腳上所有的肌肉。

維持這種緊繃狀態，並呼吸，注意腳上的細微感覺，數到5。

吐氣時，釋放壓力。想像壓力離開你的腳，消失在下面的地板或床墊中。注意你的腳現在的感覺，注意放鬆的感覺。

再重複一次，吸氣時緊繃，憋住數到5，然後放鬆，想像緊張感逐漸消失。

把你的注意力轉回到呼吸上。

做三回合的腹式呼吸，注意吸氣和吐氣的細微感覺。

把注意力轉向雙腿的下部，重複上面的過程。吸氣時肌肉要緊繃，然後憋住，等到吐氣時放鬆，想像釋放出身體裡的壓力，再重複。

回到呼吸上面。

繼續這個過程，一次一次地把練習的身體部位往上移，按著以下順序：

- 腳
- 小腿

- 大腿（從膝蓋到臀部，包括臀部肌肉）
- 雙腿和雙腳一起
- 胸部和腹部
- 肩胛骨和背部（挺胸時肩胛骨向後夾緊）
- 肩膀（往耳朵方向抬高）
- 雙手（握拳）
- 手腕和下臂
- 上臂（緊靠身體兩側）
- 雙手和手臂（向外伸展至水平位置，然後拉緊肌肉）
- 臉（全部繃緊起來！）
- 全身（是的，所有部位一起進行）

在身體每個部位都進行過後，結束時注意一下自己的感覺。你的身體更放鬆了嗎？最後做五次緩慢的腹式深呼吸（你現在知道怎麼做了），然後慢慢把注意力轉回到房間。

學習如何關閉大腦對威脅的回應，是你所做的事情當中最能賦予你力量的事情，這是另一種透過練習就會變得容易的活動。每天練習，看看這個練習會帶來什麼不同的情況。

13・察覺心念

這些練習可以……

- **使你有能力去注意和停止一貫無意識的模式。**
- **幫助培養接受度**，使你即使是在最痛苦的情緒和生活經歷中也能習慣。
- **對所有人都有幫助**，對處理反芻式思考（不斷重複擔憂的想法）、各種形式的情緒壓力和困擾、睡眠問題、高血壓、慢性疼痛和其他健康狀況特別有用。

在刺激與反應之間有個空檔，在這個空檔裡，我們有能力選擇我們的反應，而我們的反應決定了我們的成長與自由。

——維克多．法蘭可（Victor Frankl，奧地利意義治療大師）

察覺心念是一種根植於古代宗教修行中的冥想形式，在二十一世紀已經變得非常流行。最早關於冥想的文獻見於西元前一千五百年左右的印度教聖典《吠陀》。在西元前六至五世紀，中國道教和印度佛教也開始發展冥想。本章所講的察覺心念是佛教觀禪的世俗化演變，也是佛教最古老的禪修之一：內觀。

以目前本書的脈絡而言，根據喬・卡巴金（John Kabat-Zinn）在一九六〇年代把察覺心念引入西方醫學的說法，察覺心念意味著：「刻意地、不加評斷地關注當下。」

你是否曾在與人交談時，覺得你知道他們要對你說什麼（認為他們要侮辱你），然後在語言上先發制人，結果發現他們根本沒有打算要侮辱你？你是否曾經參加過一個活動，事前預期會很糟糕，在你到達那裡後，卻發現一切都挺好的，沒有擔心的必要？

察覺心念讓我們在我們的自動預測（想法和感受）和我們經常有的下意識反應之間，創造暫停的機會，這樣讓我們習慣性的想法和感覺可以來來去去，而不會對我們的生活產生如此強烈的影響。

察覺心念意味著我們可以在突發的時刻選擇想要的回應方式；可以幫助我們準確地看到世界原本的樣子，而不是我們認為的那個樣子；也幫助我們知道，所有的經歷都是暫時的，即使是最痛苦的經歷。

留在月台，察覺進站的火車

把你的想法、評判、感覺和衝動看做是開進車站的火車。我們往往在不知不覺中，登上第一列進站的火車，然後，突然之間，就身處幾英里外的地方，不知道自己是怎麼到那裡的。

在察覺心念時，我們觀察到火車（比喻我們的思想、感覺和衝動）進站，但我們選擇留在月台上（比喻我們的當下）。我們承認火車的存在，但不要上車，讓火車來來去去。

或者，這可能感覺更有可能，我們仍然上了火車（陷入想法、感覺或衝動中），但透過察覺心念的觀察，我們突然意識到我們人在火車上，並決定迅速下車。

三個察覺心念練習

這裡有三個察覺心念的練習，你可以馬上嘗試，並融入你的日常生活中。與安心之處的冥想一樣，請先唸過，並看看哪些引導詞對你有用，然後在你的手機或電腦上錄下自己（或你關心的人）的聲音，以便你可以重複再聽。如果你要開始練習察覺心念，請選擇一種正規的冥想和一種非正規的冥想，並且每天進行。一些正規的察覺心念課程（例如，察覺心念減壓課程）要求你每週練習六天、每天四十五分鐘的正規察覺心念練習（通常是身體掃視）。如果你想快速看到效果，這是一個好辦法。

但是，如果你現在不是在處理急性壓力，並且這種要求長時間的投入會打消你練習的念頭（對許多人來說確實如此），那麼每天練習十分鐘就可以了。當察覺心念成為家常便飯時，你可以再開始增加時間。

重要的是要知道，察覺心念並不容易。

這與我們大多數人在生活中被訓練要做的事情相反，一直被督促要趕著做重要的「下一步」。因此，一開始，你會覺得自己在違背本性。當你的大腦想趕快、有結果、迴避和評判時，你卻要求大腦待在原處，保持好奇心、接受，並處在當下。

心思在神遊並不意味著你「善於察覺心念」，當我們發現自己的心思在神遊，卻選擇把注意力帶回到當下的時候，這才是察覺心念。

想想在健身房裡的情況，我們不能光靠舉重就變得強壯。我們是透過在舉重時，活動我們的肌肉而變得強壯，每次活動手臂都會變得更強壯。在察覺心念時，每當你發現自己的心思要飄走，卻選擇把注意力重新導回到身體上時，你處於當下的能力就會增強，這也是相同的原理。

不要指望頭腦完全淨空，那是不可能的，而且不要因為分心而評判自己。只需停頓一下，在必要時回到呼吸上面即可，要暫停多少次都可以。

一、專注自己的呼吸和聲音（五到十五分鐘，或按你希望的時間而定）

找到一個舒適的地方坐下或躺下。如果你覺得安全，就閉上眼睛，或只是把視線放低。

當你感到舒適時，用鼻子緩慢地深吸三口氣，再緩慢地深呼三口氣。

現在，把注意力轉向離你最遠的聲音，你能聽到什麼聲音？

接下來，把注意力轉向離你最近的聲音，你能聽到什麼聲音？

現在，把你的注意力轉向自己的呼吸聲，聽著吸氣和吐氣的聲音。

現在，把注意力轉移到呼吸的細微感覺。跟著呼吸流進你的身體，從你的鼻尖開始，感覺到它進入你的喉嚨，向下進入你的胸部和腹部。然後跟著它一路回來，注意腹部、胸部、鼻子、喉嚨的各種細微感覺。請注意，吸氣時的氣體略涼，吐氣時會略暖。現在請注意：呼吸感覺在哪個部位最鮮明？在鼻尖？喉嚨的後面？還是在別的地方？

繼續注意呼吸，跟著它進出，或停留在你最能感覺到它的地方。

如果你的心思飄走了，請不要擔心，只需說聲「嗨」，然後像對待街上的路人一樣，向想法或感覺點點頭，然後回到你的呼吸上。吸氣、吐氣。

再一次，注意你的心思在哪裡，你在注意呼吸嗎？如果沒有，請再次向感覺點頭，並返回，或者乾脆標記正在發生的事情。如果它是一個想法，就說「想法」；如果它是一個評判，請說「評判」；如果它是一個感覺，就說「感覺」。然後，你知道它會消散的，選擇讓注意力回到呼吸上。

專注於感覺呼吸最鮮明的部位。

準備就緒後，把注意力轉向最後幾次的吸氣和吐氣。從鼻子吸氣，一路跟到腹部，然後再吐出來。

再來，把注意力轉移到吸氣聲，然後是吐氣聲上。

接下來，把注意力轉向離你最近的聲音，你能聽到什麼聲音？

再來，把注意力轉向更遠的聲音，你能聽到的最遠的聲音是什麼？

最後，知道你可以隨時回到這裡，讓你的手指和腳趾活動一下，感覺自己完全回到了房間，或者回到了你所在的地方，無論是哪裡。

二、想法就像天氣一樣會變（花十分鐘，或你想多久都可以）

這種冥想改編自羅斯．哈里斯在他的《快樂是一種陷阱》一書中提出的一個非常可愛的比喻。

找到一個舒適的地方坐下或躺下。如果你覺得安全，就閉上眼睛，或只是把視線降低。當你感到舒適時，慢慢地深吸三口氣，再慢慢地深吐三口氣。

不管你靠在哪裡，注意你的身體是靠在椅子或床上。

在我跟你說話時，請注意呼吸。也許跟隨著呼吸進入你的身體，從鼻尖開始，一直向下進入你的肺部。跟著呼吸離開你的身體，從肺部的底部向上流動，然後從鼻子出來。在我一步一步告訴你這個練習時，請專注在這上面，或是我的聲音。

如果在任何時候你發現你的心思飄走了，不要擔心，只要注意到這已經發生，然後不加評判地回到呼吸或我的聲音上，你需要這樣做多少次都無所謂。

我們的想法來來去去，影響我們的感受和我們的行為。有時候，想法會對我們的感覺有非常大的影響，以致我們被想法給困住，無法自拔。

如果我們把覺察力帶入我們的想法中，觀察想法，以及隨之而來的感覺和衝動，讓它們存在，然後在我們回到呼吸和當下時，讓它們離開，一遍又一遍，我們可以開始看到，我們的想法也只是暫時的事件罷了。我們可以開始看到它們不是事實，它們也不是我們。我們可以開始與我們的想法和感覺拉開距離。

我想讓你想像一下，你的想法、感覺和體內的所有細微感覺就像天氣一樣。

你知道天氣在一天之中和一年到頭都在變化。想一想現在的天氣，想一想你所見過和經歷過的各種天氣。

你知道陽光來了又走，就像其他所有類型的天氣一樣來來去去。雲、雨、風暴，它們來了又走。不管烏雲有多黑，下雨、打雷和閃電有多大，一切都會過去的。最大的風暴，甚至海嘯也會過去。

這就像我們和我們的情緒。有時候，情緒會像排山倒海而來一般，洶湧澎湃，勢不可擋，就像烏雲密布或閃電劃過天邊。有時候，情緒會不斷累積，當情緒爆發時，感覺就像雨從天上落下。有時候，我們陷入了情緒之中，做出的回應就像是我們自己是天氣，在打雷、憤怒、陰沉或暴躁。有時候，我們覺得我們無法控制這一切。

我現在想讓你想像一下，你、你的心思和你的身體都是天空。

你知道，天氣總是被天空所籠罩。無論天氣多麼極端，天空總是騰出空間來容納它，天空永遠不會受到天氣的傷害。

在經歷過最大的風暴、最熱的太陽、最強的暴風雪之後，天空總是恢復到萬里無雲的藍天。實際上，在極端天氣肆虐的整個過程中，天空始終都是晴朗、湛藍和穩定的，它只是暫時被烏雲遮蓋了。

當你把自己當成天空，把想法和感覺當成天氣時，會發生什麼事？

當你把這裡的每一種細微感覺當做天氣的一部分來觀察時，便知道它會一次又一次地過去和變化，並且當你知道自己不會被它傷害，因為你可以容納你所經歷過的所有事物，那麼會發生什麼事呢？

請記住，天空不是天氣的一部分，但它容納了天氣。無論天氣如何，天空總有空間容納它。無論天氣多麼惡劣，無論雷雨多麼猛烈，無論太陽多麼炙熱，天空都不會受到任何損害。當然，隨著時間的流逝，天氣也會一變再變。同時，天空依然像以往一樣清澈晴朗。

花一點時間來思考這個比喻。如果可以的話，把自己的覺察力帶入體內的想法和細微感覺。

想像你是天空，你的想法是經過的天氣，不要判斷這些想法或細微感覺，不要給它們貼上好的或壞的標籤，只需注意它們的存在。無論你發現什麼都可以，它們會過去的，看著它們過去。

如果你覺得很難抽離一個想法，對自己說：「我有這樣的想法……」，把這個想法加到句尾。這有助於在你和你的想法之間建立距離，使你把它們想像為天氣，讓你看著它們過去，同時你也回到呼吸或我的聲音上面。

現在，把注意力轉移回到呼吸上，緩慢並深呼吸三次。

最後，你知道你可以隨時回到這裡，讓你的手指和腳趾活動一下，感覺自己完全回到了房間，或者回到了你所在的地方，無論是在哪裡。

三、掃視身體（花十分鐘，或你想多久都可以）

身體掃視類似於第十二章中的漸進的肌肉放鬆練習，但沒有繃緊或放鬆肌肉。你只需把注意力轉移到身體的每個區域，一次一個部位，看看那裡有什麼。把注意力轉向我們的身體上，不僅可以讓我們的注意力離開大腦，進入身體，這樣更能讓我們知道自己的感受，而且重要的是，當我們注意到緊張的身體部位時，這些部位就會開始放鬆。對於那些因為害怕讓自己的身體知覺變得更糟，而一直迴避身體細微感覺的人來說，這聽起來違反直覺，但這是真的，當我們了解到注意這些細微感覺是安全的，這感覺就像把一束光照進房間最黑暗的角落，蛻變成了新面貌。

找到一個舒適的地方坐下或躺下。如果你覺得安全，就閉上眼睛，或只是把視線降低。當你感到舒適時，用鼻子緩慢地深吸三口氣，再緩慢地深呼三口氣。

不管你靠在哪裡，注意你的身體是靠在椅子或床上。

把注意力轉移到腳上，注意腳底、腳趾、腳面和腳踝的任何細微感覺。承認你發現到的任何細微感覺、任何出現的想法，並保持呼吸。

如果你注意到任何緊張或疼痛，並且覺得這樣做沒問題，則把注意力轉移到該部位，然後想像把你的呼吸傳送到該部位。想像當你呼吸時，壓力離開你的身體。

現在重複這個練習，從身體由下往上進行。

先從腳開始，向上移動到小腿，然後到你的大腿（大腿和臀部），然後下半身（腹部），然後，你的上半身（胸部和肩膀）；然後順著手臂，再到手上；然後把注意力轉移到頸部；然後是你的臉（下巴、嘴巴、額頭）；然後注意整個身體的細微感覺。

在身體每個部位都進行過後，結束時注意一下自己的感覺。你的身體更放鬆了嗎？最後做五次緩慢的腹式深呼吸（你現在知道怎麼做了），然後慢慢把注意力轉回到房間。

在日常生活中察覺心念

上面的引導練習只是練習而已，當你把察覺心念導入日常生活時，才是最有效的。

你可以隨時察覺自己的心念。

你可能正在梳洗，並注意到你對這件事感到無聊，或者一直在困惱，擔心約會對象都還沒有回簡訊給你，或者在擔心你最近的侵入性思維，於是選擇練習察覺心念。在這種情況下，你需要做的就是注意你在水中的手，水在你的皮膚上是什麼感覺？水中的氣泡是什麼感覺？你正在清洗的餐具或盤子，它們在你的手中感覺如何？光滑嗎？上面有圖案嗎？任何時候只要你發現自己的心思飄走時，就回到梳洗這件事上！

攔阻的技巧

這是一個快速技巧，只需一點時間，透過練習，就可以把察覺心念導入日常生活中，從長遠來看，會讓你自然而然地運用。每當你發現自己突然感到有壓力、憤怒，並打算用這樣的情緒做出回應時，這個技巧也可以幫助你。

例如，有人在你工作時寄來一封電子郵件，讓你突然感到沮喪或憤怒，在你因惱怒（你可能之後會後悔）做出回應之前，請使用攔阻技巧來減緩你的情緒反應，讓你回到當下，讓你有機會用更有幫助的方式做出回應。如果你正要向朋友或伴侶發怒，也可以試試這個方法，創造足夠的停頓，以防止把場面弄得很難看！

我在一天中會多次使用攔阻技巧。我在手機上設定了一個提醒，每天會響五次。這個提醒上面只是寫著：**S.T.O.P.**。意思是：

- 「**S**（Stop）」：停止你正在做的事情。
- 「**T**（Take a breath）」：深呼吸三次（記住你的腹式呼吸）。
- 「**O**（Observe）」：用簡短的身體掃視，來觀察你身體中存在的東西，從你的腳趾開始、一直到你的頭部，有什麼衝動的情緒在裡面，有什麼細微感覺？然後移動到你周圍的狀況，只需注意到周遭有些什麼東西。
- 「**P**（Proceed）」：繼續手邊的事情。選擇你在下一刻想要做的事情。選擇你將如何進行，而不是你下意識的反應告訴你要做什麼。你還會寄出「去你的」這種電子郵件嗎？你還會對你的朋友大吼大叫嗎？還是，你會選擇做其他事情？

察覺心念是關於觀察、接受和放手，但這並不意味著總是接受現狀，或有人打你的右臉，連左臉也轉過來給他打，任憑別人傷害你。有時候你仍然想要寄出該封電子郵件，並奮起反抗你的朋友。然而，察覺心念確實意味著，你會從冷靜和深思熟慮的立場上做出決定，這讓你更有可能說出你需要說的話，而不是大發雷霆。

為什麼察覺心念會有效？

察覺心念不僅可以幫助我們「更加處在當下」，掌控我們的生活，還能改變我們大腦的結構。神經科學家耶汪妲・皮爾斯（Dr. Yewande Pearse）是 Headspace 這款冥想 App 的專家，她告訴我練習察覺心念可以改變以下結構：

- 前額葉皮質：[1]大腦中負責複雜任務和當下的時刻。這意味著察覺心念可以改善我們注意力集中的時間，幫助我們過濾掉我們不想注意的想法和其他干擾，提高我們學習新資訊的能力，做出複雜的決定，以及更好地控制我們的壓力反應。
- 橋腦（pons）：[2]大腦中負責調節神經傳導物質的部分，這些化學物質調節我們的情緒和睡眠（以及其他事物）。可以改善情緒和睡眠嗎？是的，沒錯。
- 顳部與頂部交界處（temporoparietal junction）：[3]這是與觀點取替（perspective-taking）、同理心和同情心相關的區域。我們都需要在這些方面做得更好，所以沒錯，可以得到改善。

察覺心念也與杏仁核變小有關，杏仁核是你的恐懼中心之一，是戰鬥或逃跑反應的重要部位。如果杏仁核變小一點，[4]就沒辦法那麼活躍了，這也是一件好事。隨著年齡的增長，察覺心念與可以保存下來的大腦結構和細胞有關。

難怪現在這麼流行察覺心念了，它不僅提供了一種心理學的工具，為我們提供了一個新的框架來看待世界和彼此；它還給我們一個改變生活、改變大腦的覺知方式。

如果你喜歡這些練習，往後你可以選擇是否希望用覺察心念的方式，參與全面的靈性療癒，或者你偏好套裝練習的方式，使用 Calm 或 Headspace 之類的 App 即可。

14・寫日記

這些練習可以……

・提供一個**表達你情緒**的地方。
・幫助你**更了解自己**。
・**隨時都能給予幫助，在經歷了非常令人痛苦的人生重大事件後同樣可以**，例如失業、與人生伴侶分手、親人的去世、自然災害等。

大多數人背著情緒包袱，掩蓋著自己的情緒經驗，而情緒表達是一種解方。寫日記是一種表達感受的安全方法，而不必擔心其他人的想法，也不必擔心我們是否有可以信任的人得以傾訴。此外，寫日記也是免費的！

人們常常會抗拒寫日記，因為這會讓他們覺得自己回到了學生時代，或者因為他們不太相信這樣做真的會有用。但是，書寫具有強大、幾乎無法解釋的效果。

詹姆斯・彭尼貝克博士（Dr. James Pennebaker）表示，每天花十五分鐘寫下難受的經歷，可以提高幸福感、改善睡眠、降低血壓、減輕疼痛、改善免疫功能、改善整體健康狀況，並減少看醫生的次數。[1]其他研究人員已經證明，每天寫作二十分鐘，連續三天，可以幫助傷口更快癒合（什麼？）、改善「中度哮喘」（啥？），[2]並改善類風濕性關節炎患者的活動能力（哇！）。[3]聽起來有點難以置信，也是不可能的，對不對？但是我已經讀過這些研究，並且一次又一次地發現這些都是真的。

書寫會改變你的身體健康和生理特性。哇～哇～哇～

準備好試試看了嗎？

寫日記的作法示範

每當你感到情緒激動，需要一個地方來抒發你的情緒時，可以嘗試表達性書寫（expressive writing）。這時可能你的想法和感覺似乎很混亂，而你又不知道原因；或者每當你正經歷某件悲痛欲絕的事情，例如分手或有人過世；你還可以寫關於你想要弄懂的過去經驗；或者，這可以不過是一個健康的習慣。

- **選擇一個要寫的主題**。你可以專注於一個事件，或專注於幾個不同的主題，每天選一個來寫。寫一些對你來說非常切身和重要的事情（分手、工作上和人爭吵、寵物去世的那一天），但是如果有些事情讓你難以承受，而無法思考，就選擇另一個主題。如果你想不出要寫什麼，可以看看下面的提示。你也可以就這樣來開始寫日記，看看能寫出什麼來！
- **連續四天，每天寫十五到二十分鐘**，這會比寫了四次，但前後期間拉長更為有效。

- **連續寫，不要停。**不必擔心錯字或語法，也不用擔心需要寫出優美的句子，甚至是有意義的句子。如果你沒話可說了，不用擔心，你可以重複你已經寫的內容。另外，如果你突然改變話題也不必擔心，只要繼續寫下去，直到時間結束。沒有人會看到你所寫的內容，因此在知道這一點的情況下，自由地書寫。
- **探索你的感受。**在寫作時探索你的情緒（身體的細微感覺）和產生的想法。想一想為什麼你會有這種感覺，以及這些情緒和想法是否使你想起人生中的另一段時光、另一段關係。想一想它們與過去的你、你現在的感覺，以及你想在未來成為什麼樣的人，這當中有什麼樣的聯繫。
- **如果你感到招架不住，就停止寫作。**先離開一下、深呼吸、讓自己沉澱下來、蜷著身子，或活動身體，或者考慮換個話題，換成感覺更安全的話題。
- **在你寫完十五到二十分鐘後，做一些讓你感覺良好的事情。**你可能會注意到，在書寫之後，尤其是在第一天或第二天，你會突然感到更加情緒化。這是正常現象，是可以預期的，因為你正在讓你的大腦處理和理解你的經歷。在每次書寫完畢後，要計畫出一些時間，做點讓你感覺舒服的事情。也許從你的因應技巧罐中抽出一張紙條（第250頁），只要能幫助你感覺舒服的東西就可以。

日記主題的快速提示

不要連續幾週寫同一個主題，否則你可能會讓苦惱根深柢固，而不是釋放出來。

寫日記的方法提示

如果你固定在寫日記，並需要尋找新的主題，使用提示可能會有所幫助。選擇任何你喜歡、感覺舒服的提示。

- 最近我最常感受到的情緒是＿＿＿＿。
- 每當有重大的生活壓力時，我注意到我的想法會變成＿＿＿＿。我的感覺轉變成＿＿＿＿，而我應付的方式通常包含＿＿＿＿。我會稱這是一種模式嗎？我的生活中，這個模式是從什麼時候，在哪裡開始有的？
- 當我最近感到惱怒／沮喪／情緒激動時，這種情況讓我想起了什麼？我的生活中是否還有另一次與此刻的感覺相似？回憶起那個最初的時刻，想像一下若要照顧那個年齡時的我，是什麼樣的感覺？
- 我上次不假思索地回應別人是什麼時候？我最近什麼時候，或上一次出言反駁別人，是什麼時候？結果呢？那種防禦心是為了保護我免受什麼樣的傷害？
- 我需要原諒自己做了＿＿＿＿。
- 如果我明天醒來，一切都很好，會有什麼不同？如果是這樣的話，我會做的第一件事是什麼？我接下來會做什麼？是否有辦法讓我現在就做這些事情？
- 我經常試圖排斥，或假裝不存在，或沒發生的一件事，是什麼？我為什麼要這樣做？乾脆讓這種經歷或事情現在在發生，會是什麼樣的感覺？就發生那麼一會兒。我需要做什麼樣的情緒沉澱練習，才能做到這一點？

- 如果我想像，我可以滿足於現在的我，生活會怎樣？我需要做些什麼才能開始允許自己現在就成為那樣的人？我需要與誰聯繫，誰可以支持我這樣做？
- 哪些看法可能影響我對自己的感覺？有什麼辦法可以讓我以不同的方式來思考這件事？
- 當我想到我將來想成為什麼樣的人時，我看到了什麼？「未來的我」如何過生活的？會想什麼，在意什麼？在生活中會有誰？會有什麼技能和嗜好？而且，如果這對我來說很難，我需要做什麼來允許自己思考「未來的我」。我需要做些什麼，來支持自己，展望未來，以及未來可能帶來的機會？

用日記發洩

我很喜歡用日記發洩。

如果你與某人發生爭執，或者對過去的事情感到沮喪／受傷／憤怒，你可能會喜歡「用日記發洩」。

為了做到發洩情緒這一點，我會在日記的開頭寫道：今天（或我人生中的任何時候）發生了X事件，它使我感到……我順著思緒持續不斷寫了十五到二十分鐘。然後，我寫出三件進展順利的事情（或者我從寫下來的內容中學到的東西）。我重新讀一遍，最後把這幾頁撕碎，碎成一百萬片。

你用日記發洩時，不要希望要寫出優美的東西。你可能會發現，自己在發洩怒火時，像是在把字刻在紙上似的，讓你擺脫憤怒的束縛。當你重讀內容時，你可能會覺得自己與這些想法有些距離，你可能會發現自己在笑，或經歷到另一種情緒。

把日記的內容撕毀，給我們一種解脫的視覺抽象效果，也確保我們知道，沒有人會讀到我們寫的東西。呼！

這對經常感到憤怒的人有好處，但對於那些認為自己「不會憤怒」和（或）被訓練成「要乖」、從小就把憤怒推開的人來說，用日記發洩更是有好處。

我花了很長時間才對生氣的想法感到自在，因為我經常拒絕承認。起初，發洩憤怒很可怕。現在我可以承認，我有黑暗的一面，而我不害怕在安全、封閉的環境中去發洩，比如在日記裡。與我的憤怒聯繫起來對我的情緒有幫助（憂鬱與憤怒沒有表達出來有關），並阻止我在與人爭吵後情緒變得更糟（被動型攻擊行為不過就是經過很長一段時間，非常緩慢地釋放憤怒，就像緩慢的在洩氣一樣）。讓憤怒在紙上爆發也讓我更快地恢復平靜，並幫助我與真正的我連結起來，而真正的我是經歷過所有情緒的人。

為什麼寫作會有效？

當我們有壓力或沒有表達出情緒痛苦時，皮質醇濃度和肌肉緊張度會飆升，其他與壓力有關的荷爾蒙也會如此。當我們寫作時，可以釋放壓力和緊張，使所有這些生物標記（biological markers）也減少。

當我們書寫時，也開始理解自己的經驗。你是否曾經感到情緒崩潰，但不確定原因？或者，你的想法就像一團混亂的羊毛，沒有明確的起頭、結構或結尾？當我們書寫時，開始對這些雜亂無章的東西有所理解，可以更清楚地看到我們的人生重大事件，並且可以跳脫大腦經常自動會有的負面描述和妄下結論的傾向。

研究顯示，當我們對壓力事件用條理清楚的方式加以敘述，並納入自己的人生故事中，將來就比較不會為這件事而痛苦掙扎。例如，經歷過第一次精神病發作的人，如果他們設法理解自己的經歷，並將其視為人生經歷的一部分，那麼復發的可能性會比用「封存」該事件的方式低，[4]因為封存的因應方式是避免去想到這件事（這與憂鬱和較差的生活品質有關）。

減少身體的壓力反應和處理情緒，這兩個因素的結合，被認為會產生非常棒的結果。

起初，寫日記會讓你感到不自在或難以承受，但是當我們堅持下去時，將學會好奇、放心，並且願意接受自己是什麼樣的人。

15・自我疼惜

這些練習可以……

- **是你對羞恥和內在判官的解方。**
- **幫助你學習如何原諒自己，**這樣就可以擺脫讓你感到內疚或不肯放下的事情。
- 對於想在生活中更能活在當下的人而言，會很有幫助，**尤其是對管理反芻式思考（不斷重複擔憂的想法）、各種形式的情緒壓力和困擾、睡眠問題、高血壓、慢性疼痛和其他健康狀況特別有用。**

注意：如果你以前從未得到過同情，一開始可能會感到更加焦慮，但是沒關係，你可以慢慢來。

愛與同情乃生活基本，非奢侈享受。沒有了愛和同情，人性將無以存續。

——達賴喇嘛

對羞恥和內在判官的最大解方是自我疼惜：這種能力可以與我們的痛苦同在，意識到我們的痛苦，並對自己仁慈。同情是我們經常慷慨地給別人，但很少給自己的東西。

如果有一位朋友或家人來找我們，傾訴他們在掙扎的事情，分享他們認為自己犯了的錯誤，或者只是看起來疲憊不堪，這時我們會怎麼做？我們會伸手去擁抱他們，或者趕快去煮一壺水，為他們泡杯茶喝。我們會坐著傾聽，為他們打氣，說他們有多好，以及他們做得有多好。如果需要提供建議，我們會懷著同情和仁慈的態度來建議。

然而換成對自己說話時，我們往往更像惡霸，而不是朋友。

如果我們犯了錯誤，即使是永遠無法預見或無法控制的錯誤，我們都會盡量減少和削弱我們的悲傷，而過分強調錯誤和懲罰自己。我們為什麼要這麼做？

- 我們認為同情自己是軟弱、放縱或自私的行為，可能會使我們變得懶惰。
- 我們小時候在辛苦掙扎時，沒有得到過同情，所以不知道同情是什麼樣子，覺得身為成年人的我們不值得同情。
- 以前當我們情緒激動時，被人忽視、拒絕或輕視，所以現在當情緒上來時，我們以忽略、拒絕或輕視的方式來回應情緒。
- 我們相信改變來自批評，儘管大家都知道，批評讓我們多麼焦慮和壓力過大，妨礙我們從錯誤中吸取教訓，並阻礙了人際關係。
- 考慮如何善待自己，意味著承認我們並不完美，而這對許多人來說很可怕。

但研究顯示，自我疼惜的正規練習與以下方面有關：[1]

- 減少焦慮和憂鬱、反芻式思考和想法壓抑（推開想法）。
- 增加情商，[2]這是識別和管理自己和他人情緒的能力，使我們感到既與他人有所連結，也對自己有信心，因為我們知道，自己可以應付生活中任何迎面而來的事情。[3]
- 增加動力，充分利用生活中現有的一切。[4]

當我們練習自我疼惜時，不會因此沉溺於甜言蜜語中，讓自己過度放縱。相反的，我們會有了動力，努力實現我們想要和需要的東西。我們允許自己從錯誤中學習，在需要的時候支持自己，會休息和照料自己的身心需求，並且增強了與他人建立連結的能力。對我來說，這聽起來很好。

什麼是自我疼惜？

自我疼惜和察覺心念一樣，也源於古代佛教的教導。

我們在本章中討論關於自我疼惜的演變，是由自我疼惜最重要作家之一的克莉絲汀·聶夫博士（Dr. Kristin Neff）所描述。自我疼惜包含三個部分：

1. **自我仁慈：**這包括認識到人生會有的掙扎和苦難，不去否認這種體驗，反倒是要允許它進來，提供自己在那一刻所需的東西，讓自己感到舒緩和安心。
2. **人性共通的感覺：**這包括承認所有人都會犯錯，我們都是尚未完成的作品，偶爾會犯錯、會掙扎和會出錯（而不是聽從那種自我孤立的聲音，讓我們覺得只有自己是失敗的、有缺陷的，或者自己有什麼問題）。

3. **察覺心念**：正如你已經知道的，這涉及到觀察我們的想法、感覺和衝動，放慢一切的腳步，並選擇專心處在此時此刻。

自我疼惜是一種與自己產生共鳴的方式，即便我們犯了錯誤，自我疼惜是讓你感到安全，也是有能力一次又一次地去嘗試的基礎。

我必須努力學習在犯錯後原諒自己，但是我有一段常用的話，在那種時候我會重複對自己說：「對於發生的事情，我不感到驕傲，但我知道我已經盡力了。我是以我當時知道的唯一方式行事，而且我正在學習原諒自己。」

如果你仍在為自我疼惜的想法而掙扎，請記住，你可以給它隨便取個能讓你感覺舒服的名字。正如我在第九章中跟你說過的，我個人叫它「如何不用混蛋的方式對待自己」，不過要使用對你有用的方式。對於那些高度自我批評的人，或在人生中對仁慈和關懷不信任的人，練習自我疼惜可能會讓他們非常焦慮。如果你認為這個練習會讓你痛苦掙扎，請慢慢進行每一項練習。

如果你發現自我仁慈讓你感到恐慌，就讓自己沉澱情緒，每天多次練習對自己說這句話（也許把它寫在便利貼在浴室的鏡子上，或者把它當做手機的螢幕保護程式）：我正在學習，我可以善待自己，而且我值得被關心。

現在你知道自我疼惜為什麼有效了，而自我疼惜能為你做什麼，以及如何克服任何個人障礙，以下是練習：

自我疼惜的練習

這兩個練習將幫助你培養自我疼惜。除了第九章的「你會用對自己說話的方式，對你的朋友說話嗎？」練習之外，你還可以使用這些練習。

用自我疼惜來放鬆

這個練習只需要一下子。

每當你注意到你的內在判官，或者出現任何其他痛苦的情緒時，就做這個練習。就像我在本書中討論的所有練習一樣，練習得愈多就會愈有成效。如果你正在努力提高這個技巧，則值得一天內多次練習，你也可以在情緒平靜的時候練習。只要想一想最近的（中等程度）困擾，並以同樣的方式重複自我疼惜的練習。

這個練習包括對自己說三句話。第一句話，承認這對你來說是一個痛苦的時期；第二句話，把你與世界上的其他人聯繫起來，承認你有這樣的感受並不孤單；第三句話是，在那一刻對自己仁慈。你是否注意到，這些句子直接對照到我說過構成自我疼惜的三個部分？

在以下的練習中，傳統上使用到的某些措辭讓人感到不舒服，你可以加以調整，使這些措辭對你來說更舒坦。我在括號中列出了其他建議。

練習方式

花點時間，閉上眼睛或把視線放低，看著你面前地上的一塊地方。

如果你在情緒平靜的情況下練習，讓腦海中浮現一個使你感到痛苦的情況，選擇一件令人難受、但又不至於壓垮你的事情。如果這樣做讓你吃不消，可以做54321技巧來安撫你。如果在當下進行練習，只需注意以下幾點。

注意你身體裡面產生的感覺，與它們共處一會兒。

對自己說：「這是個痛苦的時刻。」（你可以更改措辭，來符合你的感覺，例如「這是壓力」，或「這很痛」，或「這很不舒服」。）

對自己說：「苦難是人生的一部分。」（或者，「其他人也有這種感覺」、「我並不孤單」、「每個人在某個時刻都會掙扎」）。

對自己說：「願我善待自己。」（或是，「願我給予自己所需的同情」或「願我學會接受自己本來的樣子」，或「願我以我媽媽／最好的朋友／寵物狗給我的愛和關懷那樣，對我自己表示愛和關懷。」）

你還可以添加任何你覺得對你有用的其他句子，例如，你可以添加「願我堅強」或「願我平靜」做為最後潤飾。這是你的練習，所以讓它成為你專屬的練習。

給自己一個擁抱，或撫摸自己，這樣會在大腦中產生與來自他人的實際安撫相同的神經化學反應。具體來說，自我觸摸會釋放好心情的催產素激素，並減少壓力荷爾蒙皮質醇的釋放。因此，如果你覺得合適，可以嘗試把你的手放在心臟上，給自己一個溫柔的擁抱，或者在做同情練習的同時，輕撫自己的手。

慈心禪正能量

這個練習在單次十分鐘的訓練後，就可以看到把內心批評和壓力降到最低的積極效果，[5]確實值得一試。

這種冥想的一些傳統版本，在一開始要我們想像一個讓我們感到無條件被愛的人，要我們感受到他們的溫暖。其他版本則要我們在冥想開始時，對自己分享關懷的話語，因為這對初學者來說可能比較困難，所以我給你的冥想方式有些不同。

這個練習首先要你想像你關心的某人或某事。然後，請你想像與那個人分享你的關懷和溫暖的想法，接著請你與自己分享這些同樣的想法和溫暖。

與所有的長篇練習一樣，你先閱讀引導詞，再來決定是否有需要更改的地方。用手機錄下自己大聲朗讀的過程，並每天聆聽。慢慢閱讀，這樣的聆聽感受就很紓壓，不會覺得是一場比賽。

在錄製之前，想一想在練習中會想起誰。選擇一個能給你情緒沉澱和平靜感覺的人，一個不會讓你想到複雜或難以承受的人，甚至可以想起寵物。

練習方式

找到一個舒適的地方坐下或躺下。

如果感覺安全的話，輕輕地閉上眼睛，或者把視線放低到一個感覺舒適的地方。

把你的注意力轉移到房間外面的聲音，現在注意房間裡面的聲音。閉上你的嘴，用鼻子呼氣和吐氣，注意自己的呼吸聲。現在，把你的注意力轉移到呼吸的感覺上，空氣進入身體，並離開身體的細微感覺上。保持像這樣的呼吸方式，緩慢而深入。

如果你的心思在任何時候飄走了，請不要擔心，只要把你的注意力轉移到呼吸或我的聲音上。

想像一個親近你的人，他會讓你微笑，是讓你感到非常溫暖的人，不一定要是人類。想像你和對方在一起，也許你是坐在他旁邊，或是在跟他一起走路。

注意想到對方讓你感覺如何，注意這種關心和這種感覺在你的身體和心裡出現的情況。當你想到對方時，注意你的心臟周圍和身體的細微感覺。

你注意到了什麼？也許你注意到溫暖、溫柔、開闊、情感的連結嗎？繼續呼吸，在你想到和想像你所關心的人或存在體時，注意這些感覺。

想像一下，每次呼吸，你都會把你對這個存在體的感受延伸到對方身上。如果你願意，你可以想像一道金色的光芒，把你所有的感受和溫暖，從你的心裡向你所愛的人延伸出去。想像這道光籠罩著你所愛的人，與對方分享你心中對他的感受，給他帶來平安與幸福。或者，你可以改成想像把一隻手放在他的手臂或肩膀上，用這種方式把你的感受與他連結起來。

同時，默默地重複這些話：

- 願你平安
- 願你善待自己
- 願你經歷平安
- 願你健康
- 願你經歷快樂和輕鬆

現在，把你自己加到這個畫面中，看到你自己也在那裡，並且對你自己和你所選擇陪伴你的存在體說：

- 願你我平安
- 願你我善待自己
- 願你我經歷平安
- 願你我都健康
- 願你我都經歷快樂和輕鬆

注意這種感覺。當你注意到自己的心裡和身體裡的感覺時，讓你自己和你所選擇的存在體維持在你的腦海裡。這些細微感覺有變化了嗎？你還感到溫暖、寬心和溫柔嗎？還有什麼其他東西？注意是否出現任何緊張。如果發生了這種情況，不要擔心，儘管這些話是我們應得的，但是許多人在對自己仁慈方面都做得很吃力。我們很多人都在學習自己應該得到仁慈和同情，並且可以安心地來經歷仁慈和同情。

如果覺得可以安心地這樣做，現在就把你給予所選存在體的感受和溫暖，給予自己。想像一下，把這種感覺延伸回到自己身上，對自己說：

- 願我平安
- 願我善待自己
- 願我經歷平安
- 願我健康
- 願我經歷快樂和輕鬆

注意這在你的心裡和身體中的感覺，這些細微感覺有變化嗎？你還感到溫暖、寬心和溫柔嗎？還有什麼其他的細微感覺？

現在把你的注意力轉向你自己的呼吸聲——吸氣和吐氣。注意呼吸的細微感覺——吸氣和吐氣。請注意房間內和現在房間外的聲音，扭動你的手指和腳趾，然後慢慢睜開眼睛。在你的身體或心裡，細微的感覺有任何變化嗎？你還感到溫暖、寬心和溫柔嗎？還有什麼其他感覺？

為什麼自我疼惜會有效？

在第一章中，我們了解到嬰兒需要他們的照顧者來安撫他們，這樣他們的大腦才能以穩定和情緒沉澱的方式發育，這意味著他們也可以感到穩定和情緒沉澱。當我們練習自我疼惜時，這有點像我們是安撫人的父母。久而久之，這種作法會加強我們自己自我舒緩的能力，並在我們需要的時候創造平靜。

正如第十三章所述，以正規的方式練習慈心禪時，會改變前額葉皮質。[6]此外，這種類型的冥想會改變大腦中與「顯著處理」（意味著我們發現情緒和痛苦的經歷不那麼難以消受，占用我們的注意力更少）和自我參照（意味著我們可能不那麼注意自己和我們的痛苦，因此不太可能反覆思考可能出現的問題）相關區域的活動。

如果你喜歡這些練習，並且想進一步做這些練習，我建議你閱讀保羅・吉伯特（Paul Gilbert）的《憐憫心》（*The Compassionate Mind*，暫譯），並收聽克莉絲汀・聶夫在 selfcompassion.org 網站上免費提供的許多錄音檔。

善待自己可能聽起來很愚蠢，但它有可能改變你大腦的運作方式，這沒有什麼愚蠢的！

16・照你的價值觀而活

本章將教你……

・如何**辨識你一生中所重視的事情**。

・幫助你確定**對你重要事情的優先次序**。

這對每個人都有幫助，我真希望每個人都能做到！

我們許多人在生活中逼著自己邁向成功，愈來愈努力地工作，以獲得很棒的職業、大房子、更高的薪水、完美的身材、組成平均生育子女數二．四個的英國家庭，以及實現其他社會認可的成功標準。

正如我們在第九章中討論的那樣，擁有目標並沒有錯，但是許多人：

・把自我價值與取得的成就混為一談。

- 有些公司想讓我們不斷購買更多他們出售的產品，而向我們推銷了一種理想。
- 努力成為別人說我們注定要成為的那種人，而不是我們真正想成為的人。

安寧看護布朗妮・維爾（Bronnie Ware）在她的《和自己說好，生命裡只留下不後悔的選擇：一位安寧看護與臨終者的遺憾清單》（*The Top Five Regrets of the Dying*）一書中說，人們臨終前最遺憾的五件事是：

1. 「我希望我曾經有勇氣活出真我的人生，而非其他人期望我有的人生。」
2. 「我希望我並沒有那麼努力工作。」
3. 「我希望我曾經有勇氣表達我的感受。」
4. 「我希望我跟我的朋友一直保持聯絡。」
5. 「我希望我可以讓自己更快樂。」

這些發現與在該領域的其他研究結果是一致的，而且結果很重要，顯示人們常常意識到，他們的生活品質比他們取得的成就更重要。人們臨終前還意識到，在沒有剩餘時間去改變的時候，他們真正重視的是什麼東西。

不必要變成這種情況，我們現在就可以弄清楚什麼對我們來說是重要的事，並開始納入今天的生活中。

目標與價值觀

- **目標是你可以寫在清單上，並打勾消掉的**，例如工作升遷、伴侶、在鄉下的房子、三人行、在法國度假、在銀行裡有很多錢（順便說一下，這些不一定是我的目標，所以無需臆測！）。
- **價值觀是你想要擁有的經驗特質，無法從清單中打勾消掉**，例如承諾、同情、知識、安全、親密、突破界限、了解其他文化、擴大視野、自由。

一旦你去過法國後，你可以把法國度假從清單中剔除，但是對別人表現出一次同情，並不意味著你可以形容自己是有同情心的。一旦你停止表現出同情，你就是不再具有同情心的人了。

你可以有一名伴侶，打勾完成了，但是這個目標沒有告訴我們你希望建立的關係是什麼樣的特質。你或許在談一段戀情，但可能不快樂。

當你問自己，你對人際關係重視的是什麼時，你可能會說可靠、誠實和同情心，有一名隊友可以一起分享生活。你不能把這些打勾消掉，但你肯定可以每天在你擁有的任何關係中，無論是與朋友、家人、戀人、長期合作夥伴，努力經營彼此的關係。

回到死亡這個話題，關於目標真正有趣之處在於，我們一生都在為目標而努力，然後在我們死的那一刻，它們就不再重要，會被人遺忘，而我們的價值觀卻不會被遺忘。很少有人在悼詞中說：「他有這麼大的汽車，獲得這麼多的獎項，浴室裡有按摩浴缸。哇！」

相反的，你通常在葬禮上會頌揚的是這個人所活出的價值觀：「他為人非常有愛心，在我需要他的時候，他總是給予支持。我一直覺得他懂我。」我們會分享有關逝者最難忘和正面評價的故事。

他的目標可能會被提到，但這只是因為這些目標體現出他的價值觀。我並不是說我們不應該為實現自己的目標而努力，我的意思是，我們可以放棄只有透過外部的成功才會被認為是有價值的這種想法。

如果我們思考一下自己、他人和人生各個層面所重視的特質，那麼無論我們是否實現了目標，對於活出價值觀的重要方式，我們可以努力每天加緊行動，用對我們重要的方式來進步成長。

當你認清自己的價值觀時，你仍然可以想要達到相同的目標。重要的是要明白為什麼。例如，如果你想要金錢和成功，為什麼呢？你想要這樣，是為了你生活中的哪些要素嗎？你想要這樣，是因為它可以幫助你獲得財務自由嗎？可以從工作中抽出時間嗎？能夠花更多的時間陪伴家人嗎？如果是這樣，那就太好了！你的價值觀是自由、靈活、情感的連結，重視優質時光，並與你所愛的人在一起。每天在朝著自己的目標努力的同時，你可以隨時尋找自己的價值觀。

現在，人生旅程可以與目標或成就一樣重要。

尋找你的價值觀

價值觀是我們每天都能意識到，並反映在我們行動中的東西，但是很少有人坐下來好好思考過自己的價值觀可能是什麼。我甚至可以說，當我們問自己的價值觀是什麼時，問的其實是對自己最深層的問題，我們問自己：

- 我是誰？
- 我想成為什麼樣的人？

- 我的內心深處相信的是什麼？
- 每時每刻我都想努力成為什麼樣子？
- 我想把精力投入在什麼地方？
- 我看重別人的什麼？
- 我希望人們記住我什麼事？

如果我們能在晚年回顧我們的人生並說：「我過著充滿價值的生活」，那不是很好嗎？以下是你需要採取的三個步驟，來確定你的個人價值觀，並開始活出你希望的未來。

步驟一：按重要性對這些生活層面進行編號

不要根據它們現在符合你生活的程度來進行編號。想一想你最重視哪些層面，在最有價值的層面上方寫上1，然後從那裡繼續（我在每個詞的上方都留了一個空格，讓你加上數字）。你可以選擇有些層面的地位相同，也可以劃掉任何不適用的內容（例如，如果你沒有小孩，你可以跳過「養育子女」）。

（　）養生和身體健康

（　）教育和個人成長或發展

（　）事業

（　）娛樂、休閒和歡樂時光

（ ）參與團體
（ ）性靈
（ ）友誼和社交生活
（ ）親密關係
（ ）養育子女
（ ）更廣泛的家庭關係

如果娛樂和休閒在你的清單上排在最後，問問自己為什麼。這是小時候被訓練出來的嗎？你是否覺得休息或娛樂某種程度上是個壞主意？我這樣說是因為人們通常不會優先考慮生活中這個極其重要的層面，人們沒有意識到，休息和玩耍有助於我們的大腦發育、身分認同和整體健康。

步驟二：列出你的價值觀

完成第 373 頁上的清單，從你選擇最優先的生活層面開始，問問自己你希望在每個層面體現什麼價值觀，以及如果你能成為你最理想的樣式，你希望如何表現自己？我已經給了你一些提示，這些提示將幫助你辨識出每個層面的價值，並留出空間讓你記錄你的想法。

如果你在這方面做得很吃力，請回到本書第一部和第二部之間的人生目標和里程碑清單，選擇你認為對你最重要的目標，問問自己，為什麼？在我的一生中，我希望這種經歷有哪些特質？

也許你的目標是參加十公里（或更遠）的賽跑。目標是超越終點線，或打破自己的最佳成績。你對應到此活動的價值與你個人有關，也許你重視投入於你的訓練計畫、活動你的身體、參與某項賽事，並挑戰自己，使自己的身體盡可能地健美。

也許，是完全不同的價值觀。也許你在跑步時感覺自己處於一種心流（flow，編按：專心從事一項活動達到忘我的境界）的狀態，你重視的是身心完全相連的感覺，只有你自己、當下和眼前的道路。也許你重視跑步，並不是因為它能讓你參加跑步的團體，而是因為它是你完全為自己而做的事情，讓你從原本忙碌的生活中得到喘息和休息。

如果你只專注於目標，那麼為比賽進行許多月的訓練可能會相當枯燥，甚至痛苦。但是，當你把訓練視為機會，是讓你經歷上述清單的特質時（這些特質屬於多種不同的價值觀類別，例如，身體健康、個人成長、團體），感覺會大不相同。

在編寫本書時，有幾次我只專注於目標，正因為如此，我當時想放棄。如此龐大的任務使我感到不堪負荷。但是，我知道我的價值觀是：

- 讓治療室外的人也能理解，並獲得心理學的資訊。
- 告訴人們，他們是人，是正常人，而不是怪人或瘋子。
- 始終如一地讓自己全力以赴。
- 不斷學習。
- 自我疼惜。

這意味著我每天不是在思考目標，而是思考如何滿足這些價值觀。每當我的心思試圖把我拖入對未來的恐懼時，這給了我一個集中精力的焦點。我知道當我焦慮或忙碌時，休息時間往往是最先被我擱置一旁的東西——我最需要的東西總是第一個被放棄——因此我必須在行事曆中安排休息時間，就像我安排會議的方式一樣。所以漸漸的在大量的自我疼惜下，我寫出了這本書。

花些時間完成下面這份清單，一直寫到最後。記住，價值觀是你每天都能付諸行動的特質，例如活動身體和善待自己。你的價值觀會在你的一生中發生變化，這也沒關係。這不是「一勞永逸」的練習，而是你生活方式的指南針，有時候你需要改變方向，那也很好！

養生和身體健康。你想如何照顧自己和你的健康？你對情緒好有什麼評價？哪些動作會讓你感覺在自己的身體內？哪些動作會使你情緒好？你對這些動作中的每一種動作有何評價？

教育和個人成長或發展。你對人生的這一部分有何評價？你將來想學什麼？你想學習更多的東西嗎？有特定的主題嗎？為什麼是這樣？你對這些東西有什麼評價？

事業。當你在工作時，你想體現什麼特質？你想在工作中找到什麼特質？你希望你的工作關係看起來和感覺如何？你喜歡哪種類型的工作環境？你對工作有什麼評價？

娛樂、休閒和歡樂時光。你想多做什麼呢？你的生活中哪些方面讓你覺得好玩？心情輕鬆？處於心流狀態嗎？你對此有何評價？

參與團體。你想加入哪種團體？你可以用哪些方式與團體建立情感？

性靈。你在性靈和信仰方面看重的是什麼？你想相信什麼？你相信什麼？你想如何與自己的這一部分連結起來？

友誼和社交生活。當你的朋友在你身邊時，你希望他們有什麼感覺？哪些特質會引起這些感覺？你重視什麼樣的關係？

親密關係。你希望你的親密關係中表現出什麼特質？當對方和你在一起時，你希望對方有什麼感覺？你想要哪種關係？

養育子女。你希望你的孩子在你身上看到什麼特質？你希望他們在你身邊有什麼感覺？你希望他們如何記住你？

更廣泛的家庭關係。你想成為什麼樣的家庭成員？你希望你的家庭關係是什麼感覺？

步驟三：問問自己，這與你現在的生活相符嗎？

在完成這項任務後，許多人意識到，他們目前的生活與自己的價值觀不一致。你是否過著以價值為導向的生活？還是這個練習突顯了你想立即開始改善的層面？它是否讓你意識到，你一直在辦公室裡努力工作，而你真正想做的，是在家裡確保你的朋友、親戚或孩子得到你的愛、關注和同在？它是否讓你意識到，你想用活動身體的方式（跑步、跳舞或其他形式的運動）來榮耀你的身體，而不是懲罰它來達到 Instagram 網紅所設定的目標？

如果你的情況不符合你的價值觀，而引起任何羞恥或恐慌，像往常一樣，注意到這種痛苦，並給自己一個仁慈的說法。

要做到與你的價值觀一致，你今天可以採取的第一個步驟是什麼？把它寫在這裡，當做是對自己的承諾。

開始思考如何每天把你的價值觀帶入生活。也許拿起筆來，然後把你想首先注意的價值觀圈出來。

讓你的價值觀來引導你

當我們知道自己的價值觀時，我們會對自己是誰有深刻的了解。我們有一個指南針，可以引導我們的每一天。即使世界突然發生了變化，像是如果你退休了、生病了、必須從悲慘的事件中走出來，而你不能再為你一貫的目標而努力，你可以用你的價值觀來決定如何向前邁進。你可以找到方法，把這些特質帶入生活中，並塑造你的新生活。你可以確保在臨終前，回首往事時，知道自己過著值得驕傲的生活。我想，這也是我們大家共同的希望。

17・尋找並與你的社群連結

本章將幫助你思考如何……

- 創立一個社群。
- 替對你很重要的理念發起運動。
- 投入你的時間，從事志工服務。

似乎暗地裡總是潛藏著無意識的恐懼，恐懼如果我們不被理解，就好像我們從未存在過一樣。

——麥克・施賴納（Michael Schreiner，治療師）

你是否知道，當我們看一部情感豐富的電影，[1] 或與其他人一起唱歌時，[2] 我們的心和呼吸是同步的？當我們在所愛的人身邊時，看著他們的眼睛，或只是坐在他們旁邊，也會發生同樣的事情。這不僅在當下讓人感覺沉澱下來，而且在壓力大的時候也有幫助，[3] 一項研究顯示，愛的觸摸有助於減輕身體疼痛。

人類不應該孤立地存在，我們注定要生活在群體中，並覺得自己有歸屬感。

在整本書中，我討論了關係的重要性，孤獨和脫離人群的毀滅性後果，以及社會中存在的問題（例如偏見），只有大家共同努力才能克服這些問題。

如果我們真的要治療自己和治療彼此，則需要思考如何與他人建立情感的連結。而且，在理想情況下，我們需要建立連結的人是能夠使我們感到被傾聽、被看到、被賦予力量，並高興我們有所付出的人。此外，在理想情況下，我們需要注意關係的品質，而不是數量。

感覺被一個人理解，比被很多讓你感到孤立的人包圍更重要。

如果你讀到這裡時心想，但是我沒有社群，也沒有人陪伴，請不要擔心。重新思考這個想法，然後改成……「現在還沒有」。

事實上，每當你的大腦出現恐慌，說你沒有、不能做、不能處理，或有什麼情況時，就用「現在還不……」來重複那個句子。

參與社群

一般來說，我們的朋友數量常在二十多歲時達到頂峰，當我們跨入三十歲以後，朋友數量會逐漸減少，但是留下來的友誼卻非常深厚。

通常，直到發生了重大的人生事件時，我們才思考我們友誼的數量或品質。這意味著，很多人不會想到要擴大他們的朋友圈，直到他們突然從忙碌的生活中抬起頭來，並意識到幾乎沒有多少人可以交談。

但是，成年後交朋友真的很難，那麼從哪裡開始呢？

共同的經驗和共同的價值觀是大多數友誼最常見的起點。因此，要結交新朋友時，你可以選擇尋找與以下方面特別相關的團體：

- 你正在經歷的情感或生活體驗，例如心理健康團體、倖存者團體或當地利益團體。
- 你身分認同的一部分，例如你的性取向、新手父母團體、當地慈善機構或解決你關心的問題的社運團體。
- 你喜歡，並與你的價值觀相符的事情。

面對面 vs. 肩並肩的交流

有時候，我們尋找的人際交流包含希望與人交談和共享（面對面）。有時候，我們希望有人一起從事活動（肩並肩）。

在 COVID-19 封城期間，人們經常對我說，透過視訊與人交談有很大的壓力。他們表示不喜歡這種經歷，原因很多，其中包括除了疫情之外沒有什麼好討論的。人們無話可說，他們懷念以前和人們一起進行的活動，例如看體育比賽或在城裡閒逛一天。

一起活動是與他人建立連結的一種絕佳的低壓力方式，對男性更是如此，他們通常會覺得自己缺乏面對面的人際交流技巧，而且發現和別人一起看體育比賽比坐著聊天來得更容易。

如果其中有任何一項與你有關，想想你喜歡或想要學習的活動：烹飪、運動、工藝、攝影、語言，愛做什麼就做什麼。

你喜歡唱歌嗎？當我們唱歌時，可以提高呼吸技巧和腹式呼吸，唱歌甚至開始被推薦用於治療產後憂鬱症，[4]並且能改善癌症患者[5]和慢性呼吸道疾病患者[6]的生活品質。你不必要很厲害！歌聲的品質不是重點。聽起來不堪入耳嗎？別擔心，在心理上的效果也會一樣好！

如果你不喜歡唱歌，你可以加入散步小組、運動隊、語言班或縫紉和手工藝小組，這對於在面對面的社交時會有點緊張的人來說特別適合。你可以與他人並排坐在一起，從事實體的活動，謹慎地與人交流，而不必聊天，無需談論自己。

與別人有共同的目標，互相支持的交流，這給你使命感和交流的感覺，與面對面的交談一樣有價值。而且，很難說喔，你可能會發現，當你的注意力集中在眼前的任務上時，你會放鬆下來，自然而然地與在場的其他人聊天，而這些人你至少已經與他們有一項共同的興趣。

如果遇到你喜歡的人，不妨大膽地問對方要不要約個時間喝咖啡，然後和對方交換詳細的聯絡資訊。

記住，孤獨是多麼的普遍，這意味著對方很可能也在尋找新朋友！

順利結交朋友的快速提示

- **邀請別人到你家做客會增加壓力，所以在最初幾次的朋友相約中，不妨去你可以放鬆的地方**，而不用覺得你必須招待對方或有所表現。
- **問問題！**被人傾聽是一種難得的禮物，所以傾聽別人說話，可能會比你想像中的更快了解對方。

・**善待自己。**深厚的友誼需要時間來建立，而推銷自己，結交朋友，可能會讓人心煩困擾。因此，當你經歷這個過程時，也要成為自己的朋友！

如果你不確定在哪裡可以找到社群或團體，Meetup.com 是一個著手尋找朋友的好地方。他們在全球一百八十多個國家，擁有超過二十二萬五千個團體，類別包括寵物、寫作、舞蹈、攝影、政治活動、信仰、讀書俱樂部、愛好和手工藝、多元性別族群等等。如果找不到適合你的聚會小組，你甚至可以來發起一個聚會。

線上社群

以二〇二〇年的情形來看，我們不一定找得到實體活動的共享空間，所以也值得在網上尋找。線上團體為你提供比當地社群更廣泛的涵蓋領域，有時候也有線下聚會的選擇，這可是魚與熊掌兼得的方式！

此外，線上社群為那些在現實世界中被邊緣化和被誤解的人創造了安全的地方、代表性和榜樣。例如，對於年輕人、酷兒（非主流性取向）、非常規性別和變性的人，線上社群不僅提供了與具有類似經歷的人聯繫的機會，還提供了一個探索身分認同、新的自我定義的空間，也可以聽取其他人的出櫃故事，尋求挫折復原力和自尊的支持，並了解社群的活動。

線上社群尤其特別的是，它們提供了一個地方，讓人們可以用自己希望的方式來展現自己。

還記得我說過媒體缺乏代表性嗎？社群媒體正在解決這個問題，人們以自己希望的方式來展現自己。這就是賦權！並改變了遊戲規則。它挑戰了媒體上狹隘的呈現，並告訴所有人真相，那就是，無論你是誰，你都值得被看到，你都值得占有一席之地。

因此，如果你在線下找不到社群，可以特意在網上找一個與你的價值觀、興趣和生活經驗相符合的地方。

社會運動

社群媒體是推動改革的力量，它可以挑戰根深柢固的階級制度，重新分配權力，使資訊民主化，支持群眾動員，並有助於建立全球運動。

——取自 Angus McCabe & Kevin Harris，2020 年

如果我們可以創造一個沒有偏見和創傷經歷的世界，人們需要的治療就會減少。有沒有什麼社會正義的問題會影響到你？種族主義？性別歧視？殘疾人歧視？恐同？體重歧視？恐懼跨性別者？年齡歧視？是否有另一種形式的偏見或經驗是你想對抗的？還是有一個影響許多其他人的社會正義問題，而且你想與他們一起反抗的？如果是這樣，而你不知道到哪裡可以找到已經在這些領域抗爭的人，那就找 Google 大神吧！

如果你要尋找的團體和組織是由具備抗爭該事件親身經驗的人所管理的，聽取那些經歷過的人的意見，並接受他們的指導。

傳統上，當擁有較高地位、權力和資源的人，為對他們重要的事情抗爭時，就會發生變化。社群媒體已經改變了這一點，因為以前全球各地沒有聯繫的人現在可以聚在一起，討論他們在外部世界所面對的敵意，共同發表意見，並在政治上積極處理不平等和不公平的現象。接受那些站在前線的人的啟發，他們每天都在為自己的信念奮鬥，而不僅僅是為了生存。

許多為自由和正義而戰的重要運動都是從網路上開始的，這些運動致力於改變世界，帶來社會正義，包括美國民權運動分子艾麗西亞・加爾薩（Alicia Garza）在臉書上發布的一個主題標籤，開啟了「黑人的命也是命」運動；以及塔拉納・伯克（Tarana Burke）於二〇一六年在網路上針對性暴力事件發起的 #MeToo 運動，兩者已成為爭取自由與正義的重要運動。

英國社運人士吉娜・馬丁（Gina Martin）以社群媒體為陣地，開始了她的社會運動，成功使「偷拍裙底」成為非法行為。史嘉莉・柯提斯（Scarlett Curtis）、葛莉絲・坎貝爾（Grace Campbell）、荷妮・羅斯（Honey Ross）和愛麗絲・史金納（Alice Skinner）共同創立了「粉紅色抗議」網站（The Pink Protest），這個網路社群成功地改變了英國的兩項法律，並讓人們注意到，有些女性因為買不起衛生棉而生活受到影響，以及對女性生殖器切割的關注。

如果你想做出改變，你不需要有名，或認識有權力的人，你只需要網路連線和群聚效應即可。一旦你找到一個團體後，想一想你能提供的資源。你能提供實際的幫助，如推動活動、傳播消息、收集簽名或募資嗎？是否還有其他方式可以提供義工服務（我們將在本章結尾處討論這一點）？你是否有大量的觀眾或社群媒體平台可以用來傳播消息？或者，也許你可以捐款來支持你相信的運動。

但是，如果沒有活動在進行呢？那怎麼辦呢？

建立自己的運動

如果你想成立一個社群來推動社會運動，我建議你閱讀愛卓恩・瑪麗・布朗（Adrienne Maree Brown）寫的《新興的策略》（*Emergent Strategy: Shaping Change, Changing Worlds*，暫譯）和吉娜・馬丁寫的《你可以帶來改變》（*Be the Change: A Toolkit for the Activist in You*，暫譯）。這兩本富有洞見的書，提供高明動員的方法來創造改變。

請考慮以下步驟：

- 尋找你認識的或線上志同道合的人。
- 向你當地的領袖人物發送電子郵件或訊息，談論對你很重要的問題；安排與當地代表面對面的會議；聯繫你當地的廣播電台和談話節目。
- 投票並號召群眾支持你相信的領袖。
- 志願支持當地或全國甚至國際上已經存在的社群、活動家和社會運動。如果你沒有時間投入，可以捐贈其他類型的資源，例如金錢、舊衣服或物品。
- 就你選擇的主題舉辦一個讀書會或電影之夜，以提高人們的注意。發起抵制活動，或是刻意購買某家公司的產品來表示支持！
- 創造你想在線上強調和分享的親生經歷故事，也可以把故事寄給當地領袖，做為推廣運動的方式。或許建立一個關於該主題的社群媒體帳戶，並開始推動請願活動。
- 與你認識的人進行棘手的對話。
- 多休息，因為創造政治和社會變革是一場馬拉松而不是短跑。

志工服務

在封城期間，社群的志工服務激增，英國有五分之一的人從事志工服務（別的活動先不提）為無法出門的人購買和運送生活物品、打電話給別人以消除孤獨感，或在電話線上工作。社群團體因個人成員提供時間來支持他人而得以鞏固。

但是，志工服務並不僅僅針對需要得到幫助的人，志工服務也使志工有使命感，是結識新朋友、獲得新技能、讓自己有好心情的好方法，而最好的部分是……每個人都可以來當志工。

在你決定你想做什麼樣的志工時，請考慮你已經擁有的技能，以及可以在何處分享這些技能。

如果你會寫電腦程式，並能每週或每月提供一些時間，那麼你可以去「女孩來寫程式吧」（Girls who Code）組織當志工，傳授這些寶貴的技能，以縮小科技業中存在的性別差距。

如果你會說兩種以上的語言，總有一些組織需要有人來幫忙翻譯，例如紅十字會，你甚至可以在家中舒適地做這些工作。

如果你在園藝方面有雙巧手，你可以替社區的花園做志工，為居住在該地區的人提供水果和蔬菜。

如果你有解決困難的經驗，克服了自己的心理健康難關，你可以考慮把你辛苦學到的知識傳遞給另一個需要幫助的人，許多人說這是他們康復旅程的重要部分。如果這對你有特別的意義，有許多心理健康慈善機構會很高興能有你當結伴者、導師或宣導者。對於那些目前發現自己處於黑暗中的人，你可以當成他們的一盞明燈。

有很多地方和方法可以讓你去奉獻你的時間，例如，你可以與以下的組織合作：

- 帶著弱勢兒童閱讀，幫忙教育後代，例如英國讀寫能力基金會（National Literacy Trust）。
- 替無家可歸的人煮飯或把食物提供給有需要的人，來對抗飢餓。
- 寫信給療養院的老人，來消除孤立感，例如慈善機構「愛我們的長者」（Love For Our Elders）。
- 加入求助熱線志工，例如危機簡訊專線（Crisis Text Line）、兒童專線（Childline）和撒瑪利亞人自殺防制專線（Samaritans），幫助人們知道，即使在危機時期，他們也並不孤單。
- 為國際特赦組織進行研究，對抗不平等，並揭露侵犯人權的行為；或為聯合國進行研究教學和培訓。

你也可以舒適地在家中當志工（例如，紅十字會需要捐血活動的支援、需要管理案件、寫程式和檢查數位化工具的人員），Volunteermatch.org 網站列出了全球的志工機會，但是如果你想要替離家更近的地方當志工，你可以在英國各地找到全國志願組織理事會（National Council for Voluntary Organisations，簡稱 NCVO），這是英國最大的慈善機構和志工服務網路，可以透過他們找到你當地的志工服務中心。

無論你身在世界的哪一個角落，都可以在當地或網路上查尋志工服務的機會。或者，你大可提議為你的鄰居泡茶或跑腿拿生活用品。無論你選擇什麼，都有很多人會很高興搶著要你來幫忙。

我以前有一位上司曾經說過：「如果你想提高自尊心，那就做值得人尊敬的事情。」

18・接受治療

本章說明……

- **圍繞治療的常見迷思。**
- **不同類型的治療及其用途。**
- **尋找治療師時要問自己哪些事情。**
- **第一次見到治療師時要問些什麼。**

本章對那些害怕治療，並想知道它到底是什麼的人來說會有幫助。對於正在考慮治療，但不知道從何開始的人，也可以從本章獲得幫助。

好不容易，要來談治療了。

治療和本書中的建議，兩者之間的差異是很大的。治療牽涉到就像有另一個人在支撐你的想法，這讓你知道，有人正在替你考慮，並在思考怎樣最能支持你，而且有人正在為你加油，我確實是我的案主最大的啦啦隊。

此外，治療是根據你的需要打造的，並且是保密的。因此，如果你在讀完本書後，還有進一步的問題或需要探索的途徑，你可能想找人一起逐步解決。

在整本書中，我都強調了有些時候，接受治療可能是該考慮的重要事情，例如，你正在經歷持續的恐慌發作，有使你害怕並影響你生活的侵入性思維、有一個惡言惡語的內在判官，或者正在與世界上的偏見和痛苦搏鬥。但是，治療並不只針對處於嚴重困境的人，**治療還適用於希望更深入地了解自己、自我評價、自己的模式和人際關係的人。**

我意識到並非所有人都能接受到治療，因此我當初才會寫這本書，本章不僅解釋如何尋找適合的治療、找到治療師和結束療程，還包括不同治療類型的參考書籍，以便你可以在治療室之外繼續閱讀。

治療的常見迷思

接受治療意味著你瘋了，或有嚴重的「問題」？

根本不是這樣的。

治療師與你的朋友或家人沒有什麼不同？

治療師不是你的朋友，也不是你的家人。他們接受過專業訓練，並「擁有專業知識」。他們會以無條件的正面態度對待你，並包容你、扮演你可以信賴的知己和可能的指引，但他們是專業人員，必須遵守道德和法律準則。他們提供了客觀的觀點，除了你的最大利益之外，沒有其他的打算。

治療只是在說話？

治療可以做很多事情，主要可能是談話，但也包括技巧訓練、回家自己要做的練習和要在治療過程中或之外完成的活動，這取決於你選擇的治療類型。有時候主要是身體治療，例如「體感療法」（somatic therapy），我們將在本章稍後談到。

治療中的一切都與童年有關？

我希望我已經告訴你，有時候我們會因過去而掙扎，有時候我們會因為現在而掙扎。有時候，我們只有透過解決我們的過去，才能向前邁進；有時候，我們只需要有人教給我們實用的策略，即可對我們有所幫助。

正因為如此，不同的治療方法會著眼於你生活的不同領域。

例如，如果你出現恐慌發作或侵入性思維，則治療的目的是穩定你的情緒，使你感到安全和理智，在考慮其他事情之前，教你管理和克服這兩種經驗。

如果你在人際關係中陷入重複模式（例如，如果你喜歡上的人，給你的感覺總是像你人生早期的人所給你的感覺），這就需要回到這些模式最初開始的時間，了解這些模式的作用，並從那裡著手。

每個人都需要治療？

雖然我們的確都會從了解自己中受益，但不是每個人都需要治療，很多人不需要治療也過得好好的。而有些正在掙扎的人只需要正確的支持，一點心理教育（一些心理資訊幫助他們理解自己的經歷）和一些可靠的因應技巧來幫助他們。

治療會修復你？

抱歉，沒有這回事，這不是我們的工作。

1. 因為你不需要「修復」。
2. 因為我們還沒有所有事情的答案。

例如，在治療過程中，我提醒我的案主，「你是你的專家」。我告訴他們，我掌握了大量的心理學和神經科學新知識，並且我將與他們同行，或者與他們一起坐在黑暗中，建立共同的理解和前進的方向，直到我們一起找到通往光明的道路。

的確，當你開始進行治療時，事情可能會有一段時間感覺有些惡化，因為你開始注意到自己一直在迴避，或沒有察覺到的某些事情，但是漸漸的，你會度過這個階段，並繼續前進。下面這句話給了很棒的總結：

> 正如每位治療師都會告訴你的，治療會不舒服，但是拒絕治療也同樣會不舒服。而且長期下來，拒絕治療總是更加痛苦。——雷斯瑪．梅尼肯（Resmaa Menakem，著有《我祖母的手》〔*My Grandmother's Hands*〕，暫譯）

那麼，什麼是治療呢？

治療是一個幫助你了解自己的地方，無需對你有任何的評判，並透過你所需的工具，找到前進的道路。

治療使我們深入洞察到自己很少獨自接觸的部分。我一次又一次看到這種情形，當我接受治療時，我發現仍是如此。我的治療師經常指出我的人際關係中的模式，而我在自己的反省過程中卻完全忽略了這些模式，這讓我很震驚！

對於某些人來說，治療是我們第一個安全的依附關係。我們第一次可以依賴某人在我們身邊，並持續傾聽我們的心聲。

也許最重要的是：當你失去希望時，治療師會為你支撐住希望，直到你也準備好支撐住希望為止。他們會幫助你創造新的故事和以價值為導向的生活，並與你一起努力找到可以幫助你實現目標的技巧。

漸漸的，我們開始內化治療師療癒的聲音和話語，這意味著當我們的內在判官突然出現時，我們就有一個自動的內在啦啦隊，在我們需要的時候，在我們耳邊說些紓壓的話。

治療可以面對面進行，或透過視訊、電話，或簡訊。它可以是一對一的、針對夫妻／家庭，也可以與你逐漸認識的人一起進行團體治療。它可能包括直接對話、走路／談話治療／身體運動。時間可以是一週一小時，也可以一週幾個小時。可以由你當地的醫療服務機構免費提供，也可以找要自費的私人診所。

治療的類型太多了，足以使我暈頭轉向。這裡有一些建議，告訴你在考慮找治療師時，該怎麼做。

尋找治療師時該想的問題

在考慮治療時，你需要問自己一些實際的問題，包括：

- 你想在哪些方面獲得支持？你是否想學習技巧，來管理和克服情緒上的壓迫感，例如焦慮？你是否想了解自己的人際關係模式，並希望能有所改變？你在尋找創傷支持嗎？
- 你的目標是什麼？短期目標是？長期目標呢？
- 你是否覺得與你身分認同相同或相似的人，他們會最能理解你身分認同或經歷中的某些特定方面？如果是這樣，是哪些方面？例如，你是否希望治療師與你有相同的性取向，或跟你是同個種族？你是否希望他們經歷過與你類似的親身經歷？
- 去哪裡見治療師會讓你感覺最舒服？透過線上視訊嗎？面對面？一對一？還是團體治療？
- 如果你以前接受過治療，哪些效果好，哪些效果不好？你未來想要更多的什麼治療，並且想要避免什麼治療？

這些問題將幫助你縮小對於治療模式和治療師的選擇範圍。一旦你回答了這些問題，請考慮下面的治療類型，以選擇最適合你的類型。

治療的類型

你需要的治療類型取決於你需要解決的事情。以前我恐慌發作的時候，我不知道有不同類型的治療。我遇到的第一位治療師馬上切入主題說，「現在，跟我說你的童年」。我告訴過對方，我有恐慌症，突然之間，我們就談到了我的媽媽和爸爸。我很困惑，我的恐慌發作立即惡化，而沒有好轉。我需要技巧，而不是翻童年的舊帳，所以我再也沒去見那位治療師了。然後，我找到了一名認知行為治療師，每天二十四小時聽呼吸練習和察覺心念的錄音帶（我沒有誇大：我日日夜夜都在聽錄音帶），然後恐慌開始減輕。

現在恐慌的歲月已經過去了，我有另一位治療師，經常會問我關於我的童年和那時的人際關係。這位治療師非常適合我現在生活中的需求。

以下是最常見的治療類型（想一想當中各別的療法怎樣能實現你的目標）。

認知行為療法（Cognitive Behavioral Therapy）

這是一種技巧導向的方法，可教我們：

- 了解我們感到焦慮、沮喪或其他情緒的原因。
- 辨識和挑戰讓我們陷入困境的信念、無益的思維方式和行為（例如迴避）。
- 有效地使用呼吸練習和其他應對技巧。

認知行為療法對焦慮症和強迫症特別有用，也推薦給經歷憂鬱症、反芻式思考和創傷後壓力症候群的人。如果你需要實用的技巧訓練，這種療法可能適合你。本書中的許多觀點都來自認知行為療法，包括如何檢查你是否高估了威脅，以及常見的思維錯誤。

推薦書：黎娜．布蘭奇（Rhena Branch）和羅伯．威爾森（Rob Willson）《第一次接受認知行為療法就上手》（*CBT for Dummies Workbook*，暫譯），丹尼斯・格林伯格（Dennis Greenberger）和克莉絲汀・A・佩德絲基（Christine A. Padesky）的《想法轉個彎，就能掌握好心情》（*Mind Over Mood*）。

接納與承諾療法（Acceptance and Commitment Therapy）

這種療法與認知行為療法類似，因為它也著重於思想和行為，並傳授實用的應對技巧。然而，它不是挑戰你的想法、信念和行為，因為這樣有時候會導致我們對抗我們的想法，感覺更無法甩掉想法。這種療法教的是：

- 察覺心念的技巧，可幫助你接受，並放下讓你陷入困境的想法、感受、衝動和行為。
- 如何確定你的價值觀，並過著以價值為導向的生活，這樣你就可以選擇如何向前邁進，並過著適合你的生活。

這對於焦慮症、強迫症、憂鬱症、藥物成癮、慢性疼痛和其他健康狀況都非常有用。本書中的許多想法都來自接納與承諾療法，包括把你的想法唱成一首歌（第七章）、天空和天氣的察覺心念比喻（第十三章）和價值觀的部分（第十六章）。

推薦書：羅斯・哈里斯（Russ Harris）的《快樂是一種陷阱》（*Happiness Trap*），這本書寫得太棒了。

辯證行為治療（Dialectic Behavior Therapy）

如果你需要沉澱情緒，必須要嚴格和快速地被調整，辯證行為治療特別有效，建議用於邊緣性人格障礙、飲食失調、注意力不足過動症、藥物成癮和管理自我傷害。愈來愈多的研究顯示，這種療法對於注意力不足過動症或自閉症患者的焦慮管理和情緒調節很有用處，特色是：

- 教授情緒調節技巧：專注於察覺心念、人際關係的效用、痛苦忍受能力和情緒調節。
- 通常結合個人任務和團體療程，這意味著你有社群和正面的支持，所以你知道你並不孤單。

我在本書中分享的辯證行為治療，包括「既／也」的思考方式（所謂的「辯證法」）和教你把臉浸入冰水中的沉澱情緒技巧（第十一章）。

推薦書：馬修．麥凱（Matthew McKay）博士、傑弗瑞．C．伍德（Jeffrey C. Wood）心理學博士和傑弗瑞．布蘭特利（Jeffrey Brantley）合著的《辯證行為治療技巧手冊》（*Dialectical Behavior Therapy Workbook: Practical DBT Exercises for Learning Mindfulness, Interpersonal Effectiveness, Emotion Regulation & Distress Tolerance*）。

察覺心念減壓法（Mindfulness-Based Stress Reduction）

這個高度架構化的課程為期八週（每週二．五小時的療程，加上一次六小時的週末靜修）：

- 教你用察覺心念的方式，來認識你的情緒和身體疼痛，並允許它存在而不與之抗爭，從而改變你的習慣性壓力反應。

- 通常是以團體的形式進行。
- 包含反思冥想過程的小組討論，例如身體掃視和步行冥想期間出現的經驗。
- 不像其他個人療法那樣為案主量身定制。

察覺心念減壓法建議使用在管理憂鬱症、焦慮症、慢性疼痛和多種已知會導致痛苦的健康狀況，例如高血壓、皮膚和免疫疾病（例如乾癬）、愛滋病、癌症和糖尿病。[1]

我在本書中分享了一些關於察覺心念減壓法的觀點，包括察覺心念練習，包括第十三章中的身體掃視。

推薦書：喬・卡巴金的《正念療癒力》（*Full Catastrophe Living: Using the Wisdom of Your Body and Mind to Face Stress, Pain, and Illness*）。

內在家庭系統療法（Internal Family Systems）

從事內在家庭系統療法的人員認為，我們的個性分為許多部分，而每個「部分」都是為了以某種方式保護我們而發展出來的。例如，我們的內在判官可能是完美主義者或監督者，這些角色代表了我們為回應世界而發展出來自己的不同「部分」。如果我們在生活中遭受了極大的困擾，例如心理創傷和虐待，我們可能會放逐自己的某些部分，以保持安全，例如，我們放逐極度恐懼的部分，或放逐對我們虐待者的記憶。這個療法可幫助你：

- 辨識並整合「自我」的每一部分，讓你再次感到安全、完整和可以依靠自己。

這可用於支持患有憂鬱症、焦慮症、恐慌症和身體健康有狀況的人。但是，我特別推薦給那些內在判官極端嚴厲的人。

我在本書中分享關於內在家庭系統療法的觀點是「七種內在判官的類型」（第九章）。

推薦書：傑伊・厄雷（Jay Earley）和邦妮・魏斯（Bonnie Weiss）合著的《啟動你的內在支持者》（*Activating Your Inner Champion Instead of Your Inner Critic*，暫譯）。

心理分析／心理動力療法（Psychoanalysis / Psychodynamic Therapy）

這是你在電影中經常看到的療法，有人躺在沙發上與治療師談話。這種療法不是根據技巧的，相反的：

- 它深入無意識，與佛洛伊德的思想更加一致。
- 注意過去可能出現的模式，檢視從出生開始的人際關係，以及你可能壓抑或正在抗爭的無意識掙扎和衝動，這些掙扎和衝動現在都影響著你。
- 期望你在治療關係中重現這些模式，以便你可以即時看到它們發生，並學習如何向前邁進。

這適用於所有事情（除非你有恐慌發作或侵入性思維，而且你需要接受技巧訓練），特別是如果你正經歷的情緒痛苦已經由來已久。我特別推薦把這種療法用在關係問題上，例如，如果你注意到你在人際關係中一遍又一遍地重複相同的模式。這種治療通常是長期的。

這裡我推薦的書不是在講傳統的心理動力療法，因為這種書通常很難消化。相反的，這本書解釋了一種結合了心理動力論觀點和認知理論（人際溝通分析〔transactional analysis〕）的短期治療模型，內容非常精彩。

推薦書：羅伯・狄保德（Robert de Board）的《蛤蟆先生的希望》（*Counselling for Toads: A Psychological Adventure*），我建議聽有聲書的版本。

系統取向治療（systemic therapy）

系統取向療法並不認為人們有缺陷或需要診斷，因為它認為問題出現在人際關係上而不是人本身。它著重於目前的情況（現在是什麼讓使你陷於困境），並教你：

- 辨識可能導致你痛苦的多種環境（是在你家庭的痛苦、你和另一個人之間的痛苦，還是因為偏見、結構性不平等，或者因為某個權力高於你的人在你的故事，而這些故事現在已經獲得很多人的關注，使你現在相信這個狹隘的故事嗎？）。
- 找出向前邁進的方法，因為你知道自己已經有力量做到這一點。
- 如果你採用敘事治療（系統取向治療的一個分支），你將學會從講到關於你（或其他人）的故事中尋找例外的情況，這樣你就可以創造新的故事，賦予你力量。

系統取向治療可以用於個人、夫婦、整個家庭，以及一起工作的團隊。這個療法推薦用於酒精依賴、焦慮、憂鬱、身體形象問題、創傷後壓力症候群、人際關係問題和許多其他經歷。

推薦書：大衛．丹博洛（David Denborough）的《重述我們生命中的故事》（*Retelling the Stories of our Lives: Everyday Narrative Therapy to Draw Inspiration and Transform Experience*，暫譯）。

眼動減敏與歷程更新療法（Eye Movement Desensitization and Reprocessing）

這種療法不僅教會你因應痛苦的技巧，而且還提供了一種方法，處理導致嚴重痛苦和不愉快往事的創傷性記憶。這與其他療法有很大不同，因為它涉及到：

- 學習因應技巧來管理情緒困擾。
- 想起一個痛苦的時刻，然後讓你的思緒自由奔馳，同時治療師對你施予稱為雙側刺激的事情時（這可能要你必須看著你的治療師在你眼前，左右移動他們的手指，或者對著兩耳輪流播放聲音）。這種雙邊刺激被認為是有效的，可以幫助大腦處理記憶，因為當中的機制就像在快速眼動睡眠期間，眼球會快速移動來整理資料一樣。

這種療法推薦給經歷過創傷和其他痛苦生活經歷的人，包括創傷後壓力症候群、焦慮症、恐懼症和憂鬱症。如果你希望處理與這些創傷經歷有關的很多羞恥記憶，這個療法可能特別有用，因為你不需要與治療師分享你所有的經驗。

推薦書：法蘭馨．夏波蘿（Francine Shapiro）的《戰勝你的過去》（*Getting Past Your Past: Take Control of Your Life with Self-Help Techniques*，暫譯）。

體感療法（Somatic therapy）

這是關於連接身體和心靈的方式，教你在你的體內再次感到安全。體感療法不是專注於談話，而是專注於讓你的神經系統穩定下來，並安全地釋放壓力、焦慮和創傷的身體體驗，例如透過身體活動、按摩和呼吸練習。

推薦書：彼得・A・列汶（Peter A. Levine）的《創傷療癒》（*Healing Trauma: A Pioneering Program for Restoring the Wisdom of Your Body*）。貝賽爾・范德寇（Bessel Van Der Kolk）的《心靈的傷，身體會記住》（*The Body Keeps the Score: Mind, Brain and Body in the Transformation of Trauma*）。

正如我在本書中所做的一樣，有一些治療師會融合治療模型來配合他們的案主。

當你決定了你希望在治療中能得到什麼後，你現在可以詢問你當地的醫療專業人員，是否會把你轉介給某人（如果你在英國，請找你的家醫師，他們會把你轉介給你當地國民保健署的機構），或者如果你要自費治療，你可以讓你的朋友推薦，或者你可以在Google上搜索你所在地區的治療師。「今日心理學」（Psychology Today）網站有一個全球治療師的目錄，你可以搜索離你住家最近的診所。

確保你找的是合格且立案的治療師。

在英國，「心理師」（psychologist）可以分成很多專科範疇，所以有很多人都可以使用這個頭銜，但是，「臨床心理學家」（clinical psychologist）和「諮商心理學家」（counselling psychologist）必須具有臨床或諮詢心理學博士學位，並在健康及護理執業監管局（Health and Care Professionals Council）註冊登記。心理治療師和諮詢師可能具有多種資格，因此可以被冠以這樣的頭銜，並且通常獲得英國心理諮詢及心理治療協會（British Association for Counselling and Psychotherapy）的認可。不同的國家對認證的治療師所需的資格有不同的規定，因此如果你不在英國，請搜尋「如何找到認證的治療師」。無論你住在哪裡，都要向可能成為你的治療師的人，詢問對方的資格，以及是在哪個專業機構註冊的。

如果你找到喜歡的私人治療師，詢問是否可以免費諮詢，看看對方是否適合你。

你的第一次療程

穩固的治療關係一再被證明是治療中正面變化的最大預測指標。考慮到這一點，第一次與治療師會面時，請注意與對方在一起時的感受。在你們的初次會面時，我建議做以下的事情：

- 帶著一份問題清單，例如：這個療程是怎麼進行？你如何理解像我這樣的經歷？在療程期間和療程之外我該做些什麼？你認為我們需要合作多長時間？如果我們意見不同時，該怎麼辦？像我這種情況，你有類似的處理經驗嗎？
- 告訴治療師你的目標和經歷，但要知道，你不必馬上分享任何你覺得不舒坦的事情，你可以慢慢來。人們在過度分享後，經常會有覺得脆弱的不適反應，因此不用急，先分享感覺比較安心的事情。
- 如果你之前接受過治療，告訴你的治療師你喜歡和不喜歡過去所做的治療。告訴對方你想多做或少做的事情。
- 在過程中和療程之後，問自己，在這位治療師的辦公室、線上或現場，是否感到安全和自在？

如果你從頭到尾都感覺不錯，並且所有這些問題都得到了回答，那你們就是適配的！

你應該換治療師嗎？

有時候，你必須換治療師，沒關係的！有時候，當你達到目標時，治療就會自然結束。其他時候，你必須提早結束，因為你覺得你們不合適。這可能讓人感到害怕，但重要的是，我們必須在需要時這樣做。我已經終止不適合我的治療師的治療，而且也有案主終止與我的治療。這些都是可以的。

你可能想要終止治療的原因，包括以下感覺：

- 你已經達到了你的目標。
- 治療沒有達到你的目標，當你提出你想改善某些具體事情時，似乎沒有任何改變。
- 你在這段治療關係中感到不安全，或者覺得你被貶低、被批評或被羞辱。
- 你的治療師談論自己和自己的生活，多過於談論你的事。

如果你想看看是否可以改善這種關係，也可以與你的治療師討論這個問題。我明白這說起來容易，做起來難，所以如果你有這種感覺，這裡有一些開場的方法：

- 「下一次療程時，我們可以檢討我們的目標嗎？」
- 「我們能談談你認為我的進展狀況嗎？」

- 「我們可以談談我分享個人經歷時的感覺嗎？」
- 「有時候當我分享我的感覺時，我會感到不安全。我們可以想辦法解決這個問題嗎？」

我希望這些問題會向治療師發出信號，他需要與你一起努力，做出你希望看到的改變。如果對方不認真看待你的觀點，那麼你仍然可以離開。

如果你想結束治療，可以直接說你要結束療程。你可以使用下面這句穩當的話：「我想我已經準備好單獨面對我的事情了，我們能談談結束的問題嗎？」

說到結束……

哇，這樣就結束了！

自從我坐在車上，寫了要出書的筆記，到現在這本書寫出來，已經過了幾年了。你掌握的不只是我傳授和分享給案主的基本知識，現在，我想給你我與案主分享的最後資訊。

人們在應對這個有時不可預測和可怕的世界時，不斷會表現出韌性和獨特性，但是許多治療師並沒有關注到這些方面，反而是喜歡著眼於所有出錯的地方、可能出錯的地方，以及人們的「問題」。

我不認為人有什麼問題，人都是這樣的。當我們的生活中發生令人痛苦的事情時，就會產生痛苦。而人是機靈的，總能找到適應的方法。

你很機靈，你已經適應了。你已經找到很多種方法，走到你人生中的這一步。你有很多非常棒的事情，不過這個世界可能已經把你訓練到很少去注意了。

我希望這本指導手冊能給你一個機會，讓你開始相信這一點。

我希望你能一次又一次地回頭來看本書的內容，每次你重新栽進書中都有新的發現。

我希望你現在更能明白，你的情況有道理的，非常有道理，而且無論情況偶爾變得多麼黑暗，你都沒有被打垮，總有辦法應對和向前邁進，你的情況是合乎人情的。

非常愛你。

蘇蘇博士♥♥

附錄・漸漸地克服迴避心態

如果你一直在躲避超市、火車或其他與焦慮有關的地方（或想法或感覺），那麼你需要的是一份計畫，從克服對一點點小事的害怕，到面對更大的恐懼。

在以下提供的空間中畫一個梯子（或階梯），你想讓它有多少個台階都可以（但不超過十個）。

寫下你一直在逃避的名字或事情：

問問自己：要去的那個地方，我能採取的最不可怕的第一步是什麼？如果你像我一樣在避開地鐵。可以先在網路上看一張地鐵的圖嗎？一旦你決定了這一步，就把它寫在梯子的最底層，或最底層的台階。

下一步是什麼？例如：到地鐵地下道台階的最上頭，在外面坐五分鐘，同時做呼吸和沉澱情緒的練習？如果這太可怕了，你可以和朋友一起去，或者你甚至可以想像去那裡。把這個寫在下一個台階上。

想像一個動作，這會啟動與執行實際任務相同的大腦區域。[1]

如果實際去一個讓你聯想到焦慮的地方，對你而言太可怕了，就從「想像」去那裡開始。在家裡找到一個舒適的地方，開始呼吸練習，這一次想像你要去做那個讓你害怕的事情。開始做呼吸練習（從第十二章開始），想像自己走進超市／地鐵列車／你會見朋友或約會的地方。看到自己在那裡，聽到你可能聽到的聲音，聞到那裡的味道。觀察自己進行的呼吸運動，注意情緒的波動起伏，並告訴自己，你是完全安全的。維持呼吸，並繼續想像自己在應對情況。想像一下事情進展順利，你離開那裡時感到很有信心。

這會為你的大腦提供這種活動的第一個例子。大腦會認為你做到了，你可以從這個基礎上繼續努力，這樣多做幾次。當你覺得夠安全來想像自己做這件事的時候再去實際做。

如果在想像的過程中，你發現自己驚慌或在做其他感覺不舒服的事情，請不要停止。只需回頭和重演那一刻，想像自己這次冷靜地做這件事。在你的腦海中，你可以倒帶和編輯任何時刻，所以要充分利用這個機會。

接下來是什麼？例如：進入地鐵售票處，待五分鐘，呼吸和沉澱情緒嗎？無論你選擇什麼，都要寫在下一步。

然後呢？例如：和一個能和你一起做呼吸和沉澱情緒練習的朋友，一起到月台上，同樣做五分鐘練習（或者一或二分鐘，如果這對第一次來說太多）？

然後呢？例如：和朋友一起上列車，停留五分鐘，做呼吸和沉澱情緒的練習。

然後呢？例如：在沒有朋友陪伴的情況下，搭上列車，但是朋友在下一節車廂中，你做呼吸和沉澱情緒的練習，直到下一站？

然後呢？例如：在沒有你朋友陪伴的情況下，再做一次？你能靠自己呼吸和沉澱情緒嗎？

你能明白要如何進行嗎？你決定好步驟，以及你需要誰來支援你，然後把這些寫在梯子上。

然後決定何時去實行每個步驟。無論你做什麼，都要確保自己知道，如何善加運用自己的沉澱情緒技巧和呼吸練習。如果你有朋友支持你，請確保他們也會運用這些技巧。我以前會把呼吸練習的指引錄音起來，當我做呼吸練習時，在耳邊播放，你也可以試試看。

然後開始。先做最小的部分，直到你知道自己可以冷靜地等情況慢慢好轉，然後再到下一個部分。

心裡要預備好，每個步驟第一次在做時，焦慮感會增加。如果你的大腦認為你正在做的事情很危險，它的反應會加速。我知道這聽起來很嚇人，但這是完全正常的。呼吸、沉澱情緒、保持原狀、安撫自己，你會注意到情緒的波動將逐漸消退。如果你進展得過快，感到不堪重負，沒問題，回到上一步，甚至上兩步，從那裡開始。這不是在比賽。

在每一步之後，給自己一個大大的獎勵，這是一個了不起的成就。對於以前沒有恐慌過的人來說，這是一個很小的一步，但對於我們其他人來說，這是一個大躍進。祝你好運！

請記住，如果你需要，有合格的專業人員可以帶著你一步一步地解決這個任務，我就是這樣做到的。

註釋

｜第一部｜你是怎麼變成這樣的

1 Saudino, Kimberly J., 'Behavioral Genetics and Child Temperament', *Journal of Developmental and Behavioral Pediatrics* (JDBP), 26(3), 214 (2005).

第1章・照顧者、手足和家庭環境

2 Perlman, M., & Ross, H., 'The Benefits of Parent Intervention in Children's Disputes: An Examination of Concurrent Changes in Children's Fighting Styles', *Child Development,* 68(4), doi:10.2307/1132119, 690–700 (1997).

3 Peng, S., Suitor, J. J., & Gilligan, M., 'The Long Arm of Maternal Differential Treatment: Effects of Recalled and Current Favoritism on Adult Children's Psychological Well-Being', *The Journals of Gerontology: Series B,* 73(6), 1123–1132 (2018).

4 Suitor, J. J., Gilligan, M., Rurka, M., Peng, S., Meyer, J., & Pillemer, K., 'Accuracy of Adult Children's Perceptions of Mothers' Caregiver Preferences', *The Gerontologist,* 59(3), 528–537 (2019).

5 TED (2016). Jill Suitor, 'So You Think You're Mom's Favorite?' https:// www.youtube.com/watch?v=8x_gFJuMONg. Accessed 1 Sep. 2020.

第2章・求學時期

1 Office of the High Commissioner for Human Rights, *Free & Equal Campaign Fact Sheet: Intersex,* 2015, https://unfe.org/system/unfe-65Intersex_Factsheet_ENGLISH.pdf. Accessed 20 July 2020.

2 McClelland, Sara I., *Intimate Justice: Sexual Satisfaction in Young Adults,* City University of New York, 2009.

3 Priess, Heather A. et al., 'Adolescent Gender-role Identity and Mental Health: Gender Intensification Revisited', *Child Development,* 80(5), 1531–44 (2009),. doi:10.1111/j.1467–8624.2009.01349.x

4 Kane, Emily W., ' "No Way My Boys Are Going to Be like That!" Parents' Responses to Children's Gender Nonconformity', *Gender and Society 20,* 20(2), 149–76 (2006)

5 Long, Robert, Nerys Roberts, and Philip Loft, 'Bullying in UK Schools' (2020).

6 Stonewall., 'School report' (2017), https://www.stonewall.org.uk/system/files/the_school_report_2017.pdf. Accessed 23 Aug. 2020.

第3章・廣告、媒體、社群媒體

1 這項研究調查了二十七個歐洲國家約一百萬人，數據橫跨三十一年，並調整了已知會影響人類福祉的其他影響因素，例如失業和經濟週期（解譯：本研究發現的影響，不是出於人們通常認為會讓生活滿意度下降的其他因素），所以成為我們可以信賴的調查結果。

2 Michel, Chloe, Michelle Sovinsky, Eugenio Proto, and Andrew J. Oswald, 'Advertising as a Major Source of Human Dissatisfaction: Cross-National Evidence on One Million Europeans', *The Economics of Happiness,* 217–239, Springer, Cham, 2019.

3 Puhl, Rebecca M., Tatiana Andreyeva, and Kelly D. Brownell, 'Perceptions of WeInstagramht Discrimination: Prevalence and Comparison to Race and Gender Discrimination in America', *International Journal of Obesity,* 32(6), 992–1000 (2008).

4 Festinger, Leon, 'A Theory of Social Comparison Processes', *Human Relations 7,* 2, 117–40 (1954).

5 Ravary, Amanda, Mark W. Baldwin, and Jennifer A. Bartz, 'Shaping the Body Politic: Mass Media Fat-Shaming Affects Implicit Anti-Fat Attitudes', *Personality and Social Psychology Bulletin 45,* 11, 1580–9 (2019).

6 Yuen, Nancy Wang, Reel Inequality: *Hollywood Actors and Racism,* Rutgers University Press, 2017.

7 Chen, Marian and Stephen Lawrie, 'Newspaper Depictions of Mental and Physical Health', *BJPsych Bulletin,* 41(6), 308–13 (2017).

8 Wehring, Heidi J. and William T. Carpenter, 'Violence and Schizophrenia, *Schizophrenia Bulletin,* 37(5), 877–8 (2011).

9 Samaritans, UK, 'Suicide Statistics Report | Latest Statistics for the UK and Republic of Ireland', 2018.

10 Cramer, Shirley, '#Statusofmind: Social Media and Young People's Mental Health and Wellbeing', in A*PHA's 2018 Annual Meeting & Expo* (Nov. 10–14), American Public Health Association, 2018.

11 Brown, Zoe and Marika TInstagramgemann, 'Attractive Celebrity and Peer Images on Instagram: Effect on

Women's Mood and Body Image', *Body Image,* 19, 37–43 (2016).

Lup, Katerina, Leora Trub, and Lisa Rosenthal, 'Instagram# instasad?: Exploring Associations Among Instagram Use, Depressive Symptoms, Negative Social Comparison, and Strangers Followed', *Cyberpsychology, Behavior, and Social Networking,* 18(5), 247–52 (2015).

Sherlock, Mary, and Danielle L. Wagstaff, 'Exploring the Relationship Between Frequency of Instagram Use, Exposure to Idealized Images, and Psychological Well-being in Women', *Psychology of Popular Media Culture,* 8(4), 482–90 (2019).

12 Milothridis, Panagiotis, 'The Elective Nature of Cosmetic Medicine', in *Cosmetic Patient Selection and Psychosocial Background,* 1–9, Springer, Cham, 2020.

13 Santarossa, Sara, PaInstagrame Coyne, and Sarah J. Woodruff, 'Exploring #nofilter Images When a Filter Has Been Used: Filtering the Truth on Instagram Through a Mixed Methods Approach Using Netlytic and Photo Analysis', *International Journal of Virtual Communities and Social Networking* (IJVCSN), 9(1), 54–63 (2017).

14 'Sean Parker unloads on Facebook: "God only knows what it's doing to our children's brains"', Axios (9 Nov. 2017), https://www.axios.com/ sean-parker-unloads-on-facebook-god-only-knows-what-its-doingto-our-childrens-brains-1513306792-f855e7b4-4e99-4d60-8d512775559c2671.html. Accessed 4 Sep. 2020.

第4章・傲慢與偏見

1 'Hate crime, England and Wales, 2018 to 2019', GOV.UK', https://www.gov.uk/government/statistics/hate-crime-england-and-wales2018-to-2019. Accessed 26 Aug. 2020. anti-Muslim hate crimes in the UK increased by 692%

2 'The Impact of the Christchurch Terror Attack', Tell MAMA Interim Report 2019, https://www.tellmamauk.org/wp-content/uploads/2020/03/The-Impact-of-the-ChristChurch-Attack-TellMAMA-Interim-Report-2019-PP.pdf. Accessed 1 Sep. 2020.

3 Di Stasio, V. and A. Heath, 'Are Employers in Britain Discriminating Against Ethnic Minorities' *Summary of Findings from the GEMM Project* (2018).

4 Brown, Duncan, Catherine Rickard, and Andrea Broughton, 'Tackling Gender, Disability and Ethnicity Pay Gaps: a Progress Review', *Equality and Human Rights Commission* (EHRC), 2017. Accessed 22 June 2017.

5 你可能會注意到這些身分拼寫的首字母剛好（勉強算是）是英文裡的「禮節」（graces）——這個嘛，準確地說，是「ggrraaacccceeesss」。這是因為家庭和全面心理治療師顧問約翰・伯翰（John Burnham）提出了「社交禮節」

（Social Graces）的框架，幫助治療師要顧及案主可能具有多層的身分。

6 你可能會主張所有的性行為都是隱而未顯，你是對的：你無法光是看某人的外表，就能確定他們的性偏好。但是，有些人使用實體的標示物，例如他們的髮型和衣服，來表示他們有共同的群體身分認同。

7 Pierce, Chester, 'Offensive Mechanisms', *The Black Seventies,* pp.265–82, Porter Sargent Publishers, 1970.

8 Sue, D. W., *Microaggressions in Everyday Life: Race, Gender, and Sexual Orientation,* John Wiley & Sons, 2010.

9 David, E. J. R., *Internalized Oppression: The Psychology of Marginalized Groups,* Springer Publishing, 2014.

10 Anand, A., *Sophia: Princess, Suffragette, Revolutionary,* Bloomsbury Publishing USA, 2015.

11 譯註：一九六九年的石牆暴動常被認定是美國史上同性戀者首次反抗政府主導之迫害性別弱勢群體的實例，亦被認為是美國及全球同性戀權利運動發跡的關鍵事件。

第5章・人生重大事件

1 Kross, Ethan, Marc G. Berman, Walter Mischel, Edward E. Smith, and Tor D. Wager, 'Social Rejection Shares Somatosensory Representations with Physical Pain', *Proceedings of the National Academy of Sciences of the United States of America,* 108(15), 6270–5 (2011).

2 Hsu, David T., Sanford, Benjamin J., Meyers, Kortni K., Love, Tiffany M., Hazlett, Kathleen E., Heng, W., Ni, L. et al., 'Response of the μopioid System to Social Rejection and Acceptance', *Molecular Psychiatry,* 18(11), 1211–17 (2013).

3 Moser, J. S., Dougherty, A., Mattson, W. I., Katz, B., Moran, T. P., Guevarra, D., Shablack, H., Ayduk, O., Jonides, J., Berman, M. G., & Kross, E., 'Third-person Self-talk Facilitates Emotion Regulation Without Engaging Cognitive Control: Converging Evidence from ERP and f MRI', *Scientific Reports,* 7(1), 4519 (2017)., https://doi.org/10.1038/s41598-017-04047-3.

4 Holt-Lunstad, Julianne, Smith, Timothy B., and Bradley Layton, J., 'Social Relationships and Mortality Risk: a Meta-analytic Review', *PLoS Medicine,* 7, e1000316 (2017).

5 Cacioppo, John T., Fowler, James H., and Christakis, Nicholas A., 'Alone in the Crowd: The Structure and Spread of Loneliness in a Large Social Network', *Journal of Personality and Social Psychology,* 97(6), 977 (2009).

6 Li, Lambert Zixin, and Wang. S., 'Prevalence and Predictors of general Psychiatric Disorders and Loneliness During COVID-19 in the United Kingdom', *Psychiatry Research,* 291, 113267 (2020).

7 Tang, Yi-Yuan, Tang, Y-Y., Tang, Y., Tang, R., and Lewis Peacock, J. A., 'Brief Mental Training Reorganizes Large-Scale Brain Networks', *Frontiers in Systems Neuroscience,* 11(6) (2017).

第二部｜讓你停滯不前的原因

第6章・情緒、想法和預測

1 這是根據情緒建構理論的說法，更多相關資料，請參閱：Barrett, Lisa Feldman, *How Emotions Are Made: The Secret Life of the Brain,* Houghton Mifflin Harcourt, 2017；繁體中文版《情緒跟你以為的不一樣：科學證據揭露喜怒哀樂如何生成》（*How Emotions Are Made: The Secret Life of the Brain*），商周出版，2020。

2 Siegel, Daniel J., and Tina Payne Bryson, *The Whole-Brain Child: 12 Revolutionary Strategies to Nurture Your Child's Developing Mind,* Bantam, 2012.；簡體中文版《全腦教養法》（*The Whole-Brain Child: 12 Revolutionary Strategies to Nurture Your Child's Developing Mind*），北京聯合出版公司，2017。

第7章・「戰鬥—逃跑—僵持—討好」的反應

1 對「拖到最後一刻的人」的補充說明：如果這種工作模式一次又一次為你帶來獎勵，這會教你，即使把工作留到最後一刻感覺很可怕，但它似乎不會損害你的機會，這可能是你沒有動力去改變你的行為，或者你要等到最後一分鐘才會達到焦慮的甜蜜點的原因之一，因為你的一部分可能在想，我總是能及時完成工作，為什麼要改變一輩子以來的習慣？

2 'Super strength: daughter rescues dad pinned under car', https://abcnews.go.com/US/superhero-woman-lifts-car-off-dad/story?id=16907591, 1 August 2012. Accessed 10 Sep. 2020.

3 'How it's possible for an ordinary person to lift a car', https://www.bbc. com/future/article/20160501-how-its-possible-for-an-ordinary-personto-lifta-car, 2 May 2016. Accessed 10 Sep. 2020.

第8章・讓事情更糟的因應策略

1 Buddelmeyer, Hielke, and Nattavudh Powdthavee, 'Can Having Internal Locus of Control Insure Against Negative Shocks? Psychological Evidence from Panel Data', *Journal of Economic Behavior & Organization,* 122, 88–109 (2016).

第10章・現代愛情

1 Holtzhausen, N., Fitzgerald, K., Thakur, I. et al., 'Swipe-based Dating Applications Use and its Association with Mental Health Outcomes: a Cross-sectional Study', *BMC Psychology,* 8, 22 (2020). https://doi.org/10.1186/

s40359-020-0373-1.

2 阿米爾・樂維（Amir Levine）和瑞秋・赫勒（Rachel Heller）的著作，繁體中文版《依附：辨識出自己的依附風格，了解自己需要的是什麼，與他人建立更美好的關係》（*Attached: The New Science of Adult Attachment and How It Can Help You Fin——and Keep——Love*）, Penguin, 2012.；遠流出版。

3 Levine, Amir, and Rachel Heller, Attached: *The New Science of Adult Attachment and How It Can Help you Find——and Keep——Love,* Penguin, 2012..

第三部｜如何向前邁進，新的最佳錦囊妙計

1 Fogg, Brian J., Tiny Habits: *The Small Changes That Change Everything*（Houghton Mifflin Harcourt, 2019）；繁體中文版《設計你的小習慣：史丹佛大學行為設計實驗室精研，全球瘋 IG 背後的行為設計學家教你慣性動作養成的技術》，天下雜誌，2021。

第11章・沉澱情緒的練習

2 Speck, D. F., and D. S. Bruce, 'Effects of Varying Thermal and Apneic Conditions on the Human Diving Reflex', *Undersea Biomedical Research,* 5(1), 9–14 (1978).

3 Zehetmair, Catharina, Claudia Kaufmann, Inga Tegeler, David Kindermann, Florian Junne, Stephan Zipfel, Sabine C. Herpertz, Wolfgang Herzog, and Christoph Nikendei, 'Psychotherapeutic Group Intervention Traumatized Male Refugees Using Imaginative Stabilization Techniques—A Pilot Study in a German Reception Center', *Frontiers in Psychiatry,* 9, 533 (2018).

第13章・察覺心念

1 Kang, Do-Hyung, Hang Joon Jo, Wi Hoon Jung, Sun Hyung Kim, YeHa Jung, Chi-Hoon Choi, Ul Soon Lee, Seung Chan An, Joon Hwan Jang, and Jun Soo Kwon, 'The Effect of Meditation on Brain Structure: Cortical Thickness Mapping and Diffusion Tensor Imaging', *Social Cognitive and Affective Neuroscience,* 8(1), 27–33 (2013).

2 Shao, Robin, Kati Keuper, Xiujuan Geng, and Tatia MC Lee, 'Pons to Posterior Cingulate Functional Projections Predict Affective Processing Changes in the Elderly Following Eight Weeks of Meditation Training', *EBioMedicine,* 10, 236–48 (2016).

3 Hölzel, Britta K., James Carmody, Mark Vangel, Christina Congleton, Sita M. Yerramsetti, Tim Gard, and Sara

W. Lazar, 'Mindfulness Practice Leads to Increases in Regional Brain Gray Matter Density', *Psychiatry Research: Neuroimaging,* 191(1), 36–43 (2011).

4 Hölzel, Britta K., James Carmody, Mark Vangel, Christina Congleton, Sita M. Yerramsetti, Tim Gard, and Sara W. Lazar, 'Mindfulness Practice Leads to Increases in Regional Brain Gray Matter Density', *Psychiatry Research: Neuroimaging,* 191(1), 36–43 (2011).

第14章・寫日記

1 Pennebaker, James W., and Joshua M. Smyth, *Opening Up By Writing it Down: How Expressive Writing Improves Health and Eases Emotional Pain,* Guilford Publications, 2016.

2 Smith, Helen E., Christina J. Jones, Matthew Hankins, Andy Field, Alice Theadom, Richard Bowskill, Rob Horne, and Anthony J. Frew, 'The Effects of Expressive Writing on Lung Function, Quality of Life, Medication Use, and Symptoms in Adults with Asthma: a Randomized Controlled Trial', *Psychosomatic Medicine,* 77(4), 429–37 (2015).

3 Smyth, Joshua M., Arthur A. Stone, Adam Hurewitz, and Alan Kaell, 'Effects of Writing About Stressful Experiences on Symptom Reduction in Patients with Asthma or Rheumatoid Arthritis: A Randomized Trial', *Journal of the American Medical Association* (JAMA), 281(14), 1304–9 (1999).

4 Tait, Lynda, and Max Birchwood, 'Adapting to the Challenge of Psychosis: Personal Resilience and the Use of Sealing-over (Avoidant) Coping Strategies', *The British Journal of Psychiatry,* 185(5), 410–15 (2004).

第15章・自我疼惜

1 Neff, Kristin D., 'The Role of Self-Compassion in Development: A Healthier Way to Relate to Oneself', *Human Development,* 52(4), 211–14 (2009).

2 Neff, Kristin D., Kristin L. Kirkpatrick, and Stephanie S. Rude, 'Self-compassion and Adaptive Psychological Functioning', *Journal of Research in Personality,* 41(1), 139–54 (2007).

3 Neff, Kristin D., Kullaya Pisitsungkagarn, and Ya-Ping Hsieh, 'Self-compassion and Self-construal in the United States, Thailand, and Taiwan', *Journal of Cross-Cultural Psychology,* 39(3), 267–85 (2008).

4 Neff, Kristin D., Kristin L. Kirkpatrick, and Stephanie S. Rude, 'Selfcompassion and Adaptive Psychological Functioning', *Journal of Research in Personality,* 41(1), 139–54 (2007).

5 Hutcherson, Cendri A., Emma M. Seppala, and James J. Gross, 'Loving-Kindness Meditation Increases Social Connectedness', Emotion (publication of the American Psychological Association), 8(5), 720 (2008).

6 Berry, Michael P., Jacqueline Lutz, Zev Schuman-Olivier, Christopher Germer, Susan Pollak, Robert R. Edwards, Paula Gardiner, Gaelle Desbordes, and Vitaly Napadow, 'Brief Self-Compassion Training Alters Neural Responses to Evoked Pain for Chronic Low Back Pain: A Pilot Study', *Pain Medicine,* 21(10), 2172–85 (2020).

第17章・尋找並與你的社群連結

1 Golland, Yulia, Yossi Arzouan, and Nava Levit-Binnun, 'The Mere Co-Presence: Synchronization of Autonomic Signals and Emotional Responses Across Co-Present Individuals Not Engaged in Direct Interaction', *PLoS One,* 10(5), e0125804 (2015).

2 Müller, Viktor, and Ulman Lindenberger, 'Cardiac and Respiratory Patterns Synchronize Between Persons during Choir Singing', *PLoS One,* 6(9), e24893 (2011).

3 Goldstein, Pavel, Irit Weissman-Fogel, and Simone G. Shamay-Tsoory, 'The Role of Touch in Regulating Inter-partner Physiological Coupling During Empathy for Pain', *Scientific Reports,* 7(1), 1–12 (2017).

4 Fancourt, D., and R. Perkins, 'Effect of Singing Interventions on Symptoms of Postnatal Depression: Three-arm Randomised Controlled Trial', *The British Journal of Psychiatry,* 212(2), 119–21 (2018).

5 Young, Laurel, 'The Potential Health Benefits of Community Based Singing Groups for Adults with Cancer', *Canadian Journal of Music Therapy,* 15(1), 11–27 (2009).

6 Fancourt, D., and R. Perkins, 'Effect of singing interventions on symptoms of postnatal depression: three-arm randomised controlled trial', *The British Journal of Psychiatry* 212, no. 2 (2018): 119–21.

第18章・接受治療

1 Niazi, Asfandyar Khan, and Shaharyar Khan Niazi, 'Mindfulnessbased Stress Reduction: a Non-pharmacological Approach for Chronic Illnesses', *North American Journal of Medical Sciences,* 3(1), 20 (2011).

｜附錄｜漸漸地克服迴避心態

1 Yue, Guang, and Kelly J. Cole, 'Strength Increases From the Motor Program: Comparison of Training with Maximal Voluntary and Imagined Muscle Contractions', *Journal of Neurophysiology,* 67 (5), 1114–23 (1992).

心靈自救手冊

將心理治療帶出治療室！臨床心理學家告訴你如何自我療癒

A Manual for Being Human

作者	蘇菲・莫特 Dr. Sophie Mort
譯者	黃庭敏
商周集團榮譽發行人	金惟純
商周集團執行長	郭奕伶
視覺顧問	陳栩椿
商業周刊出版部	
總編輯	余幸娟
責任編輯	黃郡怡
封面設計	Javick 工作室
內文排版	洪玉玲
出版發行	城邦文化事業股份有限公司 商業周刊
地址	104 台北市中山區民生東路二段 141 號 4 樓
傳真服務	（02）2503-6989
劃撥帳號	50003033
戶名	英屬蓋曼群島商家庭傳媒股份有限公司城邦分公司
網站	www.businessweekly.com.tw
香港發行所	城邦（香港）出版集團有限公司 香港灣仔駱克道 193 號東超商業中心 1 樓 電話：(852) 2508-6231　傳真：(852) 2578-9337 E-mail：hkcite@biznetvigator.com
製版印刷	鴻柏印刷事業股份有限公司
總經銷	聯合發行股份有限公司 電話：(02) 2917-8022
初版 1 刷	2021 年 11 月
初版 2.5 刷	2022 年 2 月
定價	460 元
ISBN	978-986-5519-84-1 (平裝)

國家圖書館出版品預行編目 (CIP) 資料

心靈自救手冊：將心理治療帶出治療室！臨床心理學家告訴你如何自我療癒 / 蘇菲 . 莫特 (Dr. Sophie Mort) 著 ; 黃庭敏譯 . -- 初版 . -- 臺北市 : 城邦文化事業股份有限公司 商業周刊 , 2021.11

416 面 ;17*22 公分

譯自 : A manual for being human

ISBN 978-986-5519-84-1(平裝)

1. 臨床心理學 2. 心理治療

178.8　　110016297

生命樹

Health is the greatest gift, contentment the greatest wealth.
~Gautama Buddha

健康是最大的利益，知足是最好的財富。 ——佛陀